POLARIS

W0077021

JULIAN SENGELMANN

GLAUBE JA, KIRCHE NEIN?

WARUM SICH KIRCHE VERÄNDERN MUSS

ROWOHLT POLARIS

Originalausgabe
Veröffentlicht im Rowohlt Taschenbuch Verlag, Hamburg, April 2020
Copyright © 2020 by Rowohlt Verlag GmbH, Hamburg
Covergestaltung HAUPTMANN & KOMPANIE Werbeagentur, Zürich
Coverabbildung und Foto des Autors: Thomas Leidig
Satz aus der Karmina
bei Dörlemann Satz, Lemförde
Druck und Bindung CPI books GmbH, Leck, Germany
ISBN 978-3-499-00055-3

Die Rowohlt Verlage haben sich zu einer nachhaltigen Buchproduktion
verpflichtet. Gemeinsam mit unseren Partnern und Lieferanten setzen
wir uns für eine klimaneutrale Buchproduktion ein, die den Erwerb von
Klimazertifikaten zur Kompensation des CO_2-Ausstoßes einschließt.
www.klimaneutralerverlag.de

MIX
Papier aus verantwor-
tungsvollen Quellen
FSC
www.fsc.org
FSC® C083411

*Für Maxi & Leni
und meine Eltern*

INHALT

Die Luft über den heißen, staubigen Steinen flimmert wie in alten Spaghettiwestern aus den 1960er Jahren, kurz bevor es zum dramatischen Showdown kommt. Es hat schon seit Tagen nicht geregnet, und die Hitze ist so drückend, dass man sich vor ihr einfach nicht in Sicherheit bringen kann – Duschen oder Schwitzen, man ist gleichermaßen nass.

Vor sieben Wochen ist mein Vater gestorben, vor drei Tagen wäre sein Geburtstag gewesen, und ich verspüre genau in diesem Moment, in dem ich durchnässt aufs Meer starre, ein Gefühl, das ich in dieser mich geradezu anschreienden Intensität schon jahrelang nicht mehr gefühlt habe und das mich überrascht: Ich will in die Kirche gehen. Ich habe wirklich in diesem Moment den tiefen, unbändigen Drang, sofort in eine Kirche zu gehen und Gottesdienst zu feiern. Dabei habe ich – göttliches Zeichen oder nicht – doppelt Glück: Zum einen bin ich auf einer beliebten Urlaubsinsel und weiß, dass es in der Nähe eine Kirche gibt, in der auch eine deutsche Gemeinde gelegentlich Gottesdienste feiert. Ich kann also zumindest auf der Ebene der Feiersprache die Worte verstehen, die da gesprochen werden. Und zum anderen ist Sonntag. Gottesdiensttag.

Bingo!

Es ist der 15. Juli 2018, und während ich mich in verklärte, über-emotionale Kirchenspiritualität flüchten will, sitzt der Rest der Welt einen anderen Gott anbetend vor Handys, Tablets, Fern-sehern, Beamerleinwänden und Weltempfängern und starrt ge-bannt nach Russland. Denn genau jetzt wird mal kämpferisch, mal ekstatisch und unter Beobachtung der gesamten Weltöf-fentlichkeit das Finale der Fußballweltmeisterschaft zwischen Frankreich und Kroatien ausgetragen. Irgendwie feiern jetzt alle gerade ihre ganz persönliche Form von Gottesdienst, denke ich, und mache mich auf den Weg in besagtes Touristendorf zur deutschen Gemeinde.

Während ich in dem klapprigen Daewoo Matiz sitze, den wir jahraus, jahrein mieten, weil er nur einen Spottpreis kostet und an entscheidenden Stellen von Gaffertape zusammengehalten wird, frage ich mich, was ich eigentlich von meinem spontanen Besuch in der Kirche erwarte. Das plötzliche Verlangen, dieser mich beinahe übermannende Wunsch, mischt sich mit einer Art undefinierbarem Ressentiment; einer Ambivalenz zwischen dem ehrlichen Wunsch, endlich wieder in die Kirche zu gehen, und der Angst, dass das ein unglaublich miserables und ent-täuschendes Erlebnis sein könnte, das mir vielleicht meine ge-rade wiederentdeckte Lust wieder nehmen könnte. Vielleicht ist es eher eine unbestimmte Angst vor der Angst? Aber warum eigentlich? Woher kommen die Kirchenbilder, die ich gerade vor meinem geistigen Auge durchdekliniere?

Notiz an mich selber: Das muss ich weiter beobachten.

Die Straßen auf dem Weg sind wie leergefegt, was zum einen apokalyptisch wirkt und zum anderen vortrefflich zu meinem Gemütszustand passt. Der heiße Teer ist so weich, dass er das abgefahrene Reifenprofil meines türkisfarbenen Teufelsflitzers wie Matrizenpapier abpaust. Die Landschaft um mich herum flimmert, als wäre sie Teil des bombastischen «Mad Max»-Remakes, das vor einigen Jahren in die Kinos kam. Weit entfernt hört man kollektive Kommentare zum aktuell laufenden WM-Finale – tonal versetztes Fluchen, Jubeln und das gemeinsame und irgendwie rituell heilsame Wegatmen aufgestauter Anspannung.

Der Weg vom Parkplatz zum Gotteshaus ist menschenleer. Weil ich wie immer spät dran bin, gucke ich instinktiv in den Himmel nach einem Kirchturm, der mir einen Anhaltspunkt für meinen weiteren Weg geben kann, und muss bei dieser geradezu pathetisch-poetischen Suchbewegung laut lachen. Den Menschenströmen, die in den deutschsprachigen 17-Uhr-Gottesdienst wollen, kann ich auch nicht folgen, denn die gibt es natürlich nicht. Und dass jetzt gerade das Fußballweltmeisterschaftsfinale läuft, hilft auch nicht.

Als ich endlich bei der völlig unscheinbaren und schlicht-schönen Kirche ankomme, tropft mir der Schweiß von den Augenbrauen auf meine beschlagene Sonnenbrille. Ich zupfe mich vorm Betreten noch mal zurecht, streiche mir durchs Haar und ordne meine Kleidung, weil ich das irgendwann mal so gelernt habe, obwohl wir in meiner Familie gar keine regelmäßigen Kirchgänger*innen waren.

Dann betrete ich das Gotteshaus.

Das Eintreten in eine Kirche ist jedes Mal ein ganz eigenartiger Moment – und das meine ich gar nicht wertend. Man übertritt buchstäblich eine Schwelle, macht den Schritt in eine ‹fremde› Welt, deren Regeln man häufig nur (noch) rudimentär kennt, in deren Raum für die Dauer des Rituals, das darin abgehalten wird, aber alle Teilnehmenden gleichberechtigt sind. Zumindest theoretisch. Das hat erst mal inhaltlich nichts mit Glauben oder dem Christentum zu tun, sondern ist eine viel allgemeinere phänomenologische und ritualtheoretische Erkenntnis, die von Anthropologen wie Arnold van Gennep und später Victor Turner gemacht wurde.[1] Dieser besondere Übergangsmoment ist also einer der Gründe, weshalb bei vielen Menschen der Schritt in eine Kirche ein so intensives und erst mal schwer zuzuordnendes Gefühl erzeugt. Nicht der einzige, aber ein nicht ganz unwesentlicher.

Ein beachtliches rhythmisches Rattern reißt mich aus meinen Gedanken. Die Realität des iberischen Hochsommers ist auch hier in der heiligen Mehrzweckhalle angekommen, denn in dem großen, marmorgetäfelten Kirchraum stehen ein gutes Dutzend Ventilatoren, die ihre besten Tage hinter sich haben und wacker für ein bisschen Zirkulation sorgen. Das ist nicht zu überhören. Beim Eintritt werde ich freundlich willkommen geheißen und gleichzeitig gemustert und beäugt – klar, ich war noch nie hier und gehöre nicht zum Inventar. Ein bisschen ist es wie mit diesem merkwürdigen U-Bahn-Phänomen: Wenn man selbst dazusteigt, wird man von allen, die schon drinnen sitzen, irritierend kritisch beäugt, fühlt sich eine Station lang völlig unberechtigt minderwertig, nur um dann beim nächsten Halt selbst überkritisch auf die einsteigenden ‹Neuankömmlinge› zu starren. Schwellenüberschreitung.

Die Kirche ist erwartungsgemäß leer. Auf den obligatorischen Holzbänken sitzen versprengt ein paar Menschen – ich zähle neun. Überraschend ist aber der Blick nach vorne zum Altar, denn dort sitzen ganz zentral zwei, sagen wir, festlich angezogene Menschen. Sie trägt einen roten Schleier und eines dieser Flamencokleider, die es an spanischen Straßenständen in Kindergrößen gibt, mit Bommeln und Zotteln – allerdings in Erwachsenengröße. Er trägt eine Caprihose und eine Weste, dazu ein rotes Hemd, das er, was soll er auch machen, schon vor

Beginn des Gottesdienstes durchgeschwitzt hat. Offensichtlich wird hier heute geheiratet. Schön!

Die anderen Menschen scheinen zur Gemeinde zu gehören, denn sie verhalten sich, allen voran drei grau melierte Männer, als hätten sie hier Hausrecht. Das wird vor allem deutlich, als in letzter Minute noch drei junge Männer in die Kirche hetzen, die sich offensichtlich nicht ganz so zu Hause fühlen, sich aber augenscheinlich aufgeregt für das Brautpaar freuen. Sie tragen kurze Hosen, Blümchenhemden, Sonnenbrillen in den Haaren und Flipflops, sind braun gebrannt und durchtrainiert und winken dem Ehrenpaar euphorisch zu, während sie mit den Händen kleine Herzchen formen, um der Braut zu signalisieren, wie lieb sie einander haben und wie wunderbar sie aussieht. Auch schön.

Diese Kommunikation wird aber sofort unterbunden, als einer der grau melierten Männer sich in überraschender Schnelligkeit umdreht und die drei mit empörtem Blick und geblähten Nüstern abkanzelt, als seien sie unmündige Kinder. «Tz!», macht er und schüttelt langsam den Kopf, in seinem Blick eine Melange aus Empörung und Enttäuschung, so als habe sich gerade jemand gotteslästerlich auf dem Altar erleichtert. Wahnsinn. Alle bekommen es mit, alle sind verstört.

Der Gottesdienst beginnt. An einer elektrischen, nicht mehr ganz funktionstüchtigen Orgel spielt eine rüstige Dame, die die 80 schon überschritten hat, so gut sie kann. Mit Seele, Herz und Hand. Und Luftzirkulation – denn das Dutzend rostiger Ventilatoren, die sich im Übrigen auch klanglich mit den antiken E-Orgel duellieren, pusten ihr in allerbester Slapstickmanier alle 30 Sekunden die Noten vom Instrument. Sie kann nichts machen. Was soll sie auch tun? Die ersten Male hebt einer der hier heimischen Männer die Noten auf, dann gibt er auf, und die Organistin resigniert.

Eine Pastorin, die – so vermute ich – auch schon im Ruhe-stand ist, begrüßt die Gemeinde. Mit sonorer und getragener Vortragsstimme heißt sie in einer Art sakralem Singsang alle anwesenden Menschen willkommen. Natürlich vor allem das Ehrenpaar: Sabine und Richard, den alle aber Ricardo nennen. Die drei Freunde winken und freuen sich, nur um sich sofort wieder eine peinlich berührende Ermahnung einzufangen: Stichwort Hausrecht, weil – wahrscheinlich – Kirchengemein-derat. Der erste der drei läuft gekränkt raus. Die Pastorin guckt irritiert, spricht dann weiter. Kurz darauf kommt er wieder rein und setzt sich unter Protest zurück zu seinen Freunden. In diesem Moment drehen sich alle drei grau melierten Män-ner vorwurfsvoll und fast synchron um, woraufhin ein Zwei-ter die Kirche verlässt. Vorne hält sich die Gottesdienstleiterin hilfesuchend an einem spackigen schwarzen Vortragsordner mit Kinderaufklebern fest, während sie versucht, einzufangen, was hier gerade passiert. Sie will niemanden düpieren, also lä-chelt sie in einer Art Schockstarre und spricht daraufhin das Brautpaar mit falschen Namen an, was die beiden wiederum ziemlich kränkt. Der junge Mann, der eben rausgestürmt war, steht mittlerweile demonstrativ an der Kirchentür, raucht eine E-Zigarette und guckt zur Beruhigung eine Liveübertragung des WM-Finales auf seinem Smartphone. Gottesdienst ist ja überall. Die Pastorin singsangt daraufhin das nächste Lied an. Und dann folgt ein bemerkenswertes Ballett der Skurrilität: Junger Mann Nummer zwei steht auf, entschuldigt sich dafür wild gestikulie-rend bei allen, und holt sein Telefon aus der Tasche. Vier ältere Männer drehen sich zornesrot um und können kaum an sich halten. Eine der dazugehörigen Partnerinnen zischt viel zu laut: «Nicht schon wieder, Günther, nun lass es doch mal!» – «Nein!», ruft Günther. Das Ganze wird untermalt von der stockenden Musik der rüstigen Organistin, deren Noten in rasantem Rhythmus von ihrem alten Instrument gepustet werden. Die Pastorin: verzweifelt.

Ricardo versucht, die Situation zu retten, nimmt sein schweißnasses Einstecktuch, mit dem er sich minütlich den Schweiß aus dem Gesicht gewischt hat, und will nun die Tränen seiner Braut trocknen. Freudentränen sind das nicht, und das Gegenteil von gut ist eben gut gemeint, denn sie ruft laut: «Gott, Ricardo, du bist so peinlich!»

Wow. Herzlich willkommen.

CIAO, KIRCHE! UND ALLES GUTE FÜR DICH

Verstehen Sie mich bitte nicht falsch: Ich bin Teil einer Kirche. Genauer: Ich bin Teil genau dieser Kirche. Oder um ganz präzise zu sein: Ich bin Christ, getauft und konfirmiert, Mitglied in der Evangelischen Kirche in Deutschland und Teil einer sogenannten Landeskirche. In meinem Fall der Evangelisch-Lutherischen Kirche in Norddeutschland, kurz: Nordkirche. Aber mehr noch als das: Ich habe ein siebenjähriges Studium der evangelischen Theologie auf Pfarramt hinter mich gebracht, danach ein Promotionsprojekt durchgeführt, Theologie an der Uni unterrichtet und ein fast vierjähriges Vikariat im Ehrenamt absolviert, in dem ich zwischen Kirchengemeinde, Predigerseminar und meinen hauptamtlichen Jobs hin und her getänzelt bin. Alles, damit ich später die Möglichkeit habe, Pastor in ebendieser Kirche zu werden. Und, um niemanden an dieser Stelle schon zu verlieren oder zu beschämen: Das Vikariat ist bei Theolog*innen wie das Referendariat bei Jurist*innen – ein langer praktischer Block, bevor es dann ernst wird. Ich bin also tatsächlich Theologe und arbeite auch als solcher. Ich erlebe all die wunderbaren Momente, die das mit sich bringt, und stehe manchmal zur sprichwörtlich biblischen Salzsäule erstarrt im Angesicht von wirklich hanebüchenem Unsinn, den man in meiner Kirche eben auch erlebt.

Das ist der eine Teil der Geschichte. Der andere ist der: Ich habe viele andere Berufe. Ich bin Musiker, Schauspieler, Sprecher, Autor und als Fernsehmacher und -moderator für viele große und kleine Sender häufig auf der Suche nach den Geschichten, die Menschen mit Glauben erleben. Oder mit Gott. Oder der Kirche. Oder eben nicht.

Ich erzähle das nicht, weil ich mit allem, was ich so mache, angeben möchte – möchte ich natürlich auch, klingt ja super –, sondern weil beide Perspektiven wichtig sind für die Suche, von der ich in diesem Buch erzähle.

Denn das ist es: eine Suche. Eine nach einer Kirche für Gegenwart und Zukunft. Dafür bin ich lange unterwegs gewesen. In eben all den Bereichen, die ich so vollmundig aufgezählt habe und die – hoffentlich – den vielleicht etwas anderen Blick ermöglichen. Anders als die vielen bunten Thesenbücher, die in den letzten Jahren erschienen sind und die viele der Kollegen und Kolleginnen in der Kirche gerade bis ins Mark erschüttern.

Wenn Sie also in einem klugen und kompetenten Kolloquium ausgetüftelte Thesen in kirchenaffiner Insidersprache präsentiert erwarten oder auf einen populistisch-programmatischen 10-Punkte-Plan zur einzig möglichen Rettung ‹der Kirche› hoffen, dann muss ich Sie leider schon jetzt enttäuschen. Aber Enttäuschung ist vielleicht ein Gefühl, das Ihnen nicht ganz fremd ist, wenn Sie sich mit diesem Thema beschäftigen.

Wenn Sie aber mit mir auf die Suche kommen möchten und sich hoffentlich in meinen Erlebnissen, Erfahrungen und Abenteuern wiederfinden, dann können wir vielleicht zusammen schlussfolgern, was sich bei Kirche dringend mal ändern müsste, was da eigentlich los ist und warum die Hoffnung trotzdem nicht verloren ist. Herzlich willkommen in meiner kleinen

Cuvée aus Tagebuch, Reisebericht, Praxiserfahrung, Insiderblick und Vogelperspektive, meinem Kuriositätenkabinett mit Absurdem, Hanebüchenem und Herzzerreißendem. Denn das hier ist ein hoffnungsvoll kritischer Liebesbrief an Kirche und Glauben.

Und, um das an dieser Stelle schon einmal deutlich zu sagen: Nichts von dem, was ich schreibe, hat Anspruch auf Vollständigkeit – im Gegenteil: Zu jedem der Themen könnte man überbordende und kluge Werke verfassen. Aber vielleicht regen meine Anekdötchen und Glückskeks-Weisheiten zum Nachdenken, Schmunzeln, Aufregen oder Widerspruch an. Das reicht.

Lassen Sie uns als Erstes über den rosa Elefanten im Raum sprechen: «Warum sich Kirche verändern muss». Das ist der Untertitel dieses Buches. Ich sehe schon pochende Halsschlagadern und schweißnasse Handflächen von Menschen, die ein Leben in, mit, für und durch ihren ganz eigenen Kirchenbezug führen. Und das ist auch gut so. Beides – dass Menschen ihr eigenes Leben im Kontext von Kirche führen und auch, dass manche Menschen beim Aufruf zu Veränderung nervös werden. Denn das bedeutet erst einmal, dass noch Herzen an dem alten Kahn Kirche hängen. Allerdings ist die Krux mitunter, dass die Menschen, die sich zugehörig fühlen, nicht unbedingt das Gefühl haben, dass sich etwas ändern müsse – denn sie haben es sich ja ganz bequem eingerichtet. Ein klassisches Dilemma. Daher habe ich auch im Vorfeld zu diesem Buch durchaus empörten und etwas verängstigten Gegenwind gespürt, weil ebendiese Menschen glauben, man würde ihnen etwas wegnehmen wollen. Und das stimmt in gewisser Weise auch. Denn wir müssen ganz dringend etwas wegnehmen: die Exklusivität. Auch denen, die (noch) da sind. Damit meine ich nicht die Exklusivität, die man mit Hochglanz und Luxus assoziiert, sondern die tatsächliche Bedeutung dieses Wortes, die wir im kirchlichen Kontext – leider

Gottes – geradezu perfektioniert haben. Denn das lateinische Wort ‹excludere› heißt übersetzt «ausschließen, aussperren, abweisen, trennen, absondern, ab- und fernhalten»[2]. Die Kirche ist exklusiv geworden. Und damit genau das Gegenteil dessen, was sie eigentlich sein möchte, sollte und könnte.

Ich glaube: Das muss sich ändern. Manche derer, die es sich bequem gemacht haben – ob als Mitarbeitende oder Gemeindeglieder –, mögen das anders sehen, weil es am einfachsten ist, genauso weiterzumachen. Aber die, die noch dabei sind, haben vielleicht – und da bin ich jetzt ganz unwissenschaftlich sehr pauschal – eine andere Perspektive auf die Korrelation von Kirchenmitgliedschaft und demographischen, kulturellen und soziologischen Veränderungen. Es gibt eine ansteigende Diversität in aktuellen Lebenskonzepten. Es gibt – auch durch das Zusammenwachsen der Welt im digitalen Kontext – alternative Sinndeutungsangebote. Wir leben in sich verändernden Kommunikationsstrukturen, in postaufgeklärten, individualisierten und subjektorientierten Lebenswelten. Wir haben eine sich verändernde ästhetische Wahrnehmung. Und natürlich ist es patriarchaler und chauvinistischer Quatsch zu denken, Frauen könnten kein Priesteramt bekleiden.

Menschen treten unter anderem aus der Kirche aus, weil sie das Gefühl haben, dass diese Kirche mit ihrem Lebensentwurf nichts anfangen kann oder – noch schlimmer – diesen Lebensentwurf be- und verurteilt. Oder sie treten aus der Kirche aus, weil sie mit den biblischen Erzählungen von einer mythologischen Gottheit, Weltuntergangsszenarien, Regenbogen, Engeln und auferstandenen Gottmenschen einfach nichts anfangen können – und das ist vollkommen in Ordnung. Oder weil sie sich in Gottesdiensten so fremd fühlen, dass sie am liebsten im Boden versinken wollen, angesichts des ‹Hokuspokus›[3], der da stattfindet. Oder weil sie sich am meisten ausgeladen fühlen, wenn wir in unserer exklusiven klerikalen Sprache mal wieder von ‹herzlicher Einladung› sprechen. Oder weil der Blick in einen verstaubten Gemeindeschaukasten voller Spinnweben so sehr abturnt, dass man von vornherein keine Lust hat, sich genauer damit auseinanderzusetzen. Oder weil die Kirchensteuer vor allem dann weh tut, wenn man gar nicht weiß, was damit eigentlich gemacht wird. Oder weil sie das Gefühl haben, dass das weltfremde Salbadern ‹da vorne› einfach nichts mit ihrem Leben zu tun hat. Oder, oder, oder …

Aber wie kann sich all das ändern?

Lassen Sie uns realistisch sein: Veränderungen tun häufig weh. Sie sind geprägt von Anstrengung, Kurskorrektur, Verlustangst, Hinterfragen, Abschied und ehrlicher, konstruktiver Selbsteinschätzung. Sie machen selten von Anfang an Spaß, kosten Überwindung, brauchen Durchhaltevermögen, sind mitnichten immer von Erfolg gekrönt und dürfen niemals Selbstzweck sein. Denn natürlich ist Veränderung nur um der Veränderung willen genauso unsinnig, wie etwas beizubehalten, nur um es beizubehalten. Aber in Sachen Kirche muss Veränderung sein – weil den Kirchen die Mitglieder abhandenkommen.

Und das merken mittlerweile sogar die Kirchen.

Vor einigen Wochen fanden mehrere Jahre aufmerksamen Forschens, Austarierens und endloser Stunden Gremiensitzungen mit vermutlich staubigen Waffelkeksen und lauwarmem Kaffee einen lauten medialen Abschluss: Die beiden mitgliederstärksten Kirchen des Landes, die Evangelische und die Katholische Kirche in Deutschland, veröffentlichten die Studie «Kirche im Umbruch – Projektion 2060»[4]. Darin beschäftigte sich das ‹Forschungszentrum Generationenverträge› der Freiburger Albert-Ludwig-Universität mit einer hypothetischen Projektion einer koordinierten Mitglieder- und Kirchensteuervorausberechnung für die evangelische und die katholische Kirche. Hypothetisch natürlich, weil keiner von uns die Zukunft voraussagen kann, aber die Wahrscheinlichkeit, dass die Ergebnisse dieser Studie eintreten, ist zumindest nicht gering.

Sie besagt, dass sich die Mitgliederzahlen und damit auch die finanziellen Möglichkeiten beider sogenannter Geschwisterkirchen, der katholischen und evangelischen, bis 2060 etwa halbieren werden.

Lassen wir das mal sacken: Die Prognose besagt, dass in gut 40 Jahren nur noch die Hälfte der jetzt in irgendeiner Form zugehörigen Menschen Mitglied einer dieser beiden Kirchen sein werden. Zumindest unter den jetzigen Voraussetzungen.

Das ist wirklich eine überraschend ehrliche, ungeschönte und auch irgendwie bittere Prognose, die man erst mal verdauen muss.

Die Untersuchung wurde von einem Team um den Freiburger Finanzwissenschaftler Prof. Dr. Bernd Raffelhüschen geleitet, als eine koordinierte Mitglieder- und Kirchensteuervorausberechnung für die Evangelische und Katholische Kirche in Deutschland. Das heißt konkret, dass für die 20 sogenannten evangelischen Landeskirchen und die 27 römisch-katholischen (Erz-)Diözesen in Deutschland erforscht wurde, wie sich Kirchenmitgliedschaftszahlen und Kirchensteueraufkommen bis zum Jahr 2060 entwickeln werden beziehungsweise unter den gegebenen Tendenzen entwickeln könnten. Raffelhüschen und sein Team haben primär zwei Parameter im Blick, die ihnen eine Projektion auf die Zukunft ermöglichen: einerseits die demographische Entwicklung – also die Frage, wie sich Geburten-, Sterberate und Migration in Deutschland zukünftig verhalten werden. Andererseits die ‹kirchenspezifischen Einflüsse›, also das Tauf-, Austritts- und Aufnahmeverhalten von Kirchenmitgliedern, das aus den letzten Jahren auch repräsentativ für die Zukunft gesehen wird. So viel zu den ganz grundsätzlichen Faktoren.

Das Interessante und vor allem Problematische an dieser Erkenntnis ist nun, dass aus dem projizierten Rückgang um die Hälfte wiederum nur die Hälfte durch den demographischen Wandel begründet ist – also dem Überhang von Sterbefällen über die Geburten sowie dem ‹Wanderungssaldo›, also der Differenz zwischen den Zuzügen nach Deutschland und den Fortzügen ins Ausland. Die andere Hälfte des Mitgliederrückgangs beruht auf Tauf-, Austritts- und Aufnahmeverhalten.

Aus diesen düsteren Prognosen ergeben sich logischerweise eine ganze Reihe von Folgefragen auf ganz unterschiedlichen Ebenen, die nicht ganz unwichtig sind.

Zum Beispiel: Wie viele Menschen sind denn jetzt gerade Mitglieder in Kirchen? Und wie viele dann nur noch in 2060? Wie definieren sich die beiden Kirchen, die in der Analyse verhandelt werden – und gibt es noch andere? Welche Formen von Zugehörigkeiten gibt es zu diesen? Und: Kann sich da etwas ändern? Woher kommen die finanziellen Mittel der Kirchen, wenn Finanzen in der Untersuchung ein so großes Thema sind? Welche Korrelation von Finanzkraft und Zugehörigkeit der Kirchenmitglieder gibt es? Ergeben sich aus der gesamten Analyse nicht eventuell auch Chancen? Oder werden aus solchen vermeintlichen Abgesängen nicht automatisch *self fulfilling prophecies*? Wie konnte es zu diesem Status quo überhaupt kommen? Und, nicht ganz unwichtig: Von welcher Ausgangssituation geht diese Projektion aus?

Wir zäumen das Pferd mal von hinten auf, aber ich verspreche Ihnen, es wird in diesem Buch noch um all diese Fragen gehen.

Also: Von welcher Ausgangssituation geht diese Projektion aus?

Lassen Sie uns zunächst mal auf die Studie, die zugehörigen Statements und ein paar Zahlen schauen. Ist ja immer hilfreich.

Die demographischen Faktoren beziehen sich zunächst mal auf drei unterschiedliche Generationen: Die Geburtsjahrgänge 1955 bis 1965 – also die sogenannten Babyboomer, die 2017, im Jahr des Beginns der Untersuchung, um die 50 Jahre alt waren. Dann die Geburtsjahrgänge vor 1940 – also die Eltern der Babyboomer, die 2017 um die 75 Jahre alt waren. Und schließlich die Geburtsjahrgänge Mitte der 1980er – also die Kinder der Babyboomer, die 2017 um die 30 Jahre alt waren.

Die Jahrgänge zwischen den Babyboomern und deren Kindern sind generell kleiner, was an den geringeren Geburtenstärken dieser Jahrgänge liegt.

Die prognostizierten Sterbefälle übersteigen die angenommene Zahl der kirchenzugehörigen Zuwanderer aus dem Ausland. Das gilt auch für die angenommene Zahl der Kinder, die von kirchenzugehörigen Müttern zur Welt gebracht werden. Dieser Überhang an Sterbefällen über Geburten und Zuwanderung führt dazu, dass sich die Mitgliederzahlen bis 2060 so drastisch verringern werden. Das ist also – grob gesagt – die demographische Seite der Projektion.

Die andere Seite wird als ‹kirchenspezifisch› bezeichnet. Darunter fällt alles, was ausschließlich mit der Frage nach Zugehörigkeitsmerkmalen zu einer der beiden großen Geschwisterkirchen zu tun hat: also Taufe, Aus- und Eintritte. Die evangelische Kirche sagt in der Studie über ihre eigene Situation: «Es werden nämlich nicht alle Kinder von evangelischen Müttern evangelisch getauft. Zusätzlich treten mehr Menschen aus der Kirche aus als in die Kirche ein. Setzt sich diese Entwicklung weiter fort, vergrößert sich der Mitgliederrückgang um weitere 28 Prozentpunkte. In der Summe bedeutet dies, dass die evangelische Kirche bis 2060 52 Prozent ihres Mitgliederstandes von 2017 verloren haben wird.»[5]

Dazu gibt es die drei bezeichneten Merkmale – und wir nehmen als Beispiel für alle drei der Einfachheit halber mal die evangelische Kirche, weil ich mich darin besser auskenne.

Vor allem bei der Taufe ist es so, dass die Wahrscheinlichkeit, dass ein Kind getauft wird, abhängig von der Konfession der Eltern ist. Zwar werden im Verhältnis zu den evangelischen Müttern relativ konstant immer noch 80 Prozent der Kinder auf evangelischer Seite auch evangelisch getauft, aber gemessen an den absoluten Geburten in Deutschland ist die Zahl der Taufen rückläufig.

Mit den Austritten verhält es sich so, dass die Menschen, die aus der Kirche austreten, vorwiegend zwischen 25 und 35 Jahre alt und häufiger männlich sind. Ein Hauptgrund dafür ist die Korrelation von Austritt aus der Kirche und Eintritt ins Berufsleben. Gerade die Berufseinsteiger haben das Gefühl, dass es doch irgendwie weh tut, wenn man von seinem ersten richtigen Gehalt gleich wieder einen Teil als Kirchensteuer abgeben muss. Dazu kommt das Gefühl, dass besonders in dieser Lebensphase das kirchliche Angebot für das eigene Leben und die gewählte Lebensstruktur, sagen wir mal, uninteressant ist und daher nicht in Anspruch genommen wird. Daraus resultiert, dass in der Zeit bis zum 31. Lebensjahr rund 30 Prozent der getauften Männer und 22 Prozent der getauften Frauen aus der evangelischen Kirche austreten. Das hat wieder Rückwirkung auf die Taufzahlen, weil das ja, wie wir schon festgestellt haben, im Verhältnis von eigener Konfessionszugehörigkeit und der Konfession der Kinder steht.

Halten Sie noch durch, denn es gibt auch etwas (vielleicht)

Überraschendes: Jedes Jahr treten über 45 000 Menschen in die evangelische Kirche ein. Na so was. Wiederaufnahme, Erwachsenentaufe oder die Aufnahme aus anderen Konfessionen kompensieren zwar bei weitem nicht die Austritte, aber sie zeigen zumindest, dass es eine statistische Relevanz von Wiedereintritten und Bindung gibt.

Was heißt das denn nun alles ganz konkret? Allein im Jahr 2018 haben haargenau 216 078 Katholiken ‹ihre› Kirche verlassen. Das sind circa 29 Prozent mehr als im Vorjahr und etwa 0,9 Prozent aller Katholiken im Land.[6] Bei den evangelischen Christinnen und Christen waren es sogar noch mehr: 220 000 Menschen traten aus. Das sind, entschuldigen Sie meine Ausdrucksweise, verdammt viele Menschen, die aus irgendwelchen Gründen gesagt haben, dass sie ab jetzt tatsächlich nicht mehr zu dem Club gehören wollen, der eine ganze Zeit lang auf irgendeine Art und Weise ‹ihrer› war. Das ist bitter für den Club. Zumal es nicht ganz einfach ist, auszutreten – man muss sich proaktiv darum kümmern, denn die Mitgliedschaft läuft nicht einfach aus. Außerdem steht besagter Club jetzt ganz kurz vor der Auflösung. Er hat nämlich nur noch 44,14 Millionen Menschen, die dazugehören. Also fast niemanden mehr …

Verzeihen Sie meinen vielleicht überraschenden Sarkasmus an dieser Stelle, aber ich glaube fest daran, dass es – bei aller Notwendigkeit von Veränderungen – nicht ganz unwichtig ist, angesichts der Horrorprognosen und Weltuntergangsszenarien hin und wieder auf die Relationen zu schauen. Denn auch wenn eine große Reformationsfigur unserer Zeit, Greta Thunberg, natürlich in Teilen recht hat, wenn sie sagt: «Ich will, dass ihr in Panik geratet»[7], gilt die Regel: Wenn Panik einfach Panik bleibt und nicht wachrüttelt und anstachelt, damit sich etwas verändert, ist am Ende niemandem geholfen. Denn heute – und das ist vielleicht doch ein gar nicht so schlechter Ausgangspunkt für

Veränderung – sind noch 53,2 Prozent der Bundesbürger*innen Mitglied in einer der beiden großen Kirchen. Das sind gar nicht mal so wenige.

Also: durchatmen und nicht in die verzweifelten Jammergesänge angesichts der gesellschaftlichen Bedeutungslosigkeit der Kirchen einstimmen. Das ist doch eigentlich eine gute Ausgangsbasis, um mal herauszufinden, warum diese 440 000 Menschen ausgetreten sind. Vielleicht hat es ja mit Gott und der Welt und Gott und dem Geld zu tun, der Kirchensteuer, den Gottesdiensten, den Strukturen, der Sprache, der Relevanz, den Kirchenbildern oder der medialen Wahrnehmung? Und mit einem generellen Wissen (oder Nichtwissen) über das, was da eigentlich passiert in dieser komischen Kirche? Letzteres scheint mir ein großes Problem zu sein. Das wurde mir auf meiner Suche deutlich.

2017 war das Jahr des ‹Reformationsjubiläums›. Die evangelische Kirche feierte den fünfhundertsten Jahrestag eines Ereignisses, das man sich als Symbol für den Beginn der Reformation ausgesucht hatte: Martin Luther schlägt – so die Legende – 95 Thesen an die Tür der Schlosskirche von Wittenberg. Ein Ereignis mit damals ungeahnten, revolutionären und verändernden Folgen. Das geschah 1517 und gilt seitdem als symbolischer Beginn der Reformation und auch als Geburtsstunde der evangelischen Kirche. So weit, so gut. Was hat das mit uns und der heutigen Situation zu tun? Nun: ziemlich viel. Denn was wollte Luther damals eigentlich, als er sich dazu durchrang, etwas zu verändern? Er wollte die katholische Kirche reformieren – aber keine neue Kirche gründen, auch wenn das gerne immer noch behauptet wird. Luther hatte den inneren Drang, ‹seiner› Kirche auf die Finger zu schauen und zu ergründen, wo sich fundamentale und existenzielle Fehler eingeschlichen hatten. Wo gab es Machtmissbrauch? Wo behinderten die Strukturen und die Korruption der Institution das, worum es eigentlich gehen sollte: die Beziehung von Menschen zu ihrem Glauben und ihrem Gott.

Luther wollte, dass die Menschen verstehen, was sie all- sonntäglich nachbeteten, und war der Meinung, dass es hilf- reich wäre, eine Sprache zu finden, in der sich Menschen aus- drücken können – auch in Glaubensfragen. Er erkannte damals sehr clever, welche Kommunikationsmittel die Menschen ver- stehen und benutzen, suchte sich die besten Leute und trat eine Medienrevolution los. Auf vielen Ebenen. Dabei ging es ihm grundsätzlich immer um die persönliche Gottesbeziehung. Nur wenn Menschen verstehen, dass Glaube immer etwas mit ihrem eigenen Leben zu tun hat, kann dieser Glaube wach- sen und – entschuldigen Sie meine Kirchensprache – lebendig sein.

Ich möchte hier keine Lutherforschung und mit Sicherheit auch keine Lutherlobhudelei betreiben, denn ich bin fest davon überzeugt, dass Luther ein Stolperstein sein muss. Aber diese kurzen Blitzlichter auf die Ausgangssituation der Reformation scheinen mir heute genauso aktuell zu sein wie damals. Natür- lich in anderen demographischen Kontexten – aber thematisch könnte Luthers Denkbewegung doch nicht existenzieller und aktueller sein.

500 Jahre seit der letzten Reformation sind eine lange Zeit. Ein nicht ganz kleiner Teil des Wesens zumindest der protes- tantischen Kirche ist also, dass sie grundsätzlich reformatorisch ist, sich also nicht scheut, die Frage nach Veränderungen zu stellen – weil sie selbst erst aus dem dringenden Wunsch nach Veränderung entstanden ist.

In besagtem Jubiläumsjahr hatte ich – und das meine ich nicht sarkastisch – die Freude (und ein kleines bisschen auch die Ehre), einer von 18 ‹Reformationsbotschafter*innen› zu sein.

Meine Aufgabe war es, das ganze Jahr über immer wieder unterwegs zu sein und mal im Kleinen, mal im Großen über die Reformation zu sprechen und mit Menschen ins Gespräch zu kommen. Manche, mit denen ich auf großen Podien saß, waren mir ganz eindeutig zu clever, und manche Formate habe ich nicht verstanden, aber es waren tatsächlich viele schöne Begegnungen dabei. Ich durfte beispielsweise bei Barack Obamas Besuch in Berlin in der ersten Reihe sitzen und zusehen, wie der atmosphärische Unterschied mit Händen greifbar ist, wenn dieser Mann zu erzählen anfängt. Was für ein übercharismatischer Vollprofi! Keine besonders überraschende, aber umso eindrücklichere Erkenntnis.

Mit der BBC ein Radiospecial in Wittenberg zu machen, war ein echtes Erlebnis. Ich durfte vor 100 000 Menschen auf dem Kirchentag singen und erzählen und wurde an vielen Orten, von denen ich nie dachte, dass ich sie jemals sehen würde (und das sage ich als Musiker, der jahrelang durch die winzigsten Dörfer getingelt ist ...), herzlich und interessiert empfangen. Vielleicht auch einfach nur, weil ich mich überhaupt auf den Weg gemacht hatte.

Meine schönste Begegnung war aber eine, die nicht in den Medien stattfand. Und, um ehrlich zu sein, auch eine, auf die ich nur wenig Lust hatte, als ich in den Zug stieg. Ein Kasseler Gymnasium hatte eine – wahrscheinlich preisgekrönte – Ausstellung zum Thema «Luther und Europa» auf die Beine gestellt, und ich glaube, sie hatten mich in meiner Funktion ‹gewonnen›. Natürlich hatte ich, wie erbeten, einen Vortrag in dieser eigentümlichen Vortragssprache erarbeitet, den ich mit mehr oder weniger klugen Zitaten gespickt und wissenschaftlich zweimal kritisch durchleuchtet hatte. Ich hatte mir ein Plädoyer für irgendeinen mir selber wahrscheinlich unschlüssigen Zusammenhang zwischen Luther und Europa überlegt (à la «Hätte er bestimmt irgendwie auch ganz gut gefunden») und mich auf eine Aula voller Schüler*innen mit verschränkten Armen eingestellt – ganz genau so wie ich damals da saß, wenn ich zu einer Pflichtveranstaltung gezwungen wurde, die mich überhaupt nicht interessierte, weil sie rein gar nichts mit mir, meinem jungen Leben, meinen Hoffnungen, Ängsten und Perspektiven zu tun hatte.

Es kam, wie es kommen musste: Natürlich hatten die Schüler*innen ein gewisses Bild von einem ‹Reformationsbotschafter›, der zu einer Veranstaltung kommt, die verpflichtend ist. Und natürlich kann ihnen das keiner verübeln, dafür gab es zu wenige Berührungspunkte zwischen Kirche, geschweige denn Reformation und ihrem eigenen Leben.

Das hatte ich mir schon im Vorfeld gedacht und deshalb auf meinen Anzug verzichtet und meine Gitarre eingepackt. Ich konnte also das Überraschungsmoment nutzen und die Anspannung im Raum durch den ersten Eindruck und zwei kleine Liedchen von der Aulabühne ein wenig nehmen. Trotzdem Notiz an mich selber: Kirchenklischees und Bilder von Menschen, die für die Kirche arbeiten und Kirche repräsentieren noch viel mehr auf dem Schirm zu haben. Ist wichtiger, als ich wahrhaben wollte.

Da ich nun ein bisschen Sympathie und Aufmerksamkeit auf meiner Seite hatte, ich vollmundig und sehr herzlich begrüßt und vorgestellt wurde und ein paar Menschen mich tatsächlich aus dem Fernsehen kannten, ging es an meinen Vortrag. Also stand ich an einem Plastikstehtisch vor jungen Menschen, klappte mein iPad auf und blickte auf 16 Seiten Vortrag. Und irgendwie passte das alles hinten und vorne nicht zusammen.

Das Schöne war, dass wir alle das in diesem Moment merkten. Es blieb mir also gar nichts anderes übrig, als direkt zu fragen: «Wisst ihr, ich hab hier einen 16-seitigen Vortrag, den ich euch halten kann. Ist bestimmt gut. Oder ... Ihr könnt mir einfach mal all die Fragen zu Reformation, Glaube und Kirche stellen, die ihr euch nie getraut habt zu fragen. Auch und vor allem ganz persönlich. Was meint ihr?»

Es ist keine große Überraschung, dass es auch so kam. Der Vortrag blieb ungelesen, und das gut 90-minütige Gespräch wurde eines, das ich als wirklich besonders in Erinnerung habe. Denn natürlich lautete die erste Frage, was ich ganz persönlich und ganz ehrlich mit Kirche zu tun hätte. Und warum ich gläubig bin und ob es für mich einen Unterschied zwischen Kirche und Glauben gäbe. Vor allem aber ging es um die Frage nach der Aktualität reformatorischer Kerngedanken, die im Umkehrschluss – für viele Schüler*innen überraschend – auch Kirche repräsentieren. Besonders das Charakteristikum, dass sich die Kirche verändern muss, weil sie aus einem Wunsch nach Veränderung überhaupt erst entstanden ist, schien die unfreiwillige Aulagemeinde so zu überraschen, dass sie fast ein bisschen perplex war. Was aber wirklich hängengeblieben ist, sind drei Dinge: Reformation und Kirche als Vertreter der Reformation haben unbedingt mit Freiheit zu tun. Luther hat ein neues Verständnis von Freiheit der Einzelnen erdacht und laut postuliert, und das gilt heute noch. Denn Freiheit ist ein fragiles Gut. Das wird nicht erst in Zeiten deutlich, in denen ein orangefarbener Mann mit schlechtsitzendem Toupet wieder Fan von Wettrüsten ist und der Spiegel «Die Atomwaffen-Angst ist zurück» titelt.[8] «Was bedeutet Freiheit heute?» wurde zu einer Art kollektivem Schlachtruf, den die Schüler*innen wild diskutierten. Glaubensfreiheit, geistige und räumliche Unabhängigkeit des Einzelnen gehören unbedingt dazu. Aber auch «unser aller Verantwortung für die Freiheit anderer»[9] – eine Verantwortung, die heute angesichts weltweiten Terrors und politischer Verfolgung besonders schwer wiegt und der sich natürlich auch «die Institution Kirche stellen muss»[10]. Und das weiß die Kirche auch ...

Dann: Reformation hat mit der sehr lebensnahen Erfahrung zu tun, dass wir alle irgendwann scheitern, aber eben nicht gescheitert bleiben müssen. Oder wie es eine meiner Lieblingsbands Coldplay singt: «Just because I'm losing doesn't mean I'm lost.»

Und: Reformation braucht Zweifel, Skepsis, Kritik, Hinterfragen. Das Prüfen von Institutionen, seiner selbst und dem, woran man glaubt.

Damit hatte irgendwie keiner so richtig gerechnet.

Nach dem Vortrag saß ich noch mit dem Schulleiter bei einer Bratwurst in der Cafeteria und hatte dieses merkwürdige Wieder-Schüler-sein-Gefühl, so als hätte ich etwas ausgefressen. Dabei wurde mir klar: In dieser Begegnung mit den Schüler*innen, die mich sehr berührt hatte, hatten sich so viele der grundsätzlichen Probleme offenbart, die Kirchen heute haben: Vorurteile, Klischees, fehlende Trennschärfe zwischen den unterschiedlichen Kirchen, fehlende Verbindung zwischen Botschaft und Überzeugung und dem eigenen Leben. Merkwürdige Erwartungen an Sprache und Ansprache. Die Frage, wie und ob Menschen eigentlich gehört, gesehen, wahr- und ernst genommen werden. Vor allem aber die irgendwie erschütternde Erkenntnis, dass am Ende wieder mal festgestellt wurde: «Ach so ... Wenn das so ist, finde ich Kirche vielleicht gar nicht so doof.»

Kirche muss sich verändern, weil sie – manchmal – eine ganze Menge mit dem Leben von Menschen zu tun hat. Und Menschen das zumindest wissen sollten.

Erkenntnis des Tages:

Kirche wird und muss sich verändern. An den demographischen Parametern, die in der Projektion 2060 beschrieben werden, können die Kirchen wahrscheinlich relativ wenig ändern. Bleiben also die ‹kirchenspezifischen Faktoren›. Und da würden mir sofort eine Handvoll einfallen. Aber lassen Sie uns erst einmal herausfinden, warum wir uns in der Kirche eigentlich so schwer tun mit Veränderungen. Und das, obwohl wir (zumindest die Protestanten) doch aus einer reformatorischen Tradition stammen? Zeit für einen Blick auf eine Wesensbeschreibung der Kirchen, die deutlich machen soll, dass in beiden Geschwisterkirchen Veränderungsprozesse immer schon dazugehören. Und wenn wir verstehen, dass Veränderung zum Grundsatz von Kirche gehört, haben wir vielleicht perspektivisch weniger Angst davor. Los geht's.

DREI KLEINE WORTE

Wenn Sie das lesen und selbst eine Art Kirchenprofi sind, scharren Sie sicherlich schon mit den Füßen. Wann sagt er es denn endlich? Sie wissen natürlich Bescheid und haben vermutlich genauso viel Spaß am Bullshit-Bingo wie ich. Vielleicht schmeißen Sie auch gern klug klingende Blendgranaten in den Raum und hoffen, dass die Zuhörenden teils ehrfürchtig, teils beschämt angesichts Ihrer Klugheit verstummen. Und ein bisschen erblassen. Und ja, natürlich schreibe ich gleich, worauf Sie warten. Für alle anderen hole ich aber ein wenig aus.

Es gibt eine kurze Parole, die immer irgendwann auftaucht, wenn man sich intensiver mit Kirche beschäftigt – ein Slogan oder eine Art Mantra. Oder schlicht ein ‹Leitsatz›. Der hat ein kurioses Eigenleben entwickelt. Ihm wurden mittlerweile so viele Ursprungs- und Entstehungsgeschichten zugeschrieben, dass es sich lohnt, mal genau hinzuschauen. Neudeutsch würde man wahrscheinlich von ‹urban myth› sprechen. Der Leitsatz lautet – und ja, da ist er endlich: ‹Ecclesia semper reformanda›.

Diese drei lateinischen Worte eröffnen einen ganzen Kosmos an Entfaltungsmöglichkeiten und Deutungen. Übersetzt heißen sie ungefähr: ‹Die Kirche muss immer reformiert werden›.

Damit rechnet man als Laie nicht unbedingt. Lassen Sie uns zuerst mal genauer schauen, woher dieser Leitsatz eigentlich stammt, denn das ist wirklich spannend – dafür muss ich ein bisschen ausholen.

Vielleicht kennen Sie Internet-Memes mit klug klingenden Zitaten, die inspirieren sollen; darunter steht, um dem Ganzen mehr Gewicht zu verleihen, meist der Name eines berühmten Autors oder Staatsmanns. Man nickt das Gelesene also ehrfürchtig ab, nur um dann doch peinlich berührt innezuhalten, weil man erkennt, dass Abraham Lincoln mit großer Wahrscheinlichkeit nichts über ethische Grundsätze von Internetpiraterie gesagt hat. Wahrscheinlich ist das die gerechte Strafe dafür, dass man nach ‹kluges Zitat Aristoteles› gegoogelt hat.

Mit ‹Ecclesia semper reformanda› ist es ähnlich. Eine kurze Netzrecherche ergibt, dass diese Worte ungefähr jedem kirchengeschichtsrelevanten Menschen in den Mund gelegt werden – besonders gerne einem der bekanntesten ‹Kirchenväter›, nämlich Augustinus.

Er heißt bei vielen katholischen Menschen nicht umsonst der ‹heilige Augustinus› – einer der vier großen Kirchenväter, bis heute bedeutsamer Theologe und Philosoph und einflussreicher Bischof. ‹Ecclesia semper reformanda› bei ihm zu verorten, macht also die Wichtigkeit dieses Leitsatzes deutlich.

Leider stammen diese Worte jedoch nicht von ihm, wie auch sehr streng katholische Theologenmenschen mittlerweile zugeben müssen.

Andere Quellen schreiben die Formel der calvinistischen Theologie des beginnenden 17. Jahrhunderts zu. Das ist erst einmal sehr pauschal. Manche sind genauer und nennen einen calvinistischen Theologen, der gelegentlich Jodocus van Lodenstein und manchmal auch Jodocus van Lobenstein heißt und von 1620 bis 1677 gelebt hat.

Und noch viele andere werden als Erfinder dieser so wichtigen und überraschenden Formel gehandelt.

Leider sind das alles Fake News.[11]

Der 2011 verstorbene Marburger Systematiker und Kirchengeschichtler Theodor Mahlmann hatte sich auch auf die Suche nach dem Ursprung dieser bedeutenden Redewendung gemacht und sich dafür penibel durch alle Quellen gekämpft, nur um überrascht festzustellen, dass der Ausspruch in genau dieser Formulierung nicht etwa aus dem 4. Jahrhundert stammt, wie einige annahmen, sondern ein kleines bisschen jünger ist. Um genau zu sein: gute 1600 Jahre jünger.

Und wer hat's erfunden? Die Schweizer.

Mahlmann konnte darstellen, dass die berühmten Worte das erste Mal 1947 von einem der bekanntesten Theologen der Neuzeit gesprochen wurden: von Karl Barth (1886 bis 1968). Barth war ein Schweizer evangelisch-reformierter Theologe, der als Begründer der ‹dialektischen Theologie› gilt, einer theologischen Schule, die bis heute kontrovers diskutiert wird. Darum soll es an dieser Stelle nicht gehen, sondern um den Kontext und den Geist, in dem Barth diese Worte gesagt hat.

Dazu muss man verstehen, was Barth vor 1947 gemacht hat – bevor er den Vortrag hielt, in dem ‹ecclesia semper reformanda› das erste Mal vorkam.

Karl Barth war einer der Menschen und Theologen*innen, die Hitlers Machtergreifung 1933 mit großer Sorge beobachteten. Ein Mann wie Hitler, der sich selbst übermenschlich stilisieren ließ und das wiederum in menschenverachtenden und im wahrsten Wortsinn ‹entmenschlichenden› Narrationen zu begründen versuchte, kam in Deutschland an die Macht, und die

Frage nach einer (Selbst-)Positionierung der Kirche dem gegenüber war unbedingt notwendig. Das war insofern gar nicht so einfach und selbstverständlich, weil viele Pfarrer der deutschen evangelischen Kirche noch zu Zeiten des Kaiserreichs eng mit staatlichen Strukturen und Machtauffassungen verbunden waren. Mehr noch: Viele waren erleichtert, als Hitler an die Macht kam, weil sie davon überzeugt waren, dieser hätte eine kommunistische Revolution verhindert.

Die evangelische Kirche sah in einem Zusammenschluss mit dem NS-Regime die potenzielle Wiedererstarkung einer Volkskirche (ja, auch damals war man auf der Suche nach der vermeintlichen Volkskirche ...) und ließ sich so immer wieder und immer stärker von Hitler einspannen und instrumentalisieren. Sie schwieg in großen Teilen 1933, als die Linksparteien und Gewerkschaften ausgeschaltet wurden, sie schwieg, als die paramilitärische SA mit Terror durch die Straßen zog, und sie schwieg, als die ersten Juden verfolgt wurden.

Hitler und die ‹Deutschen Christen› (DC) waren ein pervers-produktiver Zusammenschluss: Es wurde ein ‹Reichsbischof› gewählt, und Kirche und Staat gingen radikal Hand in Hand. So weit, dass sogar die Deutsche Evangelische Kirche auf einer DC-Großkundgebung am 13. November 1933 eine ‹Entjudung› mit hanebüchener biblischer Begründungsfigur propagierte.

Dass dieser Kurs nicht richtig sein konnte, merkten aber einige Menschen in der Kirche, und so schlossen sich am 21. September 1933 deutsche evangelische Theolog*innen, Pfarrer und kirchliche Amtsträger gegen die Einführung des ‹Arierparagraphen› zusammen und gründeten den ‹Pfarrernotbund›. Der Paragraph war Anfang 1933 in Kraft getreten und verbot Menschen jüdischer Abstammung (mit wenigen Ausnahmen), öffentliche Ämter zu bekleiden. Für die Kirche wurde er auf einmal sehr relevant, als er in den Kirchenapparat übertragen wurde: Am 6. September tagte die Generalsynode der Evangelischen Kirche der altpreußischen Union.

Kurze Zwischeninfo: Synoden sind die kirchlichen Zusammenkünfte, auf denen viele wichtige Dinge beschlossen werden – kommt in diesem Buch noch häufiger vor.

Zurück ins Jahr 1933: In diesem kirchlichen Entscheidungsgremium wurde das ‹Kirchengesetz betreffend die Rechtsverhältnisse der Geistlichen und Kirchenbeamten›[12] beschlossen. Das zurrte fest, dass Geistliche und kirchliche Verwaltungsbeamte «nichtarischer Abstammung» unverzüglich in den Ruhestand versetzt werden mussten. Selbiges galt auch für Menschen, die in ‹Mischehen› mit einer Partnerin «nichtarischer Abstammung» lebten. Der Pfarrernotbund wurde direkt am nächsten Tag gegründet und war der Beginn des organisierten Widerstands kirchlicher Amtsinhaber, der aber zu diesem Zeitpunkt noch längst nicht so klar und konkret war, wie er später werden sollte. Es war eher ein «System der gegenseitigen Solidarität»[13]. Die Initiatoren erstellten eine vier Grundsätze umfassende Selbstverpflichtung:

1. Dem Bekenntnis der Kirche steht der Arierparagraph diametral entgegen und ist nicht rechtens.
2. Die davon betroffenen Amtsinhaber haben also weiterhin das Recht der freien Wortverkündigung und der freien Sakramentsverwaltung in der Evangelischen Kirche.
3. Das Gesetz muss aufgehoben werden.
4. Die Verpflichtung zur tätigen Hilfe betroffener Kirchglieder.

Und hier schließt sich der Kreis bei der Suche nach dem Ursprung der legendären Worte ‹Ecclesia semper reformanda›, denn Karl Barth kommt ins Spiel, Miturheber dieses noch relativ zaghaften Protestes. Barth wurde jedoch zusehends schärfer und deutlicher in seiner Abgrenzung von der antisemitischen Politik der Nationalsozialisten, die für ihn nämlich nur Ausdruck eines noch viel umfassenderen Phänomens war, für das sich große Teile von Kirche einspannen und begeistern ließen.

Nach Barths Ansicht war der Arierparagraph vielmehr ein Ausdruck christlicher Häresie, also einer Lehre, die im genauen Gegensatz zum eigentlichen Kern des Christentums und auch der Kirche steht. Hier wurde ein falscher Gott verehrt.

Nun war Barth mit dieser desaströsen und entlarvenden Erkenntnis nicht unbedingt zurückhaltend: Er formulierte – wie Pastoren das eben machen – diese Gedanken in einer Predigt und ließ sie dem falschen Götzen persönlich zukommen. Am 10. Dezember 1933 schickte er sie direkt an Adolf Hitler. Und unter anderem aus diesem Geist und dieser Überzeugung entstand eine größere und umfassendere Oppositionsbewegung: die Bekennende Kirche (BK).

Die wichtigste Schrift, die im Kontext dieser Entwicklung entstand und die das Fundament dieser Oppositionsbewegung werden sollte, ist die Barmer Theologische Erklärung. Deren Hauptverfasser war ebendieser Karl Barth. Die entscheidende Grundaussage dieses Bekenntnisses liegt in der Zuspitzung, dass Jesus Christus allein das eine Wort Gottes sei. Genau deshalb hätten alle Christenmenschen ihm allein und keinen anderen Mächten der Gegenwart zu vertrauen. Diese drastische Pointierung führte final im ‹Kirchenkampf› zur Trennung von einigen Landeskirchen und den Deutschen Christen, die weiterhin mit dem Regime zusammenarbeiteten.

Die Barmer Theologische Erklärung sollte ein Bekenntnis sein. Allerdings eines, in dem viele eigene Bekenntnisse ihrerseits Platz finden, weil die drei unterschiedlichen Hauptströmungen, die hier die Mehrheit der Mitglieder stellten, auch unterschiedliche Kirchen waren: die unierte, reformierte und lutherische. Jede der sechs Thesen stellt eine biblische Begründung voran und dann eine positive Lehraussage einer negativen Verwerfung gegenüber, die sie als falsche Lehre – oder eben Häresie – deutlich werden lässt. So macht schon der Aufbau den unbedingten Vorrang Jesu Christi nach biblischem Zeugnis als Grundlage, Quelle und Wahrheitskriterium aller Thesen klar.[14]

Die Erklärung ist wichtiger gewesen, als ich es angemessen beschreiben könnte, und es soll an dieser Stelle nicht um ihre Geschichte gehen, aber drei Dinge sind für unsere Suche wichtig:

1. Die Erklärung ist in ihrer grundsätzlichen Formulierung von einem klaren Selbstverständnis gerahmt, das sich aus der Reformation speist. Auch damals war den Verfassern klar, dass ‹ihre› Kirche sich auf den Grundgedanken der Reformation berufen muss und nur so weiterleben kann und sollte. Das reformatorische Proprium oder der reformatorische Geist war immer einer, der sich im Zweifelsfall auch gegen Machthabende und gegen die selbst angenommenen Strukturen gestellt hatte. Die Barmer Theologische Erklärung hatte genau das *ver*standen und auch sich selbst gnadenlos *einge*standen.

2. In dieser Erkenntnis liegt ein befreiendes Moment: Es geht nicht darum, dass man selbst ohne Fehler oder Fehlentscheidungen ist, sondern darum, das zu erkennen und sich dann selbst zu prüfen und neu zu positionieren.

3. Die Barmer Theologische Erklärung nahm in Kauf – auch das reformatorisch –, sich im Zweifelsfall von den Kirchenmenschen zu trennen, die weiter mit den Nationalsozialisten paktierten.

Sie überdauerte den Krieg und ist bis heute wegweisendes und bleibend gültiges Lehr- und Glaubenszeugnis. In einigen Mitgliedskirchen der Evangelischen Kirche in Deutschland, kurz: EKD, sowie den evangelischen Kirchen Österreichs werden Pastor*innen bei ihrer Ordination, also ihrer Amtseinführung, auf dieses Bekenntnis verpflichtet. Für einige reformierte Kirchen ist sie eine offizielle Bekenntnisschrift.

Jetzt sind wir angekommen: Diese Erklärung, die aus dem grundsätzlichen Geist der Reformation entstanden war und einem System entgegenstand, das die Kirche und deren Mitglieder instrumentalisierte, überdauerte das ‹Dritte Reich›. Und erst 1947 sagte Karl Barth die drei berühmten Worte ‹ecclesia semper reformanda› in einem Vortrag über die Barmer Theologische Erklärung, die er ja hauptsächlich verfasst hatte. Genauer: über die sechste These, die sich mit der sogenannten ‹freien Gnade Gottes› beschäftigt.

Barth schreibt in einem Aufsatz zum Vortrag, dass die freie Gnade Gottes, die sich an Christi statt in der Kirche durch Predigt und Sakrament deutlich macht, «immer wieder frische Luft in die Kirche»[15] bringt. «Und weil sie Gnade ist, wird sie der Kirche auch neue Wege zeigen und eröffnen.»[16]

Was Barth da beschreibt, ist, wenn man es sich genauer anschaut, ziemlich starker Tobak. Übersetzt heißt es, dass die Kirche sich immer verändern muss und auch wird. So oder so. Das liegt – so Barth – daran, dass das Subjekt dieser Veränderung die Gnade Gottes ist. Das Objekt dieser permanenten Reformation ist die Kirche. Und mit dieser pointierten Zuschreibung fasst Barth zusammen, was schon vorher viele andere bedeutende Denker*innen und Theologenmenschen programmatisch gedacht hatten. Und er repräsentiert damit – und da schließt sich der Kreis – auch die Gedanken des Ursprungs der Reformation:

die Ansicht des frühen Martin Luther, der genauso Gott allein als Ursache für die Reformation verstand und Mensch und Kirche lediglich als dessen Objekt.

Die Kirche muss sich also verändern, weil sie nie im luftleeren Raum existiert. Sie ist – wie alles andere im Übrigen auch – im Kontext von Welt, Menschen, Gesellschaft, Politik, Lebensentwürfen, Sehnsüchten, Zeitgeist und vielen anderen Faktoren zu verstehen. Und darin muss sie sich selbst verorten. Das heißt auch, dass sie sich in alle Richtungen bewegen muss und darf, um die ‹freie Gnade Gottes›, wie Barth das nennt, in Wort und Sakrament deutlich werden zu lassen. Aber diese notwendigen Veränderungen können nur durch die Gnade Gottes stattfinden.

Warum gebe ich nun Karl Barth, dessen 50. Todestag übrigens in diesem Jahr gefeiert wird, an dieser Stelle so viel Raum? Und vor allem auf eine etwas eigentümlich verkürzte Art und Weise, sodass Menschen, die noch nie von ihm gehört haben, sich vielleicht irritiert am Kopf kratzen, weil ihnen der Kontext fehlt (und denjenigen, die ihn kennen, definitiv der Kontext fehlt). Recht haben beide Seiten. Zuallererst: Barth ist für mich eine gute Symbolfigur für die Verhältnisgleichung zwischen Individuum, persönlichem Glauben, eigenem Leben, Zugehörigkeit zu einer Kirche und Selbstverortung in gesellschaftlichen Perspektiven. Und mit diesem (Selbst-)Bewusstsein war und ist er für einige Menschen ein ziemliches Ärgernis – ja, auch das gefällt mir. Er repräsentierte mit seiner Haltung die wichtigsten Prinzipien der Reformation. Nicht nur, weil er die berühmten drei Worte gesagt hat, sondern weil er mit Traditionen gebrochen hat, wenn es nötig war: aus dem Wissen, dass Kirche für Menschen gemacht ist und nicht andersherum. Barth war ein Theologe im Widerspruch – in doppelter Hinsicht: Er hat immer wieder der Politik und der Kirche seiner Zeit widersprochen und damit selbst auch extremen Widerspruch geerntet. Auf der anderen Seite war Barth ein komplexer Mensch mit einer sich immer weiter entwickelnden, spannungsreichen Persönlichkeit. Und er war ein Theologe, dessen eigene Theologie sich weiterentwickelt hat und der keine Angst davor hatte, sich selbst neu auszurichten. In all diesen Aspekten ist er für mich brandaktuell und repräsentiert einen Blick auf Kirche, der auch heute zukunftsfähig ist, und eine Perspektive auf Kirche und Gesellschaft, die ich persönlich mir wünschen würde.[17]

Schauen wir zunächst einmal – und das mag bei einem so profilierten Theologen vielleicht überraschen – auf Barth als Privatmensch. Denn ich glaube, dass er in Bezug auf die Frage nach Lebensentwürfen, gesellschaftlicher Akzeptanz von Beziehungskonstellationen, von althergebrachten Bildern und vermeintlich ‹richtiger› Familienstrukturen, aus Vater, Mutter, Sohn und Tochter (und bitte auch unbedingt in dieser Reihenfolge ...), brandaktuell sein könnte. Karl Barth lebte in, diplomatisch formuliert, besonderen Verhältnissen: Er war verheiratet, Vater von fünf Kindern, und lebte mit Ehefrau und Geliebter unter einem Dach. Und verstehen Sie mich bitte nicht falsch: Das war eine mehr als schwierige Konstellation. Karl war mit Nelly Barth verheiratet und hatte eine Beziehung zu seiner späteren Mitarbeiterin Charlotte von Kirschbaum, genannt Lollo. Seit Februar 1926 bestand ein Liebesverhältnis, Ende 1929 zog Lollo mit in das Haus der Eheleute. Das eigentümliche Dreiecksverhältnis hielt, obwohl sowohl Karl als auch Nelly über Scheidung nachdachten – und das dezente 35 Jahre lang. Karl Barth selbst sprach von dieser besonderen Form der Zusammengehörigkeit etwas unelegant als ‹Notgemeinschaft›, aber trotz aller Ambivalenzen hielt diese: Immerhin zog Lollo von

Kirschbaum gemeinsam mit der Barth'schen Großfamilie von Münster nach Bonn und nach Karls Versetzung in den Ruhestand durch die nationalsozialistische Verwaltung auch noch nach Basel.[18]

Diese Konstellation forderte vor allem von den beiden Frauen Toleranz, und bis heute hat – vornehmlich bei den vermeintlichen Schüler*innen Barths – Lollo eine schwierige Position; ihr Einfluss auf Werk und Denken Barths darf aber nicht unterschätzt werden.

Nun darf man diesen kurzen Einblick in die ‹Notgemeinschaft› weder als ein Plädoyer dafür verstehen, dass Männer sich in Beziehungen mit zwei Frauen begeben sollen, und es geht auch nicht darum, Barths Beziehung anzuführen, um zu zeigen, dass ausschließlich besondere oder schwierige Beziehungen ‹richtig› oder zukunftsweisend wären. Im Gegenteil. Ich benutze – und das vielleicht ein wenig plakativ – Aspekte von Barths Leben, die für mich thematisch eine zukunftsfähige, sich verändernde Kirche repräsentieren. Denn dass jemand, der als «Kirchenvater des 20. Jahrhunderts», als «Störenfried Gottes» oder als ein «Theologe im Widerspruch» bezeichnet wird, selbst einen so besonderen Lebensentwurf wählte und das auch öffentlich tat, ist doch ein mehr als aktuelles und positives Signal. Wie wäre es, sich daran zu erinnern, dass der Mensch, dem man die prägnante Formulierung ‹ecclesia semper reformanda› zuschreibt, selbst eine unkonventionelle Lebensart gelebt hat? Und wie wäre es, in diesem Geist weiterzudenken – dass Kirchen auch lebenszugewandt sind und neue, nichtklassische Familienkonstrukte nicht nur zulassen, sondern auch feiern können? Und das in Zeiten von neuen Identitätszuschreibungen und dem Aufbrechen von vermeintlich ‹traditionellen› Rollen- und Genderbildern. Übrigens wird dies durchaus bereits in einigen evangelischen Landeskirchen praktiziert, aber in weiten Teilen der kirchlichen Landschaften noch nicht akzeptiert, geschweige denn gefeiert und gelebt.[19]

44 Warum Barth für mich zudem ein Ideengeber für eine Kirche der Zukunft ist, liegt auch an seinem Verhältnis zur Politik und seiner Rückbindung an Theologie – und ich bin unbedingt der Meinung, dass Kirche eine politische Dimension haben muss. Nicht, weil Menschen, die Kirche gestalten, automatisch geeignete Politiker*innen wären (Gott bewahre ...), sondern weil wir als Menschen in dieser Welt leben, die von Politik mitgestaltet wird. Kirche besteht aus Menschen, und Menschen leben in politischen Zusammenhängen – Kirche darf aber selbstredend keine Parteipolitik machen oder sich für ebensolche einspannen lassen. Darum geht es nicht. Und natürlich leben wir in Deutschland in einem säkularisierten Staat, also einem Rechtsverhältnis, in dem Staat und Kirche zumindest in gewisser Weise getrennt sind – auch das soll hier nicht angezweifelt werden. Vielmehr hatte Barth eine besondere Haltung allen Totalitarismen gegenüber; ich hatte seine Position im Zweiten Weltkrieg und im Widerstand schon umrissen. Das Grundprinzip dieser Haltung – nämlich eine, die sich gegen Absolutheit und totalitäre Systeme stellt – zog sich aber durch Barths gesamtes Leben. Seine erste große Auseinandersetzung mit dem Spannungsfeld Glaube, Gesellschaft, Individuum, Politik und Theologie gab es schon früher: Bereits in den Anfängen des Ersten Weltkriegs machte Barth einen radikalen theologischen Aufschlag. Er stellte sich gegen die damals vorherrschende sogenannte Liberale Theologie, die vor allem seit einem berühmten Theologen namens Friedrich Daniel Ernst Schleiermacher und dann zur Jahrhundertwende vor dem Ersten Weltkrieg in Deutschland dominierend war. Wenn Sie jetzt stocken und sich fragen, was das nun wieder sein soll, lassen Sie mich helfen: Ganz grob geht es in der ‹Liberalen Theologie› des 19. Jahrhunderts um eine Neudefinition des Verhältnisses von Kirche und neuzeitlichen Gegebenheiten und Forschungsgebieten. Wenn man es noch rudimentärer betrachtet, hatte diese Neuausrichtung auch damals schon etwas mit dem Phänomen der Säkularisierung zu tun – also der Verweltlichung und sich lösenden Bindungskraft von Individuen an eine verfasste Religion.

Barth war nun – zu Beginn des Ersten Weltkriegs – erschüttert von der Kriegseuphorie, die im Land herrschte. Die Liberale Theologie und viele ihrer deutschen Lehrer unterstützten die Kriegspolitik Deutschlands nachhaltig und stimmten mit Freuden in diese Euphorie mit ein. Mehr noch: Viele meinten, bei der Mobilisierung, die in Deutschland vorangetrieben wurde, wäre doch mit Sicherheit Gott selbst am Werk – so mitreißend, wie sich das angefühlt habe. Gott musste doch voller Freude sein, wenn die Deutschen jetzt zu den Waffen griffen.

Barth widersprach diesem Geist fast schon rigide, weil er der festen Überzeugung war, man müsse Gott und Welt scharf unterscheiden. Das wird in einer seiner bekanntesten Formulierungen ganz deutlich: «Gott ist der ganz Andere.»[20] Darunter versteht er, dass wir alle – egal, welchen Absolutheitsanspruch wir mit unserer Religion meinen vertreten zu müssen, und egal, zu welcher Kirche wir gehören oder eben nicht gehören – Gott niemals unter menschlichen Kategorien zusammenfassen oder in diese einordnen können.

Für den Zusammenhang von Theologie und Politik erscheint mir Barths Denkbewegung wichtig – auch wenn ich nicht unter den Tisch fallen lassen will, dass Barth im Zuge dessen, was heute je nach Sichtweise als «Politisierung der evangelischen Kirche» begrüßt oder verurteilt wird, sich auch parteipolitisch als Sozialdemokrat engagierte. Für ihn gab es eine bezeichnende Szene, als er selbst Pfarrer in Safenwil war und dort Anteil an den Geschehnissen in seiner Arbeitergemeinde nahm. Als er sah, wie die Menschen direkt vor seinen Augen in menschenunwürdigen Zuständen schuften mussten, schrieb er einem guten Freund, dass er doch, wenn er tatsächlich Christ sein wolle, nicht einfach nur dabei zuschauen könne. Er müsse sich selbst und ganz generell doch fragen, was die christliche Botschaft mit diesen Lebensumständen zu tun habe und insofern auch immer wieder überlegen: Welche politischen Konsequenzen hat das Ganze dann? Und das Besondere an dieser Denkrichtung ist eben nicht, mit der Politik zu beginnen und mich deshalb zu fragen, wie die Theologie dazu passt. Sondern umgekehrt: Die theologische Grundüberzeugung hat für jeden Menschen ganz persönlich auch politische Konsequenzen.

Genau aus dieser theologischen Überzeugung heraus musste Barth eine klare Abwehr gegen totalitäre Ansprüche wie die Kriegseuphorie und den proklamierten gottgewollten Ersten Weltkrieg oder Hitler als gottgleichen Über-Führer im Zweiten Weltkrieg haben.

Er hatte, und das darf an dieser Stelle nicht unter den Tisch fallen, eine ähnliche Angst vor einem dritten Weltkrieg – in der Zeit des Kalten Kriegs. Barth sprach von «Gottes geliebter Ostzone» und schätzte die Existenz der Kirche im kommunistischen Totalitarismus falsch ein. Sein Anliegen war es, sich gegen einen aufkommenden und radikalen Antikommunismus im Westen zu wehren; er hatte den Eindruck, dass viel zu schnell eine Narration von «Im Westen sind die Guten und im Osten sind die Bösen» aufkam. Barth fürchtete, dass es schneller dazu kommen könnte, wenn die beiden Blöcke sich gegeneinanderstellten. Trotzdem verschätzte er sich in manchen Dingen. Auch große Denker können irren und sich weiterentwickeln.

Das wiederum ist ein Grund, weshalb manche Ansätze Karl Barths für die Zukunft von Kirche wichtig sind: Er entwickelte sich weiter. Und in dieser Entwicklung bewegte er sich weg von einer Form der Exklusivität und hin zu einer neuen, menschenfreundlichen Perspektive.

1942 erschien seine berühmte ‹Erwählungslehre›. Für alle nicht Eingeweihten: Unter Theologen*innen und Religionsvertretern streitet man sich – immer noch häufig und heftig – um die Frage, wer eigentlich vom je eigenen Gott jeweils erwählt wurde, wozu auch immer. Auf übergeordneter Ebene geht es auch hier wieder um Exklusivität.

Barth schreibt jedenfalls in seiner Erwählungslehre, dass Gott alle Menschen erwählt hat. Alle.

Das muss man mal sacken lassen. Auf einmal verschiebt sich der Fokus von Barths Gottesbild und entwickelt sich weiter – von dem «ganz Anderen» hin zu einer Humanität. Und diese Perspektive erweitert er, weil er von nun an die Menschenfreundlichkeit Gottes immer stärker betont. Das geht so weit, dass er in seinem Spätwerk für die ‹apokatastasis panton›, also die ‹Auferstehung aller Menschen›, plädiert. Barth betont, dass Gott alle Menschen liebt, völlig unabhängig von deren jeweiliger Religionszugehörigkeit oder eben Nichtzugehörigkeit. Und das Ganze begründet er immer biblisch, also nicht willkürlich, denn er hatte die Gabe, die mitunter abstrakten biblischen Geschichten so ins Gespräch zu bringen, dass Menschen sie mit ihrem eigenen Leben verknüpfen konnten. Klingt verrückt.

Erkenntnis des Tages:
Kirche hat diffuse Angst vor Veränderung. Aber wenn wir uns bewusst machen, dass Kirche heute den generellen Geist der Reformation sukzessive weitererzählt, kann das die Angst nehmen. Der Blick in unsere eigene Geschichte kann uns dabei

helfen, weil viele Themen, die heute aktuell sind, schon einmal wichtig waren und einen großen Christenmenschen des vergangenen Jahrhunderts bewegt haben: Offenheit für neue Lebenskonzepte, theologisch fundierte politische Perspektiven auf Lebenszusammenhänge von Menschen, Klarheit gegen wiederaufkommende totalitäre Ansprüche einer wiedererstarkenden Rechten, Humanität und Gottesliebe für alle (!) Menschen. Und all das theologisch und biblisch begründet; damit es mehr ist als nur «Schwärmerei», wie Barth gesagt hätte – aber ohne dabei so furchtbar exklusiv zu sein. Denn: Ecclesia semper reformanda. Die Kirche muss sich immer verändern. Genau das ist in der Kirchen-DNA angelegt.

Zumindest in der DNA der evangelischen Kirchen.

KATHOLISCHE KONZILIEN

Ich hatte schon erwähnt, dass dieser berühmte Satz den unterschiedlichsten Menschen aus den unterschiedlichsten Konfessionen zugeschrieben wurde. Das gilt auch für die katholische Kirche: Augustinus, Kirchenvater, überproduktiver Universalgelehrter und Denker, wurde unter anderem als Verfasser gehandelt. Er war es nicht. Aber die Tatsache, dass ‹ecclesia semper reformanda› eben auch katholischen Theologen zugeschrieben wird, macht deutlich, dass es zumindest bei manchen katholischen Menschen eine Sehnsucht nach diesem Motto gibt. Lassen Sie uns das einmal der Ordnung halber für den katholischen Kontext durchspielen.

1947 benutzte Barth diese Formel zum ersten Mal. In den 1960er Jahren wurde sie von dem damals noch im Konsens mit seiner Kirche stehenden römisch-katholischen Theologen, Professor und späterem Kirchenkritiker Hans Küng gerne und häufig zitiert und vor allem auf die Umbruchbemühungen der katholischen Kirche zu jener Zeit angewendet. Küng war ein ausgesprochener Kenner von Barth und dessen Theologie und dabei weit mehr als nur Fan. Barths Ansichten berührten Küng so tief, dass sie sein Denken und seine Perspektive auf Glauben fundamental veränderten. Küng schrieb sogar seine Dissertation zum Thema «Rechtfertigung. Die Lehre Karl Barths und eine katholische Besinnung»²¹. Es soll an dieser Stelle nicht ausführlich um Küng gehen, aber er spielt eine etwas tragische und im Kontext der Betrachtung von Veränderungsprozessen nicht ganz ironiefreie Rolle: Küng identifizierte sich nämlich ein bisschen zu sehr mit Barths Thesen. Und das als römisch-katholischer Theologieprofessor, der gerne eine, plakativ formuliert, Reformation anstoßen wollte. Nicht ganz angenehm für seine Kirche, denn Küng kritisierte sie zunehmend in ganz unterschiedlichen Aspekten. Das hatte zur Folge, dass in Rom mehrere Akten über ihn angelegt und Beobachtungsprozesse angeordnet wurden.

Küng schrieb provokante und kirchenkritische Bücher, die Weltbestseller wurden, und nach langwierigen Prozessen wurde ihm im Dezember 1979 die Lehrerlaubnis entzogen. Wahrscheinlich – so vermutet er selbst bis heute – aufgrund seiner Kritik am katholischen Dogma der Unfehlbarkeit. Das ging der katholischen Kirche dann doch zu weit.

Als Küng aber noch Mitglied ‹seiner› Kirche war, stellte er also fest, dass Barths Leitsatz auch auf die katholische Kirche anwendbar war, und er wurde nicht müde, darin eine Grundlage für Veränderungsprozesse und gleichzeitig auch ein Gesprächsmoment für die beiden Konfessionen zu finden – leider vergeblich. Zumindest zu diesem Zeitpunkt noch. Behalten Sie Küngs Bemühungen aber im Hinterkopf – die werden noch mal wichtig.

Denn Veränderung ist auch in der katholischen Kirche notwendig und tatsächlich Thema – häufiger, als man denkt.

Aber warum scheinen die Begriffe «katholische Kirche» und «Veränderung» nicht so organisch zusammenzupassen?

Ein Gedankenspiel: Welche Klischees und Vorurteile kommen Ihnen in den Sinn, wenn Sie an die katholische Kirche denken? Erscheinen vor Ihrem inneren Auge Bilder von alten,

weißen Männern in schwarzen und roten Gewändern, prunk-
volle Kirchengebäude, hermetisch von der Außenwelt abge-
schottet? Unverrückbare Dogmen und Leitbegriffe wie ‹Unfehlbarkeit›, ‹Sünde›, ‹Beichte›? Wenn Ihnen diese überstilisierten
Bilder in den Sinn kommen, dann haben die durchaus ihre Berechtigung. Denn gewisse strukturelle Grundsätze machen es
der katholischen Kirche noch schwerer, sich zu verändern, als
der evangelischen. Was meine ich damit? Drei Punkte fallen mir
sofort ein – und es gibt noch viele mehr.

Erstens: Die katholische Kirche ist ein ganzes Stück älter. Bummelige 1500 Jahre. Und dementsprechend sind Strukturen, Ord-
nungen und Befugnisse auch älter und haben ein ganz anderes
Gewicht. Zudem hat Tradition einen besonderen Stellenwert,
und auch das Selbstverständnis der eigenen Rolle ist ein beson-
deres. Denn die katholische Kirche versteht sich als exklusive
Heilsinstitution (darauf gehe ich später noch detaillierter ein,
versprochen!), und mit einem solchen Selbstverständnis ist das
Bedürfnis, etwas zu ändern, erst mal eher gering.

Zweitens: Die katholische Kirche ist nach eigenem Selbstverständnis die ‹einzige› Kirche. Die Kirche Christi, «in dieser Welt
als Gesellschaft verfasst und geordnet, ist verwirklicht in der
katholischen Kirche»[22].

    Da kann man so viel Ökumene betreiben, wie man möchte –
diesen Grundsatz muss man hinnehmen.

    Die katholische Lehre von der Kirche erfordert also eine dif-
ferenzierte Verwendung des Begriffs ‹Kirche› – denn sie ist ja die
einzige –, weil Einzigartigkeit und Einheitlichkeit der Kirche ein
unabdingbarer Teil des katholischen Glaubens sind. Begründet
wird das mit der symbolischen Identifikation der Kirche mit
dem Leib Christi, wie es etwa in den Briefen des Apostels Paulus

beschrieben wird.[23] In einer Note an die Bischofskonferenzen betonte eine Glaubenskongregation, die sich genau mit dieser Frage beschäftigt, das so: «Um Missverständnisse zu klären und theologischer Verwirrung zuvorzukommen, ist folglich die Verwendung von Formulierungen wie ‹unsere beiden Kirchen› zu vermeiden, weil sie – wenn angewandt auf die katholische Kirche und das Gesamt der orthodoxen Kirchen (oder einer orthodoxen Kirche) – unterstellen, dass es einen Plural nicht nur auf der Ebene der Teilkirchen, sondern auch auf der Ebene der im Credo bekannten einen, heiligen, katholischen und apostolischen Kirche gibt, deren tatsächliche Existenz dadurch verdunkelt wird.»[24]

Das heißt übrigens für dieses Buch, dass manche Leser sich jedes Mal schütteln müssen, wenn ich von ‹den beiden großen Geschwisterkirchen› spreche und damit die evangelische und katholische Kirche in Deutschland meine. Dafür schon jetzt: Parce mihi Pater, quia peccavi![25]

Drittens: Auch das ist erst einmal eine phänomenologische Feststellung – wenn du in deinem Team jemanden hast, der Stellvertreter Gottes auf Erden ist, dann … na ja, dann hast du eben den Stellvertreter Gottes auf Erden in deinem Team. Will sagen: Das Dogma der Unfehlbarkeit ist – lapidar gesagt – ein ziemliches Pfund. Theoretisch zumindest, denn es gibt durchaus ein paar Irrtümer, die diesbezüglich im Raum stehen. Zum einen gilt dieses Dogma nicht schon immer. Genauer: Es ist erst bummelige 150 Jahre alt. Das Dokument ‹Pastor aeternus› wurde auf dem Ersten Vatikanischen Konzil (1869/70) verabschiedet. Am 18. Juli 1870 erklärte der damalige Papst Pius IX. die schon länger diskutierte Unfehlbarkeit des Papstes zum Dogma. Darin heißt es: «Wenn der Römische Papst endgültig entscheidet, eine Lehre über Glauben oder Sitten sei von der ganzen Kirche festzuhalten, so besitzt er aufgrund des göttlichen Beistandes jene Unfehlbarkeit, mit der der Erlöser seine Kirche in Glaubens- und Sittenlehren ausgerüstet haben wollte.»[26]

Erste Erkenntnis: Das war also nicht schon immer Dogma.

Zweite Erkenntnis: Es war schon damals, gelinde gesagt, umstritten. Dabei ging es weniger um den Inhalt als um die Form. Dass die Unfehlbarkeit nun ein Dogma werden sollte, hielten viele Gläubige für politisch unklug. Es kam zu einer Spaltung: Die heute als ‹Altkatholiken› benannten Christen wollten das Dogma nicht anerkennen und spalteten sich von der damaligen katholischen Kirche ab.

Dritte Erkenntnis: Auch heute ist dieses Dogma für viele Menschen unverständlich. Dabei besagt es nicht, was die meisten damit assoziieren. Der Papst hat nicht immer automatisch recht – auch er kann theoretisch mal etwas durcheinanderbekommen. Er hat nur auf jeden Fall immer recht, wenn er in seiner Funktion als oberster Lehrer eine Entscheidung trifft, die die ganze (katholische) Kirche bindet. Und das auch nur, wenn es um Glaubens- und/oder Moralfragen geht. In solchen Streit- und Entscheidungsfragen tritt das Unfehlbarkeitsdogma für den Papst als letzte Instanz vor Gott in Kraft. Und darin gibt es noch eine Differenzierung: Der Papst ist nicht als Person unfehlbar, sondern seine Glaubensaussagen sind ‹aus sich heraus wahr›. Das liegt wiederum daran, dass die Entscheidungen des Papstes niemals im Widerspruch zur Bibel oder der Lehre und Tradition der Apostel stehen dürfen. Die Begründung für dieses Verständnis liegt in der ‹apostolischen Sukzession›. Klingt kompliziert, heißt aber erst einmal nur, dass sich seit den Tagen Jesu der Auftrag, das Evangelium zu verkündigen, der damals an die Apostel erging, lückenlos weitergesponnen hat. Also: Keine Lücke von damals bis heute. Der Papst gehört auch auf eine besondere Art und Weise in diese Sukzession. Das ist natürlich in einer biblischen Schrift begründet. In der Schriftensammlung, die wir das Neue Testament nennen, heißt es im Matthäusevangelium, dass Jesus Simon Petrus auserwählt hat, um der jungen Christengemeinde vorzustehen: «Ich aber sage dir: Du bist Petrus und auf diesen Felsen werde ich meine Kirche bauen. Ich werde dir die Schlüssel des Himmelreichs geben; was du auf Erden binden wirst, das wird auch im Himmel gebunden sein, und was du auf Erden lösen wirst, das wird auch im Himmel gelöst sein.»[27]

Und dieser Petrus wurde der erste Bischof von Rom und damit auch der erste Papst der Kirchengeschichte. Als Nachfolger des – wie die Katholiken sagen – heiligen Petrus besitzt er ungebrochen besonderen göttlichen Beistand. Und mit diesem Argument begründet das Erste Vatikanische Konzil die Unfehlbarkeit. Diese lange Ausführung ist wichtig, weil sie deutlich macht, dass Päpste durchaus auf dem Holzweg sein können, menschliche Schwächen haben und sich mitunter auch unmoralisch verhalten. Nur wenn sie ‹ex cathedra› sprechen, also in ihrer Funktion als Inhaber des Heiligen Stuhls des Apostels Petrus, wird ihr Urteil als unfehlbar bezeichnet. Und das eben auch nur in expliziten Glaubens- oder Moralfragen. Das kommt übrigens viel seltener vor, als man meinen mag: das letzte Mal nämlich 1950.[28]

Sie sehen, es ist nicht ganz so leicht mit der katholischen Kirche und den Veränderungen. Und es ist noch mal anders als bei den Protestanten. Aber für die ist die Tatsache, dass sie aus einem Veränderungsprozess entstanden sind, gleichermaßen Segen und Fluch.

Aber es gibt Hoffnung.

Zwei Beispiele: Es gibt zwei wichtige Veränderungsprozesse in der katholischen Kirche, die Ihnen vielleicht nicht ganz so präsent sind, wenn Sie nicht selbst zu dieser Kirche gehören. Der eine ist schon etwas länger her, der andere brandaktuell. In beiden Fällen hat man sich bemüht, die Perspektive zu verändern, aus der die katholische Kirche auf sich selbst und die sich immer verändernde Welt blickt.

In der Mitte des vergangenen Jahrhunderts passierte etwas Merkwürdiges, fast schon Frivoles: Durch die Papstwahl 1958 wurde mit Johannes XXIII. ein Papst gewählt, der von Beginn an einen verwegenen Plan hatte. Er wollte ein Konzil für die Weltkirche einberufen, dessen Ziel die ‹Erneuerung›, ‹größere Klarheit im Denken› und ‹Stärkung des Bandes der Einheit› sein sollte. Die Kirche brauche dringend ein ‹Aggiornamento›, also eine ‹Verheutigung› – ähnlich wie heute übrigens auch. Er berief das Zweite Vatikanische Konzil ein, das vom 11. Oktober 1962 bis zum 8. Dezember 1965 tagte und sich vor allem mit dem Auftrag einer pastoralen und ökumenischen ‹instauratio›, also einer Erneuerung beschäftigen sollte. Denn der Papst hatte verstanden, dass es dringend einer Form von Aktualisierung einiger der dogmatischen Sätze und traditionellen Ansichten und Lehren bedurfte. Diese Prämisse bescherte vielen Gläubigen einen ungeahnten Moment der Hoffnung. Ihre Kirche würde versuchen, mit der Zeitenwende, in der die Menschen gesellschaftlich lebten, im Dialog zu sein; die Gläubigen waren richtiggehend euphorisch. Dass das mitnichten für all die Amtsträger galt, die am liebsten nichts verändert hätten, können Sie sich denken. Die Vorbereitungen waren – sagen wir mal – aufregend und glichen in Sachen Intrigen, Ränkeschmieden, Schattenkabinetten und persönlichen Ambitionen einem

Krimi, den man in manchen Passagen wahrscheinlich als ‹zu absurd› zur Seite gelegt hätte. Besonders war an den Vorbereitungen auch, dass seit dem Ersten Vatikanischen Konzil mittlerweile die Massenmedien ihren Einzug gehalten hatten und

das ganze Ereignis so zu einem globalen medialen Phänomen wurde.

Übrigens kommt in der Vorbereitung zum Konzil wieder Hans Küng ins Spiel, der sich unter großen Anstrengungen und viel Zuspruch von Kollegen und Laien dafür einsetzte, dass die katholische Kirche ihre Bemühungen im Feld der Ökumene mit Nachdruck verstärkte (was übrigens auch geschah).

Ich möchte Ihnen nicht den Verlauf der dann folgenden Jahre erzählen, in denen das Zweite Vatikanische Konzil in vier Sitzungsperioden tagte. Ich kann Sie nur ermutigen, sich mal ein wenig einzulesen – eine auf so vielen Ebenen spannende Studie in Sachen Verhandlungsführung, Symbolik, Kommunikation, Intrigen, Diplomatie und Theologie.

Ein entscheidender Aspekt des gesamten Konzils ist das, was unter der Überschrift ‹approfondimento› auf der Agenda stand. Dieser geistliche Kirchenbegriff beinhaltet nämlich das, woran wir auch heute wieder laborieren: Treue zur Tradition und gleichzeitig Anpassung an die Gegenwart. Neben der ‹Intransigenz›, einer Kompromisslosigkeit im Wesentlichen, gibt es also auch die Fähigkeit zu angemessener Erneuerung im Horizont der Zeit, in der man lebt. Dafür – um sich nicht in das Fleisch der eigenen Prinzipien zu schneiden – wurden als Verständnishilfe und theologische Voraussetzung Glaubenssätze und -entscheidungen ganz grob und in der Tradition klassischer Bildungstheorie in je zwei Aspekte unterteilt: Inhalt und Form. Genauer noch in ‹Dogma›, also bleibende Glaubenswahrheit, und Ausdrucksweise der jeweiligen Zeit. Die Vorgabe: Das Dogma bleibt, die Ausdrucksweise kann sich verändern. Manchmal. Das war, um ganz ehrlich zu sein, ein Riesenschritt, der unter das Motto ‹Erneuerung nach innen – Öffnung zur Welt› fiel.

Heute, über 50 Jahre später, mag das profan klingen, weil sich gesellschaftliche Faktoren so radikal verändert haben, aber die damalige Bereitschaft der katholischen Kirche, ihre Fenster zumindest ein bisschen zu öffnen, war überraschend progressiv.

Insgesamt einigte man sich in diesem Zweiten Vatikanischen Konzil, das am 8. Dezember 1965 zu Ende ging, auf 16 Konzilstexte. Darunter sind – theoretisch – fundamentale Paradigmenwechsel.

Zum Beispiel die Konstitution ‹Lumen gentium› (LG), in der das Kirchenverständnis neu definiert wird: Kirche als eine Gemeinschaft der Gläubigen, als ‹Volk Gottes› auf dem Weg durch die Zeit. Mit der Betonung des Zeitaspekts wird eine Dimension gestärkt, die es vorher in dieser Pointierung nicht gab: Kirche ist auch im Kontext ihrer Zeit zu verstehen. Sie ist also im Umkehrschluss nicht hermetisch abgeriegelt und unveränderbar (Barth, ick hör dir trapsen ...).

Andere wichtige Bereiche waren wesentliche Veränderungen in der Liturgie. Auch das mag heute für Nichteingeweihte fast schon banal klingen, aber das in der Konstitution ‹Sacrosanctum Concilium› gefordert wurde, dass in Gottesdiensten neben dem Lateinischen auch die jeweilige Landessprache verwendet werden sollte, war ein wichtiger Umbruch.

In diesen 16 Konzilstexten wurden also teilweise revolutionäre Neuinterpretationen alter Traditionen formuliert. Lesen Sie die ruhig einmal, nur um nachvollziehen zu können, was für die katholische Kirche damals eigentlich ‹revolutionär› hieß.[29] Dabei ist genau dieser Begriff, der im Nachhinein für das Konzil verwendet wird, interessant und gerade heute wieder streitbar. In der Öffnung, die der damalige Papst vorantreiben wollte, sahen natürlich viele der Konservativen einen Verrat und einen epochalen Irrtum. Joseph Ratzinger beispielsweise, der später selbst Papst wurde und bis heute nicht müde wird, ultrakonservative Ansichten zu äußern, schrieb als junger Theologe als Resümee, die Kirche habe sich in einem «Anfall von Euphorie und Optimismus»[30] der Moderne geöffnet. Er hatte selbst am Konzil teilgenommen und war ganz offensichtlich kein Fan von Weltoffenheit.

Retrospektiv lassen sich aus diesem vermeintlich revolutionären Umbruch durchaus Parallelen zu unserer heutigen Situation ableiten. Denn auch damals ging es mehr oder weniger um die Rückbesinnung auf das eigentliche Wesen der katholischen Kirche in einer sich auf vielen Ebenen verändernden Welt.

Allein die Entscheidung, ein Konzil einzuberufen, das sich mit dem klaren Auftrag der ‹Erneuerung› an die Arbeit macht und über mehrere Jahre in verschiedenen Sitzungsperioden tagt, mag schon für viele Menschen überraschend und vielleicht auch erfreulich sein. Die katholische Kirche wusste damals schon und weiß es auch heute – zumindest theoretisch –, dass sie immer wieder der Erneuerung bedarf, um bei den Menschen zu sein.

Auf diesem Zweiten Vatikanischen Konzil formulierte die Kirchenkonstitution unter anderem einen Leitsatz, der zwar etwas weniger prägnant ist als derjenige von Karl Barth, trotzdem aber in die gleiche Richtung geht: «Die Kirche ist [...] zugleich heilig und immer der Reinigung bedürftig.»[31]

Und dann gibt es – vielleicht mit einem Seitenblick zu einer von Luthers Thesen aus dem Ursprung der Reformation – die Erkenntnis, dass sie «immerfort den Weg der Buße» geht. Das ist wichtig: Das Bekenntnis zu einer Form von Veränderung ist also auch in der katholischen Kirche angelegt und verfasst.

Wahrscheinlich überrascht das viele – genau wie mich.

Übrigens: Einige Beschlüsse der vermeintlichen Revolution warten bis heute auf ihre Verwirklichung ... aber das nur am Rande.

Eine brandaktuelle Form eines Veränderungsprozesses ist der ‹Synodale Weg›.

Während das Zweite Vatikanische Konzil ein globales Ereignis war und das Konzil sich auf die gesamte katholische Kirche bezog, ist der Synodale Weg der Versuch eines Reformprozesses innerhalb der katholischen Kirche in Deutschland. Ausgangspunkt dafür war eine lauter werdende Unzufriedenheit vieler Gläubigen mit ihrer Kirche. Kardinal Reinhard Marx rief als Vorsitzender der Deutschen Bischofskonferenz im Namen dieser auf der Abschluss-Pressekonferenz ihrer Frühjahrsvollversammlung im März 2019 im emsländischen Lingen einen Synodalen Weg für die katholische Kirche in Deutschland aus. Er betonte dabei, dass die Mehrheit der Bischöfe einen Veränderungsbedarf in vielen wichtigen Fragen sehe.

Damit ist erst einmal gemeint, dass es eine strukturierte Debatte in einem gemeinsam verabredeten Zeitraum zusammen mit dem Zentralkomitee der deutschen Katholiken (ZdK) geben soll – Bischofskonferenz und Zentralkomitee wollen sich intensiv über Reformen innerhalb der katholischen Kirche in Deutschland austauschen. Der Startschuss für die Reformgespräche fiel am 1. Dezember 2019; ein symbolisches Datum, denn am ersten Advent beginnt bei Katholiken und Protestanten gleichermaßen das neue Kirchenjahr. Also: Zeit für was Neues. Das erste große Treffen fand Ende Januar 2020 statt, und der Dialog ist zunächst auf zwei Jahre angelegt.

Es soll bei diesem Austausch um viele Aspekte gehen, denn es gibt – auch im Angesicht der Projektion 2060 – viel zu besprechen. Vier Punkte halte ich für besonders wichtig, weil sie mit dem kollektiven Bewusstsein für und dem Blick auf die katholische Kirche an sich synonym sind:

- die Aufarbeitung von Missbrauch: Hier geht es um sexuellen Missbrauch und Machtmissbrauch gleichermaßen;

- die Lebensform der Bischöfe und Priester: Zölibat, Familiengründung etc.;

- die Sexualmoral der Kirche, die nach den Aussagen von Kardinal Marx entscheidende Erkenntnisse aus Theologie und Humanwissenschaften noch nicht aufgenommen hat;

- die Frage nach Frauen in Diensten und Ämtern der Kirche.

Das sind – lapidar formuliert – richtige Knüppel, an die sich dieser Reformdialog traut. Besonders ist, dass die geplanten vier Foren zu diesen großen Themen jeweils von einem Bischof und einem Laien geleitet werden. Auch bemerkenswert: Die initiale Idee zu diesem Dialogversuch, die natürlich intensiv diskutiert und geprüft wurde, kam, nachdem sich eine überraschend große Mehrheit der Vollversammlung des Zentralkomitees dafür ausgesprochen hatte. Noch einmal zum Verständnis: Bei der Bischofskonferenz kommen, wie der Name sagt, Bischöfe zusammen. Das ZdK, das Zentralkomitee der deutschen Katholiken, ist das höchste repräsentative Gremium der katholischen Laien in Deutschland. Und die zu verhandelnden Punkte sind essenzielle Themen.

Wenn Sie sich ein bisschen mit der Materie auskennen, könnten Sie nach der besonderen Perspektive des Synodalen Wegs fragen, denn eigentlich ist der Begriff der ‹Synode› geläufiger.

(Zum Verständnis: ‹Synoden› gibt es in beiden Geschwisterkirchen; in der evangelischen Kirche ist es ein Gremium der kirchlichen Selbstverwaltung aus gewählten Laien und Geistlichen. In der katholischen Kirche ist es etwas komplizierter, denn es gibt mehrere Formen. Die Begriffe ‹Konzil› und ‹Synode› werden häufig synonym verwendet. Im kirchenrechtlichen Sinn bezeichnen sie allerdings unterschiedliche Arten der Versammlung: Während Ersteres ein Beschlussgremium ist, handelt es sich bei Letzterem um ein Beratungsorgan.)

Warum gibt es also keine Synode? Das wäre ein sehr langwieriger und formal aufwendiger Schritt gewesen. Nach dem Kirchenrecht von 1983, dem ‹Codex iuris canonici›, müsste für eine deutsche Nationalsynode ein Antrag in Rom eingereicht werden – und auf eine Antwort müsste man wahrscheinlich sehr lange warten. Zudem dürfen aus Sicht des Vatikans bestimmte Themen nicht angesprochen werden, weil sie auf der Ebene der Weltkirche geklärt werden müssten; dabei geht es vor allem um die Themen Weiheämter für Frauen und Pflichtzölibat.

Die letzte gemeinsame Synode der Bistümer in der Bundesrepublik Deutschland liegt schon viele Jahre zurück: Sie tagte von 1971 bis 1975 in Würzburg. Ihr Ziel war es übrigens, die Verwirklichung der Beschlüsse des schon genannten Zweiten Vatikanischen Konzils voranzutreiben. Da schließt sich doch der Kreis.

Es gab eine Art Vorläufer zum jetzigen Reformprozess: Von 2011 bis 2015 wurde als Reaktion auf das Bekanntwerden von Missbrauchsfällen in der katholischen Kirche ein Gesprächsprozess der Deutschen Bischofskonferenz initiiert, bei dem es auch schon um Herausforderungen der katholischen Kirche in Deutschland ging. Allerdings hatten die Bischöfe damals von vornherein bestimmte Themen ausgeklammert, um unbedingt Konflikte mit dem Vatikan zu vermeiden. Diese Entscheidung wurde im Nachhinein als Fehler eingestuft. Trotzdem macht sie noch einmal deutlich, dass der Synodale Weg als nationaler Reformdialog nicht im luftleeren Raum stattfindet. Auf der ganzen Welt gibt es Reaktionen darauf – in Deutschland sind die Meinungen dazu natürlich auch gespalten. Papst Franziskus reagierte in einem Brief vom Juni 2019 an die katholischen Christen in Deutschland ambivalent. Auf der einen Seite ermutigte er darin zur Erneuerung der Ortskirche, mahnte aber gleichzeitig die Einheit der Weltkirche an. Also: Aus der Art des Verfahrens und den benannten Themen sind strategische Entscheidungen abzulesen, die versuchen, den Dialog erst mal nur auf nationaler Ebene zu führen.

Warum sind nun die kurzen Geschichten von Veränderungsbemühungen für ein weiterführendes Verständnis solcher Prozesse an sich wichtig?

Wenn es um Religion, Glaube und Kirche geht, bin ich ein großer Freund des schlichten Satzes: «Man muss nicht alles glauben, man kann aber vieles wissen.» Zu wissen, dass beide große Geschwisterkirchen theoretisch in ihren Grundsätzen und Traditionen ganz wesentlich auf Veränderungen, Aktualisierung oder von mir aus auch Kurskorrektur angelegt sind, ist überraschend. Insofern ist es irritierend, dass sich trotzdem häufig das Gefühl einstellt, dass de facto herzlich wenig passiert.

Ich zumindest möchte häufig meine Kirche schütteln: Wenn ihr das schon in eurer DNA habt, warum kommt dann trotzdem so wahnsinnig wenig davon bei den Menschen an, für die ihr doch eigentlich da sein solltet?

Und: Ihr steht in einer (langen) Tradition von Erneuerungsbemühungen, Veränderungsprozessen, Zwangsabspeckung, Umdenken, Klarheitwiederlangung und Perspektivwechsel. Das tut ihr, weil ihr nicht im luftleeren Raum existiert.

Nun gibt es darauf zwei Blickwinkel: Entweder stellt man sich dieser Herausforderung zitternd, verzweifelnd und ängstlich oder eben mit Mut, Selbstkritik und dem Wissen, dass so vieles dadurch besser werden kann. Denn eine Veränderung im Geiste von Angst macht leider nur genau das: Angst.

Erkenntnis des Tages:
Ganz egal, wer es erfunden hat, es gilt trotzdem – immer und für alle Seiten: Ecclesia semper reformanda!

WANN WAREN SIE EIGENTLICH DAS LETZTE MAL IN DER KIRCHE?

Wenn Ihnen die letzten beiden Kapitel vielleicht ein bisschen zu historisch, theologisch oder theoretisch waren, lassen Sie mich ganz praktisch werden und Ihnen eine Frage stellen:

Wann waren Sie eigentlich das letzte Mal in der Kirche?

Wenn Sie ein wenig länger überlegen müssen, haben Sie wahrscheinlich eher keinen Stammplatz auf einer der harten Holzbänke eines meist schlecht beheizten und häufig auch mager besuchten Gotteshauses.

Ich mache mal ein paar Vorschläge:

War es bei der Hochzeit Ihrer alten Freunde, die Sie viel zu lange nicht gesehen haben und deren Einladung Sie ein bisschen überrascht und trotzdem sehr gefreut hat? Oder bei der Taufe der Tochter Ihrer guten Freundin, der kleinen Emilia? Und Sie gerieten kurz in Panik, weil Sie Patentante werden sollten und nicht genau wussten, ob Sie selbst eigentlich noch Mitglied in der Kirche sind – geschweige denn, wo Sie all die Unterlagen geparkt haben?

Oder bei der Beerdigung Ihres Opas oder der Nachbarin aus dem Haus, in dem Sie aufgewachsen sind? Na ja, gut: Das fand möglicherweise nicht in einer richtigen Kirche, sondern in so einer Art Friedhofskapelle statt. Und das war ganz schön traurig.

Oder an Weihnachten? An Heiligabend. Das ist ja immer wieder schön mit dieser festlichen Stimmung, den Kerzen und der Weihnachtsgeschichte. Denn die gehört trotzdem irgendwie noch dazu, damit es richtig weihnachtlich, heimatlich und familiär wird. Auch wenn Sie nur dieses eine Mal im Jahr in die Kirche gehen.

Oder im letzten Urlaub? Weil Sie da auf einmal Zeit und Muße hatten und die Kirche direkt am Marktplatz neben dem Café stand, in dem Sie gerade saßen. Und irgendwie war es überraschend schön, sich auf eine der Holzbänke zu setzen, die wohltuende Kühle der Steine zu spüren und einfach mal 15 Minuten lang nur bei sich selbst zu sein und ins Nachdenken zu kommen. Und beim Rausgehen haben Sie sich gefragt, warum Sie so einen spontanen Wunsch eigentlich zu Hause nie verspüren.

Vielleicht waren Sie schon seit Jahren nicht mehr in der Kirche. Warum auch? Drecksverein. Wirklich! Muss man auch gar nicht mehr drüber reden. Darüber, dass Sie einen bescheuerten Pastor hatten, der sich im Konfirmandenunterricht Ihren Namen nicht merken konnte und Sie auf so einer Art Fleißkärtchen die erzwungenen Gottesdienstbesuche abhaken ließ. Oder darüber, dass Sie fast schon übergriffig religiös-rigide Eltern hatten, die Sie mit der Kirche als allmächtige Institution und drittem, übergroßem Erziehungsfaktor kleinhielten.

Oder darüber, dass in Ihrem Dorf die Kirchengemeinde eine Art Stasi war, in der alle alles voneinander wussten und be- und verurteilten.

Oder dass es in der Kirche so wahnsinnig kalt war und immer nur von Sünde gesprochen wurde, sodass Sie sich, wenn Sie endlich diese schlimme Veranstaltung verlassen durften, nicht nur körperlich ausgekühlt, aschfahl und traurig fühlten.

Oder darüber, dass der Pfarrer, den Sie noch von früher kannten, im Urlaub war und nicht kommen konnte, als Ihr Onkel plötzlich starb, und Sie sich deswegen einfach nicht mehr dazugehörig fühlen, obwohl Sie eigentlich rational wissen, dass das kein persönlicher Affront gegen Sie oder Ihren Onkel war. Aber Sie hätten sich gewünscht, dass Sie jemand in Ihrer Trauer und Hilflosigkeit ein kleines Stück begleitet.

Egal. Muss man auch gar nicht mehr drüber reden. Das Kapitel haben Sie ja abgeschlossen. Oder?

Haben Sie sich in einem dieser Beispiele wiedergefunden? Und sind Sie vielleicht ein wenig überrascht, weil Sie darüber eigentlich noch nicht so richtig nachgedacht haben?

Auch wenn keines der Beispiele auf Sie zutrifft – können Sie sich inzwischen an Ihren letzten Besuch in der Kirche erinnern?

Wie war es da?

War es überraschend schön? Oder doch eher sterbenslangweilig? Oder fremd, vertraut, heimelig? Kalt, warm? Fühlte es sich gut und richtig an, oder kamen Sie sich wie ein Heuchler vor? Hat Sie der Hokuspokus amüsiert, oder konnten Sie mit manchem etwas anfangen?

Und: Warum waren Sie eigentlich das letzte Mal zum letzten Mal in der Kirche? Was war ausschlaggebend für die Entscheidung – egal, ob bewusst oder unbewusst –, seitdem nicht mehr hinzugehen?

Wenn wir verstehen möchten, warum sich Kirche verändern muss, müssen wir herausfinden, warum Menschen nicht mehr hingehen wollen.

Erinnern Sie sich noch an die legendäre RTL-Sendung «Familienduell»? Der Quizshow-Titan Werner Schulze-Erdel begann jede neue Runde mit der einleitenden Bemerkung «Wir haben 100 Leute gefragt ...».

Ich habe ungefähr das Gleiche getan. Aus verschiedenen Gründen und in unterschiedlichen Kontexten. Zum einen, weil es mich wirklich interessiert – selbstredend, ich habe ja mit dem Thema zu tun. Dann natürlich in anderer Funktion als Fernsehmoderator und -reporter, der Menschen auf der Straße nach religiösen Themen befragt – auch da gibt es wunderbare Geschichten und atemberaubende Antworten. Und Letzteres meine ich nicht unbedingt positiv. Drittens – und das hat mich wirklich ins Grübeln kommen lassen – in den wahrscheinlich unwahrscheinlichsten Momenten: auf Partys.

Das ist ein Phänomen, das mit Sicherheit viele meiner Kollegen*innen bestätigen können. Auf 90 Prozent der Abendveranstaltungen, die ich besuche, ganz egal, wer oder was sie ausrichtet, kommt irgendwann jemand auf mich zu, um über Kirche, Glaube, Gott und die Bibel zu reden. Da wird wild diskutiert, das Herz ausgeschüttet, sich über Kirche beschwert, Bestätigung gesucht oder von irgendeiner Form der Kränkung oder Enttäuschung berichtet. In den meisten Fällen ist Alkohol im Spiel, und die Menschen, die mich ansprechen, haben das Gefühl, dass ‹das jetzt endlich mal rausmuss›. Alle haben gemein, dass sie – wie im klassischen Kommunikationseinmaleins – sich nicht *nicht* dazu verhalten können, dass da jemand steht, den sie in diesem Moment mit Kirche assoziieren. Und diese Beobachtung finde ich spannend.

Diese Menschen, die da das dringende Bedürfnis haben, über ihre eigene Verbindung zu Glaube und Kirche ins Gespräch zu kommen und mich dafür als Projektionsfläche nutzen, sind doch ein überraschend interessanter Gradmesser. Und ja: Das nervt auch – natürlich. Aber irgendwann dachte ich mir, dass ich es, wenn ich es schon nicht abwenden kann, nutzen könnte, um Rückfragen zu stellen und der Sache auf den Grund zu gehen. Also habe ich diesen Menschen immer wieder dieselbe Frage gestellt, die ich Ihnen auch gestellt habe: Warum waren Sie eigentlich das letzte Mal zum letzten Mal in der Kirche?[32]

Am interessantesten fand ich, dass es in den wenigsten Fällen zu kategorischen Aussagen à la «Das ist eh alles Quatsch und du bist viel dümmer als ich dachte, wenn du den Mumpitz glaubst und zu dem Verein gehörst» waren. Gab es auch – tat weh. Aber eigentlich sind es vor allem sechs Themenbereiche, die immer wieder an mich herangetragen und bei mir abgeladen werden.

1. Am häufigsten wollten Menschen sich eigentlich zugehörig fühlen, hatten aber durch irgendein Ereignis oder eine Begegnung eine Form von Kränkung oder Enttäuschung erfahren. Momente, in denen sie Zuspruch oder die Gegenwart einer pastoralen Person gebraucht oder sich gewünscht hätten, und diese Person nicht für sie da war. Aus welchen Gründen auch immer. Diese Kränkung durch die konkrete Amtsperson wurde dann als Pars pro Toto, als Teil für das Ganze, auf die Institution projiziert. Das vermeintliche Fehlverhalten einer einzigen Person konstituiert also von nun an die Beziehung zur gesamten Institution. Anders gesagt: Der Pastor oder die Pfarrerin, der Kaplan, Pater, Probst oder die Bischöfin waren in ihrer Doppelfunktion als Menschen und Amtsinhaber nicht zur Stelle, was die Betroffenen wiederum als so negativ erlebten, dass sie sich seitdem der Kirche fremd fühlen und nicht mehr hin-

gehen. Trotzdem bleibt eine indifferente Form von Rest-sehnsucht.

Das Gegenteil in Bezug auf Amtspersonen gibt es aber min-destens genauso häufig: das Gefühl, dass die Menschen, die für die Kirche arbeiten, gar nichts mit «dem richtigen Leben» zu tun haben. Bisweilen werden mir Kolleginnen und Kollegen als wahnwitzige Karikaturen beschrieben, so-dass ich am nächsten Tag erst einmal im Internet nach be-sagten pastoralen Personen forschen muss. Und ja: Manch-mal kann man nichts mehr retten, und die Menschen, die sich bei mir beschweren, müssten sich wahrscheinlich einfach eine andere Gemeinde suchen. Also: Das Thema Amtspersonen ist ein wirklich großes.

2. Häufig erzählen mir Menschen, dass sie früher mal ein gutes Verhältnis zur Kirche hatten. Sie waren in einer Ju-gendgruppe, erlebten tolle Konfirmandenfreizeiten, die sie auch mitbetreuten, aber dann gab es kein Angebot mehr für sie. Für junge Erwachsene in der Ausbildung oder Studierende war in der Kirche irgendwie kein Platz mehr. Und keiner fragte mehr nach ihnen. Deswegen gehen sie zwar noch an Weihnachten in die Kirche, in der sie groß geworden sind, und sehen die alten Mit-Teamer*innen von früher, aber ein bisschen melancholisch-traurig macht sie das schon. Hier ist es also eine Frage des Angebots, das für spezifische Altersgruppen einfach nichts mehr bereithält. Und das, obwohl diese Menschen eigentlich gerne in ir-gendeiner Form dabei wären.

3. Ein ziemlich großer rosa Elefant macht vielen Menschen Kopfschmerzen: der Gottesdienst.

Denn diejenigen, die sich mir nachts anvertrauen, haben

häufig ähnliche Argumente: Der Gottesdienst ist zu früh. Wer kann und will denn bitte sonntags um 10 Uhr morgens in der leeren und kalten Kirche sitzen? Außerdem hat der Gottesdienst «nichts mit meinem Leben zu tun».

Nicht nur, dass kein Bezug zwischen den biblischen Geschichten und den Leben der Menschen hergestellt wird – viele erzählen mir auch, wie fremd sie sich im Gottesdienst fühlen: Sie verstehen diese merkwürdige, gestelzte Sprache nicht, fühlen sich kleingemacht, als Fremdkörper, der sich mit dem Ablauf nicht auskennt. Gottesdienst ist und bleibt für viele der Menschen in diesen Gesprächen ein Fragezeichen.

4. Häufig geht es um Finanzen – und das in einem sehr breiten Spektrum. Um die eigenen (Stichwort Kirchensteuer) und um die Finanzen der Kirche (Stichwort Marmorbadewannen und teure rote Slipper für Kardinäle). Für viele sind Finanzen, Gott und Geld also ein großes Thema.

5. Eines meiner Lieblingsthemen ist eine ganz allgemeine, sehr indifferente öffentliche Wahrnehmung von Kirche. Anders gesagt: das Image der Kirche an sich. Wie oft ich schon gehört habe, dass die Kirche ja «ein Verein von Pädophilen» sei oder «alles Leute, die meine Art zu leben verurteilen», kann ich kaum noch zählen. Da jagt ein extremes Bild das nächste – und ich sage absichtlich nicht ‹Klischee›, denn das ein oder andere stimmt durchaus. Und ja – die Kirchen betreiben in dieser Hinsicht alles andere als flächendeckende Aufklärung.
Aber genauso häufig geht es um die visuelle, sinnliche und ästhetische Dimension von Kirche – gerade bei jüngeren Menschen, die selbstverständlich in digitalen Kontexten

aufwachsen und die sehr traditionelle Bildersprache, die häufig in kirchlichen Kontexten bemüht wird, nicht mehr verstehen.

Dazu kommen die Positionen von Kirchen in medialen Kontexten: Die Vorstellung von Kirche und deren Beschäftigungsfeldern ist in der öffentlichen Wahrnehmung – diplomatisch formuliert – ambivalent. Kirche ist unbeweglich, antiquiert und verstaubt. Und sie wird geführt von dicken weißhaarigen Männern, die heimlich kleine Jungs verführen, weil der Zölibat sie quasi dazu zwingt.

6. Meine heimlichen Favoriten bleiben aber die Momente, in denen mich besonders aufgebrachte Menschen nach dem sechsten Glas Wein ansprechen und ein Potpourri aus all diesen Themen zum Besten geben. Und – das meine ich nicht ironisch – dann bringen sie im Eifer des nächtlichen Redegefechts natürlich vieles durcheinander; es ist ja auch kompliziert. Das sagt wahrscheinlich weniger über sie selbst aus, sondern mehr über die Tatsache, dass zwar noch die Hälfte aller Bundesbürger*innen zu einer der beiden großen Geschwisterkirchen gehört, aber trotz der formalen Zugehörigkeit die Auskunftsfähigkeit über die eigene Religionszugehörigkeit kleiner wird. Wenn sich also nachts ein Mensch ein Herz fasst, mich anspricht und sich folgender Dialog entspinnt, dann wird es, glaube ich, Zeit für Aufklärungsarbeit.

Er: «Jetzt, wo wir hier so offen miteinander sprechen, muss ich dir was gestehen.»

Ich: «Echt, was denn?»

Er: «Ähm, also ... Ich bin aus der Kirche ausgetreten.»

Ich: «Äh, okay. Warum denn?»

Er: «Weil ich nicht länger aushalte, dass der Papst gegen Kondome ist.»

Ich: «Ähm. Ja, das ist ja auch Kacke, aber ... Du bist doch evangelisch?!»

Er: «Äh, was? Ja? Ach so. Na ja ... Willst du noch was trinken?»

Puh.

Erkenntnis des Tages:
Man hat es nicht ganz leicht dieser Tage mit, für, in, gegen und als Kirche. Warum eigentlich?

Weil es keinen Nachwuchs mehr gibt? Weil Gemeindehomepages so schlimm aussehen, dass man mit dem Lesen aufhört, bevor man überhaupt richtig angefangen hat? Weil die Pastor*innen-Klischees im Kopf so unglaublich groteske Karikaturen sind? Weil ach so viele Menschen das Gefühl haben: Glauben ja, Kirche nein? Weil immer noch und immer wieder so entsetzlicher Missbrauch passiert? Machtmissbrauch, Kindesmissbrauch, Glaubensmissbrauch? Weil Menschen auf Kanzeln thronen und in einer Sprache sprechen, die keiner mehr verstehen kann? Weil Kirche hauptsächlich Senioren mit Bingoabenden beglückt und bunte Schals um faltige Hälse schwingt, während korpulente, sehr weiße Damen verzückt Gospel eindeutschen? Wann hat Kirche angefangen, sich selbst so sehr im Weg zu stehen? Wann ist aus dem protestantischen Motto «Die Kirche muss sich immer verändern» eigentlich «Die Kirche braucht unbedingt noch mehr Batiktücher» geworden? Und wann ist aus «Liebe deinen Nächsten wie dich selbst» eine Institution erwachsen, die in Teilen des Landes eine Renaissance des Rechtspopulismus in ihren Kirchengemeinderäten willkommen heißt? Eine, die – zumindest auf katholischer Seite – daran festhält, dass Frauen nicht ordiniert werden dürfen? Und eine, die nicht mehr so richtig weiß, wie sie die Menschen überhaupt noch erreichen kann?

Was ist eigentlich los mit Kirchen? Wo sehen sie sich selbst im Nachklang der großen Individualisierungsphantasien der Ersten Welt, wie Ulrich Beck sie so strahlend prophezeit hat? Wie sieht es aus mit den Strukturproblemen, den Klischees, dem Nachwuchs, den Plänen, der Kirchensteuer, den Mitgliedschaftsuntersuchungen, dem Verhältnis von Kirche und Staat, der permanenten Anbiederei zwischen Proprium und Performanceevaluation, Eventkirche und Einkehrort?

Und was ist – Achtung, Überraschung – mit den Menschen? Mit den echten Menschen? Denn Hand aufs Herz: Jeder sucht. Jeder sehnt sich nach etwas. Jeder hofft, zweifelt, scheitert und muss und darf doch weitermachen. Wann haben Menschen denn das Gefühl und die Zuversicht verloren, dass all das genau die Themen sind, die man in der Kirche findet? Wo ist dieser Beziehungsklassiker in die Brüche gegangen? Was ist mit der Schönheit: im Glauben, Beten, im Sterben? In der Gemeinschaft? Im Trostfinden? Im Begleitetsein? In der Kirche? In Sprache und Denkhaltung?

Ich vermute, es könnte helfen, wenn wir mit den sechs großen Themengebieten anfangen, die Menschen so gerne nachts bei mir abladen.

KIRCHE? WAS IST DAS EIGENTLICH?

Wenn Sie sich bei der Beschreibung meines nächtlichen Dialogs mit dem Menschen, der mir gebeichtet hatte, aus der Kirche ausgetreten zu sein, gewundert und vielleicht auch gedacht haben, ich würde übertreiben, dann lassen Sie mich Ihnen versichern: Habe ich nicht. Und natürlich gibt es ‹die Kirche› nicht, und Theologie ist ein schwieriges und sehr kleinteiliges Geschäft – demzufolge sind auch die unterschiedlichen Glaubensgemeinschaften, die sich nach theologischen Konzeptionen und Überzeugungen gebildet haben, vielfältig. Und so sind die jeweiligen Besonderheiten manchmal selbst für Eingeweihte schwer zu benennen oder zu unterscheiden. Lassen Sie mich ein Beispiel aus einem meiner Lieblingsbücher von John Niven geben.[33] Einige werden das jetzt gleich blasphemisch finden, aber es ist doch nur ein Roman – durchatmen.

Also: Gott kommt aus einem kurzen Angelurlaub wieder in sein himmlisches Büro und stellt fest, dass die Menschen in seiner Abwesenheit die Erde leider genau zu dem gemacht haben, was sie jetzt tatsächlich ist: ein ungerechter Ort, in dem Kapitalismus angebetet wird und der kurz vor dem ökologischen Super-GAU steht. Klingt vertraut? Während Gott sich mit seinen

Engeln berät, fragt er, was denn eigentlich aus dieser kleinen Gruppe von Menschen geworden sei, die seinem Sohn nachgefolgt wären. Die, die sich auf «Liebe deinen Nächsten wie dich selbst» verpflichtet hätten. Die Engel drucksen beschämt herum, bis sie Gott gestehen, es wäre da wohl zu einer Vielzahl von Absplitterungen gekommen. Gott vermutet, jetzt kämen die einen und die anderen und vielleicht eine dritte Gruppe, aber dann geht es los. Hier ein kurzer Auszug:

«‹Die einen› trifft es nicht exakt, Herr, nein. Es existieren diverse Untergruppen innerhalb der Katholiken. Da hätten wir die Maronitische Kirche, die Melkitische Griechisch-Katholische Kirche, die Ruthenische Griechisch- oder Byzantinisch-Katholische Kirche, die Chaldäisch-Katholische Kirche, […] das Patriarchat des Exarchats der orthodoxen Gemeinden russischer Tradition in Westeuropa, die Orientalisch-Orthodoxen Kirchen – wie Ihr Euch vielleicht erinnert, haben sie das Konzil von Chalcedon im Jahr 451 nicht anerkannt –, die Koptisch-Orthodoxe Kirche von Alexandria, die Syrisch-Orthodoxe Kirche von Antiochien, die Malankara-Syrisch-Orthodoxe Kirche, die Äthiopisch-Orthodoxe Tewahedo-Kirche, die Assyrische Kirche des Ostens, die Mariavitische Kirche, die Palmarianisch-Katholische Kirche, die Liberalkatholische Kirche, die Chinesische Katholisch-Patriotische Vereinigung, die Charismatische-Episkopale Kirche, die unabhängige Philippinische Aglipay-Kirche, die Altkatholische Kirchengemeinde der Niederlande, die …

‹Das sind immer noch alles Katholiken?›

‹Ja, Herr.›

‹Dann überspring den Rest von denen›, sagt Gott …»[34]

Sie können jetzt wahrscheinlich denken, dass es genauso weitergeht – mit den evangelischen Kirchen, den Orthodoxen und all den anderen. Und das sind eine Menge. Um genau zu sein, weiß keiner so genau, wie viele – aber es scheinen zwischen 41 000 und 44 000 christliche Denominationen zu sein.

Deshalb gibt es nicht ‹die Kirche›.

Um aber ein bisschen Klarheit zu schaffen, was alles unter dem Begriff ‹Kirche› zusammengefasst wird, hilft ein Blick auf Terminologie und Systematik.

Das Christentum, denn darum geht es in diesem Buch, ist eine Religion. ‹Religion›[35] ist jedoch zunächst nur ein Containerbegriff für ganz unterschiedliche Weltanschauungen, die alle gemeinsam haben, dass sie einen jeweils eigenen Glauben an jeweils eigene ‹transzendente›, also überirdische, übernatürliche oder übersinnliche Elemente haben. Dieses Transzendente ist wissenschaftstheoretisch nicht beweisbar, sondern gründet sich auf den Glauben an bestimmte Vermittlung – also durch Prophetinnen, Religionsstifter etc. Diese ‹spirituellen› Mitteilungen werden in vielen unterschiedlichen Religionen als ‹Offenbarungen› bezeichnet und verstanden. Und generell wird häufig – zumindest theoretisch – gesagt, Spiritualität und Religiosität wären ‹geistig-geistliche› Anschauungen ohne expliziten Erklärungsbedarf.

In diesem kurzen Abschnitt steckt viel, von dem ich glaube, dass es zu einem breiteren Verständnis von Zusammenhängen hilfreich zu wissen sein kann. Lassen Sie uns das einmal auf zwei Ebenen aufdröseln: Die eine Ebene beschreibt eine kategoriale und systematisierende Einteilung – hier geht es ganz allgemein um den Containerbegriff ‹Religion›. Der bezeichnet unterschiedliche Weltanschauungen mit jeweils eigenem Inhalt, die sich immer auf etwas Eigenes beziehen. Innerhalb dieser Kategorie sprechen wir häufig von den ‹fünf großen› Weltreligionen und einer atemberaubend langen Liste von Gruppen, die nicht zu den ‹großen› gehören und trotzdem unter die Systematisierung ‹Religion› fallen.

Aber leider ist es nicht so einfach. Es wird schon bei der Zuschreibung der Begriffe ‹Religion› und ‹Weltanschauung› schwierig: Weil die Form von Einteilung, wie wir sie kennen, primär abendländisch geprägt ist. Auch wenn die Klassifizierung auf Strömungen in anderen Kulturen angewendet wird, gibt es dort teilweise keinen vergleichbaren Begriff. Dazu kommt ganz formal, dass sich vieles – und das ist die Krux der systematischen Kategorisierung – nur schwer systematisieren lässt, da häufig ganz unterschiedliche Elemente ineinandergreifen und es zudem ganz verschiedene Auffassungen dazu gibt, was eine Religion oder eine Weltsicht eigentlich ausmacht.[36]

Für uns ist wichtig: Der Begriff ‹Religion› systematisiert eine Gruppe von Menschen, die im Glauben an etwas Transzendentes auf irgendeine Art verbunden sind.

Drei Begriffe fallen noch in der viel zu kurz greifenden Umschreibung von Religion auf: ‹Spiritualität›, ‹Religiosität› und ‹Transzendentes›. Und merken Sie, dass der Begriff ‹Kirche› an dieser Stelle noch gar nicht gefallen ist?

‹Spiritualität› geht auf das lateinische Wort ‹spiritus› zurück, was ‹Geist oder Hauch› heißt. ‹Spiritualität› bezeichnet vor allem Zweierlei: Geistiges und Geistliches. Obwohl beide dazugehörigen Adjektive vom gleichen Substantiv abgeleitet werden, wird umgangssprachlich nur ‹geistlich› auf religiöse Kontexte bezogen. ‹Geistig› bezeichnet eher ganz allgemein Aspekte, die den Intellekt betreffen. Als Eselsbrücke helfen zwei Gegensatzpaare: geistlich/weltlich und im theologischen Kontext geistlich/fleischlich. Der Begriff ‹Spiritualität› hat also etwas mit einer geistlichen Dimension zu tun und steht für eine Form der Verbindung zu etwas Transzendentem.

Der Begriff der ‹Religiosität› ist – leider – noch viel komplizierter. Einer der bekannteren Definitionsversuche lautet: «Religiosität ist jene biologisch grundgelegte Ausstattung des […]

Menschen, die eine ganzheitliche, d. h. von der ganzen Persönlichkeit (emotional, kognitiv, wert- und orientierungsmäßig) ge-
tragene und – weil als transzendent fundiert erlebt – nicht mehr
überbietbare Welt und Selbstdeutung sowie Selbsthingabe ermöglicht.»[37]

Okay – das klingt kompliziert. Für unser Verständnis bleiben
der Einfachheit halber vier Merkmale wichtig:

1. Religiosität ist ein biologisches und auf allen Ebenen der
   Person angelegtes Phänomen.
2. Religiosität hat – und da passt sie gut in diesen
   Systematisierungsabsatz – mit einer kognitiven Fähigkeit
   zur Kategorisierung zu tun.
3. Religiosität entspringt einem Wunsch nach Sinn- und
   Selbstdeutung.
4. Religiosität und Spiritualität überschneiden sich, sind
   aber nicht identisch.

Neulich, als ich auf einer Party mal wieder eines ‹dieser› Gespräche führte, wurde mir zum gefühlt zwölftausendsten Mal
mit dem Mut der Verzweiflung und der Wut der betrunkenen
Enttäuschung ein Satz entgegengeschleudert: «Ich bin total spirituell! Aber ich bin eben nicht religiös!»

Was die aufgebrachte Dame meinte, war – zumindest vermute ich das –, dass sie nicht ‹der Kirche› angehört. Dabei hat
die Aussage «Aber ich bin eben nicht religiös!» auch noch nichts
mit der Kirche zu tun. Sie können also spirituell und religiös sein
und müssen sich trotzdem noch nicht mit Kirche assoziieren.
Wenn überhaupt, können Sie religiös sein und sich ganz allgemein einer Religion zuwenden – welche auch immer das sein
mag.

Kommen wir zu ‹der Kirche›. Auch der Begriff ‹Kirche› hat zunächst noch keine explizit christliche Bedeutung. Das Wort ist über die Bande des Alemannischen, Althochdeutschen und Mittelniederdeutschen von dem spätgriechischen Wort ‹kyriakon› entlehnt, was ‹Gotteshaus› heißt und ganz allgemein eine Organisationsform von Religionen beschreibt.[38] Man ist sich nicht ganz einig, wie der Begriff eigentlich nach Mitteleuropa kam – eine Theorie besagt, durch keltische Christen, eine andere, er sei während der ‹konstantinischen Epoche› durch das Christentum in den römischen Kolonialstädten aufgenommen worden. Erst durch diese Zuschreibungen wurde der Begriff ‹Kirche› zunehmend auf Religionsgemeinschaften christlicher Konfessionen angewendet. ‹Konfessionen›[39] sind übrigens Untergruppen innerhalb einer Religion, die sich in Bekenntnissätzen, Lehre, Praxis und Organisation von anderen Gruppen innerhalb dieser Religion unterscheiden.

In unterschiedlichen Kirchen ist die sogenannte Ekklesia[40] organisiert. Das sind vor allem nach dem neutestamentlichen Sprachgebrauch diejenigen, die durch das Evangelium von Jesus Christus herausgerufen wurden, um sich gemeinsam um ihn im Gottesdienst zu versammeln und von ihm zum Glaubenszeugnis und zum Dienst der Liebe gesandt zu werden.

Wir nähern uns also langsam an; ein paar Schlüsselbegriffe sind für eine inhaltliche Ausrichtung nicht ganz unwichtig. ‹Evangelium›, ‹Jesus Christus›, ‹Gottesdienst›, ‹Glaubenszeugnis› und ‹Dienst der Liebe›. Das sind die Kernzuschreibungen, also die wesentlichen Elemente, die Kirche im christlichen Kontext ausmachen. Es geht um das Evangelium, also das, was Christenmenschen gerne ‹die Frohe Botschaft› nennen (nicht zu verwechseln mit den vier Büchern innerhalb der Schriftensammlung, die wir ‹Bibel› nennen, die genauso heißen …). Diese richtet Gott durch Jesus Christus an die Menschen, die sie wiederum verbreiten sollen. Darin ist schon das nächste Wesensmerkmal genannt: Jesus Christus, von dem die Menschen seit dessen Wirken glauben, er sei Gottes Sohn und dadurch in einer besonderen Beziehung zu Gott – das ist in dieser Hinsicht erst mal alles. Denn alles andere sind spätere Beschlüsse.

Dann geht es weiter mit dem Begriff des ‹Gottesdienstes› (siehe auch Kapitel 11). Und zu guter Letzt tauchen noch ‹Glaubenszeugnis› und ‹Dienst der Liebe› auf. Bei Ersterem geht es primär um eine Zuordnung zum Glauben im Kontext des eigenen Lebens.[41] Und unter dem Punkt ‹Dienst der Liebe› versteht man ganz basal all das, was heute unter dem Begriff ‹Diakonie› zusammengefasst wird – also der Dienst am Menschen.

Soweit die Wesensmerkmale dessen, was wir formal als ‹christliche Kirche› bezeichnen. Alles andere sind An- und Einsichten, die im Laufe der Geschichte zur Herausbildung unterschiedlicher christlicher Kirchen geführt haben. Denn die waren – wie heute natürlich auch – noch nie im luftleeren Raum, sondern immer abhängig von menschlichen Interpretationen, politischen Entscheidungen, ökonomischen Faktoren, Ausbreitung, Wachstum etc.

Wenn Sie also demnächst eine/n meine/r Kollegen*innen auf einer Party treffen und erzählen, dass Sie mit Ihrer eigenen Zuordnung zu einer verfassten Religionsgemeinschaft im Argen sind, können Sie auf jeden Fall glänzen.

Aber wir suchen ja noch immer ‹die Kirche›; deswegen hier die fünf größten christlichen Kirchen in einer Art Schnelldurchlauf, weil ich vermute, dass viele Menschen gar nicht wissen, dass es mehr als katholisch und evangelisch gibt. Und ja: Die folgenden Zuschreibungen sind natürlich nicht annähernd vollständig, aber damit spiegeln sie vielleicht die öffentliche Wahrnehmung von und das Wissen über Kirche wider.

Den Auftakt macht die römisch-katholische Kirche, zu der weltweit rund 1,3 Milliarden[42] Menschen gehören und die ihr Zentrum in Rom hat, wo auch ihr Oberhaupt, der Papst, residiert. Genauer: Er ist Souverän des Staates der Vatikanstadt. Der Papst ist der Stellvertreter Jesu Christi, also Gottes, auf Erden. Er ist nicht selber Gott, aber der Bischof von Rom und steht nach katholischem Verständnis in direkter Nachfolge von Simon Petrus, der – auch nach katholischem Verständnis – der erste Bischof von Rom war. Der Papst ist in seinen Lehraussagen – das, was man ‹ex cathedra› nennt – unfehlbar. Also nicht in allem, was er jemals sagt, sondern nur in seinen Lehraussagen. Nicht ganz unwichtig!

Das griechische Wort ‹katholikos› heißt so viel wie ‹das Ganze betreffend›[43] im Sinne von allumfassend, und das ist auch heute auf einer anderen Ebene insofern so, als dass ganz generell alle christlichen Strömungen, die sich nicht der Reformation zugeordnet haben, als katholisch bezeichnet werden.

Wichtige Elemente sind die sieben ‹Sakramente›, also heilige Handlungen: Taufe, Firmung, Abendmahl, Beichte, Ehe, Weihe, Krankensalbung. Die Priester, die ausschließlich Männer sind, haben einen besonderen Stellenwert und leben im Zölibat, also sexueller Enthaltsamkeit und Ehelosigkeit. Einen besonderen Stellenwert haben auch die Heiligen, die häufig mit eigenen Tagen geehrt werden und ein direktes Gegenüber im Gebet sind. Die römisch-katholische Kirche verliert zwar in den westlichen Ländern immer mehr Menschen, hat dafür aber in Afrika, Asien und in Lateinamerika großen Zulauf.

Die nächste große Gruppe ist diejenige, die dem ‹Protestantismus› zugeschrieben wird – also solche Strömungen, die sich vornehmlich aus einer Kritik an den gängigen Praxen, die in großen Teilen theologisch aus Macht- und Geldpolitik begründet wurden, der katholischen Kirche im 16. Jahrhundert gebildet haben. Ihre symbolischen Gründungsfiguren sind Martin Luther, Huldrych Zwingli und Jean Calvin, die alle für unterschiedliche Strömungen stehen und je auf ihre eigene Art und Weise theologische Denk- und Glaubensschulen etabliert haben. Gemein haben sie aber alle, dass die Bibel eine zentrale Rolle spielt und der Mensch an sich eine andere Funktion hat, weil alle Menschen vor Gott als gleich angesehen werden. Dazu gehört auch ganz entscheidend, dass die Protestanten die Heiligenverehrung genauso wie die Unfehlbarkeit des Papstes strikt ablehnen. In der protestantischen Kirche kann jeder Mensch Gott ganz direkt begegnen und braucht keinen Mittler – also auch keinen Papst, keine Pfarrerinnen (denn die gibt es hier) und keine Pastoren. Diese haben keine herausgehobene Stellung – theoretisch zumindest. Und: Alle Amtsträger*innen dürfen heiraten und Familien gründen. Anders als in der katholischen Kirche gibt es nur zwei Sakramente: Taufe und Abendmahl. Die Namensgebung ist kompliziert, daher vielleicht in aller Kürze: Im 16. Jahrhundert wurden alle Kirchen als ‹protestantisch› bezeichnet, die aus der Reformation hervorgegangen waren. Heute wird der Begriff – meistens – mit ‹evangelisch› gleichgesetzt.

Die drittgrößte Gruppe bildet die orthodoxe Kirche mit rund 250 Millionen Mitgliedern. Sie geht in ihrem Selbstverständnis auf Kaiser Konstantin zurück, der im Jahr 313 in der ‹Mailänder Vereinbarung› das damals noch junge Christentum von seinem Status als jüdische Sekte, dann als ‹religio licita›, also ‹tolerierte Religion›, auf den Weg zu einer Staatsreligion brachte. Die orthodoxe Kirche fühlt sich also dem christlichen Altertum verbunden.

Sie ist vor allem in Osteuropa, dem Vorderen und Mittlerem Orient verwurzelt und wird von mehreren Oberhäuptern, den

‹Patriarchen›, geleitet, die unter anderem in Moskau, Istanbul, Jerusalem, Sofia und Antiochia residieren. Wie in der katholischen Kirche spielt in der orthodoxen die Heiligenverehrung eine besondere Rolle – die Ikonen, also die Abbildungen von Heiligen, werden angebetet, und die Heiligen selbst sind auch hier direkte Gesprächspartner, die festgelegten Zwecken zugeordnet werden. In der orthodoxen Kirche liegt ein Schwerpunkt auf der Liturgie, also auf festgelegten Abläufen und Formen von Ritualen und Gottesdiensten. In den unterschiedlichen orthodoxen Kirchen herrscht ein starkes Zusammengehörigkeitsgefühl, das sich auch daraus speist, dass sie sich nicht jeweils als Teil einer einzigen Kirche, sondern als unmittelbaren Ausdruck der einen Kirche verstehen. Zudem spielen Dogmen insofern eine besondere Rolle, als dass sich diese ausschließlich an den Beschlüssen der ‹sieben ökumenischen Konzile› orientieren, die zwischen 325 und 787 stattgefunden haben. Das heißt im Umkehrschluss: Es gibt einfach keine neuen Dogmen mehr.

Die viertgrößte Gruppe und die größte christliche Gemeinschaft im Nahen Osten bilden die Kopten. Die koptische Kirche gehört zu den altorientalischen Kirchen und damit zu den ältesten im Christentum überhaupt – sie beruft sich auf eine direkte Linie ausgehend vom Evangelisten Markus, der Bischof in Alexandria gewesen sein soll. Die koptische Kirche ist seit dem Jahr 451 eigenständig, weil sie sich vor allem in der Frage nach dem Wesen – oder der Natur – Jesu Christi abgespalten hat. Konkret ging es um die theologische Lehre, dass für die koptische Kirche Jesus Christus nach der Vereinigung des Göttlichen mit dem Menschlichen in der ‹Inkaration› nur noch eine ‹Natur› hatte – nämlich die göttliche. In der Fachsprache nennt man das ‹Monophysitismus› – die anderen großen christlichen Kirchen sind Anhänger der ‹Zwei-Naturen-Lehre›, die besagt, dass Jesus Christus «wahrer Gott» (die zweite Person der Dreieinigkeit) und «wahrer Mensch» zugleich ist, indem er *zwei Naturen* in sich vereint, die göttliche und die menschliche.

Die koptische Kirche wird im Volksmund gerne als «arabische Christen» bezeichnet, was nicht ganz falsch und auch nicht ganz richtig ist. Sie werden heute in islamisch geprägten Ländern häufig stark diskriminiert und gewaltsam verfolgt.

Zu guter Letzt gibt es noch die Freikirchen, die auch auf die Reformation zurückgehen. Das Spektrum innerhalb der Freikirchen ist groß: Es reicht von ultrakonservativen bis hin zu moderneren Glaubensauffassungen und -praxen. Sie alle teilen eine eigene Perspektive auf die Bibel als Heiliger Schrift insofern, als dass diese keinen Mittler zur Auslegung braucht. Auch haben sie gemein, dass sie häufig – anders als in vielen anderen Kirchen – erst als Erwachsene freiwillig getauft werden und sich so aktiv für ein Leben im Glauben entscheiden. Die Missionierung spielt in Freikirchen eine wichtige Rolle. Zu diesen gehört auch die sogenannte Pfingstbewegung, die sich wie andere charismatische Gruppen auf das Wirken des Heiligen Geistes beruft. Diese Wirkmacht des Geistes nimmt einen wichtigen Teil in der Glaubenspraxis ein: Wunderwirkungen und Prophezeiungen sowie das ‹Zungenreden›, ein sprachsystemfreies Sprechen als Zeichen der sogenannten Geistestaufe, sind typisch für diese Strömung.

Die Pfingstgemeinden und charismatischen Kirchen sind unabhängig von staatlichen Strukturen und bilden die am schnellsten wachsende religiöse Bewegung der Welt. Derzeit werden sie auf rund 400 Millionen Mitglieder geschätzt. Die Gemeinden sind mitunter ultrakonservativ: Scheidungen, Sex vor oder außerhalb der Ehe und Homosexualität werden häufig als sündhaft und abzulehnen wahrgenommen und führen in manchen Gemeinden durchaus zu einem Ausschluss aus der Gemeinschaft.[44] Für viele Pfingstkirchen ist die Evolutionstheorie falsch, denn die Entstehung der Welt ist für sie in den biblischen Schöpfungsberichten in Gänze dokumentiert.

Warum ist das alles wichtig? Wenn wir uns der komplexen Frage nähern wollen, was Kirche eigentlich sein soll, müssen wir wissen, was sie ist und nicht ist. Und ich denke, es ist ein Problem von Kirche, dass die Menschen nicht mehr auskunfts- und sprachfähig sind. Ein nicht ganz unwichtiges Thema: Wenn es um Zukunftsfähigkeit von Kirchen gehen soll, dann müssen Menschen wissen, warum sie Mitglied in dem jeweiligen Club sind und warum nicht. Und ihnen sollte klar sein, wofür dieser Club eigentlich steht. Sonst ist man, wie ein guter Freund von mir, evangelischer Pastor und nach einem ausgiebigen Taufgespräch mit einer Familie bei Sahnetorte und Kaffee plötzlich mit der Frage konfrontiert: «Ach, das war sehr schön, Herr Pastor. Vielen Dank! Eins noch: Sind wir dann eigentlich evangelisch oder katholisch?»

Ein Wesensmerkmal, das bisher noch nicht zur Sprache kam, macht es für viele Menschen wirklich schwer, sich einer Kirche zuzuordnen: die Kategorie der ‹Wahrheit› oder ‹Glaubenswahrheit› – Dogmen, wie es in der Fachsprache heißt. Darunter fallen im katholischen Kontext beispielsweise Themen wie das ‹Mysterium der Dreifaltigkeit›, die Existenz von Engeln, die Lehre der Erbsünde und solche für die jeweilige Kirche konstituierenden Glaubenssätze. Dazu kommen in beiden Kirchen noch die jeweiligen Glaubensbekenntnisse, die sich ein wenig voneinander unterscheiden.[45]

Was für unsere Frage nach der Kirche vielleicht gewinnbringender ist, ist die nach dem jeweils eigenen Verständnis der Wichtigkeit der eigenen Institution für den Glauben von Menschen. Also: Wie sehen die beiden Kirchen ihre Rolle als Glaubensvermittler? Dabei helfen zwei Leitsätze: Für die katholische Kirche gilt der Satz «Extra ecclesiam nulla salus» – seit der Allgemeinen Kirchenversammlung zu Florenz (1438–1445) ein Dogma in der katholischen Kirche. Übersetzt heißt der Satz «Außerhalb der Kirche gibt es kein Heil.» Bis heute ist er gültig, hat aber viele Diskussionen hervorgerufen, weil er ziemlich allumfassend ist (da sind wir wieder bei der ursprünglichen Bedeutung des Wortes ‹katholisch›) und alle anderen, die nicht dazugehören, ausschließt. Es gibt eine Art offizielle Ausnahmeregel: Alle, die zum Beispiel isoliert auf einer Insel im Pazifik oder in einem indigenen Stamm in den brasilianischen Regenwäldern leben und somit noch nie von der katholischen Kirche und deren Botschaft gehört haben, sind davon ausgeschlossen. Für den Rest gilt: «Außerhalb der Kirche gibt es kein Heil.»

Die evangelische Kirche hat einen solchen Satz nicht. Hier gilt als eine Art Mantra immer eher Luthers «Woran du nun, sage ich, dein Herz hängst und [worauf du dich] verlässest, das ist eigentlich dein Gott».[46]

Gewiefte Theologenmenschen halten es gerne in Anlehnung an den Leitsatz der katholischen Kirche mit dem ähnlich klingenden und dabei ganz andersgelagerten «Extra Christum nulla salus».[47] Übersetzt: «Außerhalb von Christus gibt es kein Heil.»

Das systemimmanente Problem von solchen Selbstaussagen: Sie haben einen Absolutheitsanspruch. Zwar werden vermutlich viele Menschen, die zu einer der beiden Kirchen gehören, diese

Sätze entweder nicht kennen oder sie nicht vehement vertreten, aber in ihnen schwingt das mit, was im Selbstverständnis der Kirchen die letzten 2000 beziehungsweise 500 Jahre galt: Sie boten exklusive Wahrheiten an. Das ist an dieser Stelle gar nicht wertend gemeint, denn dadurch hatte und hat man eben auch ein Proprium in Abgrenzung zu anderen, das konstituierend ist.

Weshalb ist das heute so schwierig? Dafür gibt es aus meiner Sicht mindestens drei Gründe.

Zum einen bin ich kein Freund von Exklusivität. Nur weil etwas meine Wahrheit und mein Glauben ist, muss das nicht deiner sein. Und auch, wenn ich mit deinem Glauben nichts anfangen kann, so wie du mit meinem vielleicht auch nicht, kann ich ja trotzdem einfach wahr- und hinnehmen, dass du ihn lebst und magst und er dir guttut. In dieser Haltung würden sich Wahrheits- und Absolutheitsanspruch ausdifferenzieren – könnte für einen Dialog hilfreich sein.

Zweitens: Ja, es ist gut, für sich selbst zu wissen, zu welchem Club man eigentlich gehört. Und es ist noch viel wichtiger zu wissen, wofür dieser Club steht, dem ich mich da zuordne. Meine Befürchtung ist – in Anbetracht der demographischen Entwicklung, einer Renaissance von Rechtspopulismus und sich verschärfenden Positionen –, dass sich Exklusivität in Konfessionszugehörigkeiten in eine rigide und radikale Richtung entwickelt. Bei dem zunehmend lauter werdenden Wunsch nach ‹klarer Kante› und Stammtischparolen in vielen Kontexten unseres gesellschaftlichen Lebens halte ich eine Rückkehr zu einem ultraorthodoxen Konfessionsverständnis zwar für eine auf den ersten Blick nachvollziehbare Affekthandlung, aber für falsch. Die Radikalität der Aussage kann sich ja genauso gut – nein: viel besser – in einer gefeierten Vielfalt im Glauben ausdrücken.

Damit gibt man ‹seins›/‹ihrs› nicht auf – und das muss man auch nicht, denn es ist einfach eine unlogische Rechnung, verdeutlicht aber in der eigenen Haltung, dass Glaube sich in vielen Formen ausdrückt, weil Glaube an sich schon unverfügbar ist.

Drittens: Hier kommt mein evangelisch-lutherisches Herz zum Vorschein, aber vielleicht hilft es auch Leser*innen, die in der selbstreferenziellen Konfessionsdiskussion nicht an vorderster Front stehen: Nach reformatorischem Verständnis gehört die Konfession zum Bereich der ‹sichtbaren Kirche›. Die wiederum wird eingebettet in die Versammlung der Glaubenden, die durch den Heiligen Geist zusammengekommen sind; hier spricht man von ‹unsichtbarer› oder ‹geglaubter› Kirche, die dem ‹weltlichen› Blick ‹verborgen› ist, jedoch mit der sichtbaren ‹erfahrenen› Kirche/Konfession verbunden, aber nicht einfach verrechenbar gedacht wird.

Okay, das ist kompliziert.

Zweierlei halte ich daran für wichtig: Diese etwas kompliziert wirkende Unterscheidung «will der Gefahr einer Bemächtigung Gottes durch die erfahrbare Kirche wehren».[48] Und zugleich wirkt sie sich in einer Zurückhaltung gegenüber dem Ideal einer ‹sichtbaren› Einheit der Kirchen aus. Mehr noch: Aus dieser – reformatorischen – Perspektive fühlen sich die unterschiedlichen Formen und Gestaltungen nicht schon per se negativ und ‹unwahr› an. Sie gehören in den Bereich der sichtbaren, erfahrenen Kirche. «Man hat sie in der Geschichte seit der Reformation sogar für unvermeidlich zu halten gelernt, weil sich nämlich schon in der Bibel die Heilsbotschaft Jesu in ‹variabler Konkretisierung›, also in einer Vielfalt von Perspektiven zeige. Somit steht schließlich die Realität von Konfessionen bzw. Konfessionskirchen geradezu für konkrete Lebendigkeit christlicher Kirchen schlechthin.»[49]

Wir halten als Zwischenfazit fest: Kirche, Religion, Glaube, Konfessionen, Spiritualität – all das ist nicht automatisch synonym zu gebrauchen, hat aber, wenn es gut läuft, Überschneidungen. Aber: nicht immer. Weiter: Kirche ist nicht vom Himmel gefallen, verhält sich aber manchmal so – vor allem in den Punkten Selbstverständnis, Absolutheits-, Exklusivitäts-, und Wahrheitsanspruch. Dabei schrumpft sie – zumindest in Deutschland – und hat ein Problem bezüglich ihres Wirkens und Stellenwerts in der Gesellschaft.

Ich hoffe, ich habe Sie mit dieser (unvollständigen) Geschichte von Kirche ein wenig erhellt, vor allem aber angemessen verwirrt. Dann habe ich alles richtig gemacht. Denn was wir im Volksmund unter ‹Kirche› zusammenfassen, ist hochkomplex. Dementsprechend fällt es schwer, sich selbst, die eigene Glaubensgeschichte, die eigene Suche und auch die eigenen Zweifel in diesen irritierenden Konstrukten unterzubringen. Übrigens durchaus auch für Menschen, die an sich dazugehören. Genauso schwer ist es häufig, überhaupt einen Zugang zu finden.

Aber Sie haben vielleicht bemerkt, dass ‹die Kirche› nicht von Anfang an so eine komplizierte, kleinstteilige und weltumspannende Organisation war. Kirche – und generell Religion/en – sind nicht vom Himmel gefallen. Sie sind nicht mit riesigen Verwaltungsapparaten, Landeskirchenzuschreibungen, parochialen Strukturen, figelinschen Dogmen oder Konfessionszugehörigkeiten von Gott erschaffen worden. Und wenn Sie jetzt als Kirchenmitglied sagen, dass Sie das selbstverständlich wissen, lassen Sie mich Ihnen versichern, dass viele Menschen – vor allem die in den Kirchen – das nur zu gerne vergessen. Und damit stehen sie einer Veränderung und Erneuerung im Weg. Denn die Annahme, ‹meine Kirche› – welche auch immer das ist – wäre von Anbeginn der Zeit so von Gott gewollt und der Erfolg der letzten zweitausend Jahre gäbe mir recht, ist vielleicht ein wenig vermessen.

Meine folgende Bitte überrascht vielleicht, aber: Vergessen Sie das alles mal wieder. Zumindest für den Moment. Lassen Sie uns mal den Spieß umdrehen und nicht darauf schauen, was Kirche *nicht* ist, sondern, *was* sie ist.

Im Jahr 2012 wurde eine große Studie erstellt, in der Menschen, die entweder Mitglieder der evangelischen Kirche oder konfessionslos waren, befragt wurden, was ihnen spontan zum Thema ‹evangelische Kirche› einfiele.[50] 39 Prozent der Befragten antworteten mit ‹der Gottesdienst› oder ein ‹besonderer Gottesdienst› wie Taufe, Trauung, Bestattung, Weihnachten, Ostern. 29 Prozent nannten sonstige religiöse Praxis: Glauben, Religion, Beten. 10 Prozent dachten als Erstes an ‹Gemeinschaft› und ‹Zusammenhalt›. Nur 6 Prozent dachten an Gebäude und 4 Prozent an Pfarrer*innen.

Diese Ergebnisse sind so interessant, weil sie zeigen, was die Assoziationen mit Kirche eigentlich wirklich sind: Kirche ist nicht primär Institution, sondern Interaktion – ein Geschehen. Genauer: Kirche ist ein Kommunikationsgeschehen. Ganz egal, welcher christlichen Kirche Sie angehören – eine von fünf großen Strömungen oder von 41 000 bis 44 000 anderen: Sie (und wir alle) haben unsere Basis in einer ganz kleinen Gruppe um einen Menschen namens Jesus, von dessen Ansichten diese wenigen Menschen so existenziell erschüttert waren, dass sie ihr Leben umstellten und darüber ins Gespräch kamen.

Wir folgen einer kleinen jüdischen Sekte, die nicht mit Glaubenswahrheiten, Vorschriften, Kirchtürmen und Besoldungstabellen, mit Kirchensteuern und Verfassungen unterwegs war. Die ersten christlichen Gemeinden haben sich selbst und ihren

Glauben überhaupt erst formen können, weil sie miteinander gedacht, geredet, verhandelt, phantasiert, vermutet und gefühlt haben. Nicht dadurch, dass sie sich auf eine Tradition oder einen weltumspannenden Apparat beriefen, sondern dadurch, dass in dem Glauben an diesen so besonderen Menschen mit seinem so einzigartigen Auftreten und seiner Perspektive auf die radikale Liebe Gottes Himmlisches und Irdisches neu verbunden wurden. Dieser Mensch war so außergewöhnlich, dass jene, die ihm nachfolgten, ihn für den Sohn Gottes hielten und halten. Genau darüber tauschten sie sich aus. Und sie wollten voneinander hören – na klar: Tradition gab es noch nicht und Selbstvergewisserung ist in einem solchen Fall auch nicht das Allerschlechteste, denn diese Menschen waren eine absolute Minderheit. Menschen, die in Kauf nahmen, dass alle anderen nur noch die Köpfe schüttelten. ‹Kirche› – ohne dass es so geheißen hätte – war von Anfang an das Zusammenkommen und der Austausch im Namen von und im Glauben an Jesus Christus. Kirche war ein Kommunikationsgeschehen. C'est ça.

Vielleicht schließt sich hier der Kreis zu den komplexen Kategorisierungen vom Anfang des Kapitels, denn in der Rückbesinnung auf den Ursprung liegen mitunter hilfreiche (Wieder-)Erkenntnisse. Kirche als Kommunikationsgeschehen, das ehrlich zwischen Menschen stattfindet und sich von der automatischen Distanz, die eine so übergroße Institution mit sich bringt, erst einmal frei macht.

Kirche war in ihren Ursprüngen ein gemeinsames Sprechen über den eigenen Glauben. Die Anfänge der christlichen Gemeinschaft – denn die ersten gut 300 Jahre galt das ‹Christentum› als kleine jüdische Sekte – waren geprägt von Austausch. Da ging es nicht um exklusive Formen, die vermeintlich ‹richtig› waren. Und vielleicht ist es ja ein hilfreicher Gedanke, Kirche (wieder) als Kommunikationsgeschehen zu verstehen, bei dem man zuallererst über den eigenen und den anderen Glauben und über Fragen und Zweifel miteinander ins Gespräch kommt.

92 Aber was passiert in Zukunft mit den beiden Kirchen? Was wird aus evangelisch und katholisch und der Ökumene – also der «Bemühungen um die Einheit aller getrennten Christen»[51]?

Ich vermute, dass beide Kirchen – angesichts der Prognosen – noch mehr zusammenrücken müssen. Und an vielen Stellen tun sie das auch schon. Natürlich noch immer langsam und noch immer mit einer verblüffenden Sturheit, aber hin und wieder gelingt das, was zum inoffiziellen Leitsatz dieser Bemühungen geworden ist: eine ‹versöhnte Verschiedenheit›. Ich glaube, dass das nicht ausreichen wird angesichts des Wandlungsprozesses, den beide Kirchen mitmachen, aber behalten wir diese Fragen mal als eine im Hinterkopf.

Erkenntnis des Tages:
Die Kirche gibt es nicht. Vielfalt ist wichtig – wahrscheinlich wichtiger denn je, denn nur in der Kombination aus Inhalten von und Zugängen zu Glaubensgeschichten, die wir im Kontext eines ganz individuell gestalteten Lebens anbieten, werden wir als Kirchen einen Platz in den Lebenswirklichkeiten der Menschen haben.

Kirche war (und wird) ein lebendiger Austausch, der Fragen ernst nimmt und von Menschen und Geschichten erzählt, die ähnliche Fragen auch schon hatten. Nicht, weil das absolute Antworten wären, sondern weil das unsere Kirchengeschichte(n) wieder kontextualisieren kann und das Gegenteil von Exklusivität macht – es schließt uns mit ein.

Und was ist Kirche, Glaube, Gott für Sie?

Was ist die Essenz von Kirche für Sie ganz persönlich? Und wenn Sie das für sich umrissen haben, kommen Sie doch darüber mal ins Gespräch mit jemandem. Denn: Kirche ist ein Kommunikationsgeschehen. **93**

GOTT UND DIE WELT

Auch wenn Gott immer schon da war, wie Christenmenschen auf der ganzen Welt glauben, sind Kirche und Religion nicht vom Himmel gefallen. Selbst wenn Kirche sich manchmal so verhält. Und natürlich existiert sie auch nicht im luftleeren Raum: Sie ist Kirche in der Welt, in der Gesellschaft, in den Leben und Lebenswelten ihrer Anhänger*innen. Und nur in diesen Zusammenhängen kann man sie auch verstehen. Auch wenn sie sich selbst manchmal nicht so versteht.

Wenn wir also gemeinsam herausfinden wollen, was bei den Kirchen los ist, müssen wir ihren Kontext betrachten – lapidar gesagt, auf Gott und die Welt schauen. Und dafür müssen wir verstehen, was das eigentlich für eine Welt ist – frei nach einem Song einer meiner Lieblingsbands, The Killers: «This is the world that we live in».

Wir richten unseren Blick auf Deutschland, um es nicht noch komplizierter zu machen. In der Soziologie, der Lehre von den Formen des Zusammenlebens der Menschen, gibt es viele unterschiedliche Bezeichnungen für die Zeit, in der wir gerade leben. Viele Theologen*innen, die sich auch mit diesem Thema beschäftigen, sprechen von unserer Zeit als der ‹Spätmoderne›, einer Zeit, die sich aus ganz unterschiedlichen Einflüssen speist. Zum einen sind wir immer noch an Aspekte der ‹Moderne› rückgebunden, die mit der Industrialisierung im 19. Jahrhundert begonnen hat. Zum anderen leben wir in großen Umbrüchen, die sich vom 19. und auch der ersten Hälfte des 20. Jahrhunderts fundamental unterscheiden. Die Spätmoderne startet – grob gesagt – in den 60er und 70er Jahren des vergangenen Jahrhunderts, und die 68er-Revolution spielt eine entscheidende Rolle.

Die Kirche tut sich in manchen Aspekten noch schwer, in der heutigen Zeit anzukommen. «In anderen Bereichen hat sie [...] auch frühmoderne Züge und entspricht dann eher der Gesellschaft des 19. Jahrhunderts. Dann finden sich aber auch noch Spuren der Vormoderne, in denen sich die Kirche z. B. seit dem Mittelalter nicht mit der Gesellschaft gewandelt hat. Darin zeigt sich schon, dass die Kirche geprägt ist von der Gesellschaft, aber nicht identisch mit ihr.»[52]

Die Feststellung, dass Kirche also immer noch viele Einflüsse aus unterschiedlichen Epochen in sich trägt, kann dabei helfen, Strukturen, Ansichten und Verhaltensmuster zu erklären, die sich manchmal im wahrsten Sinne des Wortes anfühlen ‹wie aus der Zeit gefallen›.

Für die Verhältnisgleichung von Kirche und Welt ist es hilfreich, nach Begriffen und Phänomenen zu suchen, die unsere Zeit auszeichnen. Zwei davon scheinen mir beispielhaft deutlich zu machen, wieso es in dieser angestaubten Liebesbeziehung eigentlich so unrund läuft: ‹Individualisierung› und ‹Pluralisierung›, zwei soziologische Kernbegriffe, die heute wichtig sind.

Unter dem Begriff der ‹Individualisierung› versteht man, dass es im Gegensatz zum Mittelalter nicht mehr klar vorgezeichnete Lebenswege gibt. Die vermeintlich freien Entscheidungen über wichtige Dinge im eigenen Leben sind zu Leitfragen der Lebensgestaltung geworden. Selbstbestimmung ist hier das Stichwort, das unsere Lebensführung ausmacht. Wo und mit wem will ich leben, wie will ich arbeiten, mich ernähren, welche Werte lebe ich? Über all die Parameter, die unser Leben ausmachen, entscheiden wir selber – zumindest theoretisch. Individualisierung ist eine Reaktion: Die zunehmende Komplexität von Gesellschaft findet Ausdruck in zunehmender Differenzierung. Und: Individualisierung ist historisch gewachsen. Schon an der Schwelle vom Hochmittelalter zur Neuzeit verloren sich diverse institutionelle Monopole. Ökonomische Macht und politische Herrschaft fielen vermehrt ebenso wenig zwingend zusammen, wie kirchliche Systeme und Erziehungsfragen. Traditionelle Strukturen brachen immer weiter auf. Somit konnte auch das eigene Leben auf einmal mehr sein, als nach alter Ständeordnung qua Geburt eigentlich vorgegeben war.[53] Sie wissen schon: Man kam eben nicht raus aus seinem Dorf.

Zwei kluge Denker sind für unseren speziellen Blick auf die ‹Individualisierung› wichtig: Ulrich Beck und Charles Taylor. Also: Ein kurzer Crashkurs.

Ulrich Beck war einer der bekanntesten Soziologen überhaupt und vor allem in großen Teilen seiner Arbeit mit der Aufklärung und Einordnung genau dieser Transformationsprozesse von Kontexten und individueller Sinndeutung beschäftigt. Sein Buch, aus dem der Begriff der ‹Risikogesellschaft›[54] stammt, wurde ein Weltbestseller. Beck nennt als wichtige Faktoren zur Begünstigung von Individualisierung die ‹Zunahme des Wohlstandes›, durch die das Konsumverhalten verändert und eine Pluralisierung der Lebensstile begünstigt wird. Ein weiterer Faktor ist der Begriff der ‹Mobilität›. Diese bezieht sich sowohl auf soziale als auch auf geographische Kontexte: Durch Mobilität kommen Menschen aus ererbten sozialen Kontexten heraus, weil eine Ausübung der jeweiligen Arbeit auch an anderen

Orten als den angestammten möglich ist. Menschen können also – theoretisch – arbeiten, wo sie wollen, weil es Autos und Verkehrsanbindungen gibt. Das hat natürlich große Auswirkungen, weil man nicht mehr zwangsweise an seinen Heimatort gebunden ist und an all die Menschen, die dort schon jahrein, jahraus denselben tradierten Kram machen. «Soziale Kreise, die bisher klassen- oder schichtspezifisch getrennt waren, vermischen sich. Eingefahrene Lebenswege und biographische Lebensplanungen werden durcheinandergewirbelt.»[55]

Als weiteren Faktor zur Individualisierung ist der Massenkonsum auch im Hinblick auf Bildung zu verstehen. Durch die Möglichkeit zur Bildung gibt es andere Aufstiegs- und Erfolgschancen. Auch dadurch können wir unserem eigenen Milieu entwachsen. Also: Lebensführung und Möglichkeiten sind generell vielfältiger geworden.

Beck sieht die Individualisierung allerdings ambivalent: Während sich bisher nicht gekannte Freiheitsspielräume und individuelle Lebensführung auftun, verschwinden tradierte Steuerungsmechanismen und Strukturen in einem radikalen Ausmaß. Er spricht deshalb von unseren heutigen Leben als ‹Bastel- und Bruchbiographien›, die unsere Generation mit sich herumträgt. Das können Sie ja einmal für sich selbst überprüfen: Wie viele Dinge, Entscheidungen, Anfänge, Abbrüche und Abgrenzungen von Ihrem Elternhaus und dem Weg, den Ihre Eltern sich eigentlich für Sie gewünscht hätten, tragen Sie mit sich herum?

Eine wichtige Unterscheidung muss an dieser Stelle noch erwähnt werden. Beck selbst schreibt, weil er immer wieder von Menschen missverstanden wurde: «Individualisierung muss klar unterschieden werden von Individualismus oder Egoismus. Während Individualismus gewöhnlich als eine persönliche Attitüde oder Präferenz verstanden wird, meint Individualisierung ein makrosoziologisches Phänomen, das sich möglicherweise – aber vielleicht eben auch nicht – in Einstellungsveränderungen individueller Personen niederschlägt. Das ist die Krux der Kontingenz: Es bleibt offen, wie die Individuen damit umgehen.»[56]

Nimmt man das Phänomen Individualisierung nun ernst, so muss man – zumindest kurz – auf den Philosophen Charles Taylor schauen. Taylor begreift Individualisierung als historisch bedingte, alles verändernde Schwelle: die letzten 50 Jahre seien vornehmlich geprägt durch eine «verbreitete Kultur der Authentizität, des expressiven Individualismus».[57] Er unterscheidet zwei Formen: den ökonomischen und den expressiven Individualismus.[58] Der ökonomische setzt einen – meist anstrengenden und langen – sozialen Lernprozess voraus, der nach großer persönlicher Entbehrung und dem Aufschieben der eigenen Wünsche irgendwann zu einem (oft auch finanziell) ‹verdienten› Lohn führt. Selbstverwirklichung des Einzelnen kann ausschließlich über Pflichtbewusstsein, Pünktlichkeit, großen Einsatz für übergeordnete Zwecke und harte Arbeit verdient werden. Der Weg ist steinig und hart, aber nach bestandener Prüfung erlangt man sozialen Aufstieg und Schritt für Schritt mehr ökonomische und soziale Anerkennung. Anders gesagt: Sie arbeiten sich 40 Jahre in einem Konzern hoch, haben am Ende ein Eckbüro mit zwei Fenstern und kriegen zum Abschied einen Kaktus. Ein Klassiker – im wahrsten Sinne des Wortes.

Die andere Form, der expressive Individualismus, definiert sich genau entgegengesetzt: Hierarchische Strukturen und sozialer Status durch Lebensalter und Erreichtem gibt es nicht. Hier sind die Hauptaufgaben Selbstverwirklichung und das Lösen der eigenen Persönlichkeit aus behindernden sozialen Zusammenhängen. Soziale Verpflichtungen werden ausschließlich so gewählt, wie sie dem eigenen Wohlbefinden zuträglich sind.

«Der Erwerb materieller Güter hat an Bedeutung verloren, an seine Stelle sind authentische Gefühle und sinnliche Erfahrungen getreten, die dem Individuum die ‹Freiheit› geben, sich frei von starren Rollenzwängen und individuellen Normen nach seinen eigenen Wünschen und Bedürfnissen zu definieren und so weit wie möglich über sein Leben selbst zu bestimmen.»[59]

Wir leben in Deutschland in der Spätmoderne und erleben das umstrittene Phänomen der Individualisierung; im Zuge dessen können wir – theoretisch – selbstbestimmter leben. Das klingt erst mal super, bringt aber ziemlich viele Unwegsamkeiten mit sich. Nicht nur für uns persönlich, sondern auch für die Art, wie Gesellschaft und traditionelle Großinstitutionen funktionieren.

Und genau an dieser Stelle kommt die Kirche ins Spiel.

Denn die Umdeutung des eigenen Lebens hat gravierende Auswirkung auf das Selbstverständnis der Beziehung zu Kirchen. Das gibt es nämlich nicht mehr. Dieses Verhältnis ist – wie alles andere auch – Gegenstand einer Wahl geworden. Ob man Kirchenmitglied ist und wenn ja, in welcher Frequenz und an welchen Veranstaltungen man teilnimmt, entscheidet man selbst. Man tut das, weil es plausibel oder sinnvoll erscheint, aber nicht, weil es selbstverständlich ist. Weil das aber in der Kirchengeschichte die längste Zeit anders war, fällt es den Kirchen mitunter irritierend schwer, sich dazu zu verhalten. Im Mittelalter hatte es die Kirche insofern leichter, als dass sie einfach bestimmen konnte, dass ihr alle angehörten, dass alle Kinder getauft wurden und alle Menschen sonntags im Gottesdienst zu sitzen hatten. Und wer sich nicht daran hielt, musste nicht nur mit bösen Blicken, sondern mit harten Konsequenzen und Strafen rechnen.

Ich heiße das auf keinen Fall gut, ich möchte nur die Diskrepanz in Bezug auf das Selbstverständnis deutlich machen. Und ich möchte zeigen, dass das ein Grund sein könnte, warum sich beide Kirchen lange so schwergetan haben, den Paradigmenwechsel nicht nur gesellschaftlich, sondern auch in Bezug auf sich selbst zu akzeptieren. «Dass Menschen selbst entscheiden, ob und wie sie an ihren Angeboten teilnehmen, wurde und wird gelegentlich auch heute noch kritisch gesehen. Dann besteht die Erwartung, alle Kirchenmitglieder sollten eigentlich jeden Sonntag in der Gemeinde, der sie angehören, zum Gottesdienst kommen und/oder an einem weiteren kirchlichen Angebot wöchentlich über Jahre hinweg teilnehmen.»[60]

So weit, so gut. Nun kommt der zweite wichtige soziologische Begriff ins Spiel: die ‹Pluralisierung›. Während der Begriff der Individualisierung sich auf die Menschen bezieht, hat die Pluralisierung mit der Gesellschaft an sich zu tun. Anders als beispielsweise im Mittelalter ist unsere Gesellschaft nämlich insofern plural geworden, als dass sie aus vielen unterschiedlichen Systemen und Angeboten besteht. Sehr viele unterschiedliche Systeme sind in unserer Gesellschaft relevant, ohne dass wir sie täglich bewusst im Blick hätten: Bildungs-, Gesundheits-, Steuer-, Wirtschafts-, politisches System usw.

Auch das verändert für die Kirche vieles. Früher hatte sie Einfluss auf all diese Systeme und bestimmte sie mit – oder sie war zumindest mit den tonangebenden Menschen eng verbunden und eine Art omnipräsentes Korrektiv. Das ist heute nicht mehr so: Heute ist die Kirche nur noch für das System Religion zuständig.

Natürlich muss ein so drastischer Machtverlust auch heute noch schmerzen und kränken und manchmal eben auch ratlos machen im Blick auf die eigene Relevanz. Und wenn wir ehrlich sind, ist Kirche nicht mal mehr allein für das System Religion zuständig, denn Pluralisierung beinhaltet natürlich auch religiöse Pluralität. Die beiden christlichen Geschwisterkirchen haben längst nicht mehr das alleinige Proprium an spirituellen Antwort- und Orientierungsmöglichkeiten[61], was mit der Vielfalt der Lebenszusammenhänge mit zunehmend multikulturellen -ethnischen und -religiösen Kontexten und den wachsenden und unterschiedlichen Sinndeutungsangeboten, die es durch die stetige Vernetzung auch in digitalen Kontexten gibt, zu tun hat. Pluralität betrifft alle Bereiche. Nichts ist mehr von vornherein und ohne Hinterfragen gültig. Es gibt nicht mehr eine Wahrheit, sondern viele. Nicht mehr ein ganzheitliches Konzept, sondern verschiedene Sinndeutungsperspektiven.[62] Das bedeutet auch, dass es keine einheitliche christliche Sozialisation gibt; Menschen wachsen schon seit einiger Zeit nicht mehr automatisch christlich auf.

«Die Spannbreite reicht dabei von einem völligen Fehlen jeder religiösen Sozialisation (in Ostdeutschland häufiger als in Westdeutschland, aber auch dort vorhanden) über diffuse christliche und andere religiöse Prägungen, liberal-religiöse Sozialisationen in allen Variationen bis hin zu fundamentalistischen Formen von Religion.»[63]

Ob (junge) Menschen überhaupt in irgendeiner Form Erfahrungen mit Religion, religiösen Motiven und Geschichten machen, ist also nicht vorauszusetzen. Und aus diesem Grund lassen sich keine klassischen kategorialen Einteilungen mehr vornehmen. Menschen sind nicht mehr auskunftsfähig, was ‹christlich›, ‹religiös›, ‹kirchennah›, ‹kirchenfern› eigentlich heißt.

Kurzum: Man kann einfach nicht mehr davon ausgehen, dass es einheitliche religiöse Erziehung und Bindung an die vielfältigen religiösen Systeme gibt. Was man braucht, entscheidet man selbst. Wo man sich das holt, eben auch.

Auf diesen Flickenteppich aus Angebot, Sehnsucht und Befriedigung stellt sich die Kirche nur langsam ein; weil sie traditionell auf Lebensentwürfe und -kontexte ausgerichtet war, die klassischeren Lebenswegen gefolgt sind – es gab ja auch nichts anderes. Das wird angesichts der traditionellen Amtshandlungen deutlich: Taufe, Kommunion, Firmung, Konfirmation, Trauung und Bestattung hatten früher in der Regel Auswirkungen auf das gesamte Leben. Heute sind sie weder selbstverständlich, noch bestimmen sie zwangsweise den Rest des Lebens. Das heißt aber nicht, dass nicht viele Kirchen bemüht wären, neue Formate zu finden, die individualisierten Leben eher entsprechen. «Die sogenannten ‹neuen› Kasualien wie Rituale zur Trennung von Paaren, Segnung homosexueller Paare, aber auch Gottesdienste zum Übergang in den (flexiblen) Ruhestand signalisieren ein Umdenken, ebenso kirchliche Angebote, die anderen Lebenswegen folgen wie beispielsweise Single-Arbeit, Vater-Kind-Freizeiten oder Projekte für die ‹jungen Alten›.»[64]

Doch die (Wahl-)Freiheit, die sich im Zuge der Individualisierung ergibt, bringt auch Schwierigkeiten mit sich. Individualisierung ist Leitbild, Ideal und gesellschaftliche Realität gleichermaßen. Das heißt im Gegenzug, dass die dadurch erlangte Freiheit uns manchmal geradezu unfrei macht. Wahlfreiheit kann auch zu einem Zwang zur Wahl führen und damit überfordern und belasten.

Pluralisierung bedeutet auch, dass es nicht den einen allgemeingültigen Sinn im Leben gibt, der sich durch allgemeingültige Normen konstituiert. Es gibt keinen gesellschaftlichen Konsens mehr darüber, wie ein gelingendes Leben aussieht. Und weil im Kontext von Pluralisierung und Individualisierung traditionelle sinnstiftende und ordnende Organe normativ fehlen und wir in einer Zeit leben, in der wir gerade all diesen Institutionen misstrauisch gegenüberstehen, lässt sich beobachten, dass Menschen wieder feste Strukturen suchen. Natürlich in ganz unterschiedlichen Formen, von denen die beängstigendste für mich die Renaissance des Rechtspopulismus ist. Aber den Wunsch nach (temporären) Strukturen gibt es auch im Feld von Kirche und Religion. Zum Beispiel, wenn Menschen für eine gewisse Zeit ins Kloster gehen.

Trotz aller Individualisierung purzeln wir aber natürlich nicht unvoreingenommen durch unser Leben: Zwar können wir durch die meist vorhandene Mobilität theoretisch den Ort wechseln und zur Arbeit pendeln, trotzdem sind wir geprägt durch die Familie und Umgebung, in die wir hineingeboren werden. Wir sind durch unsere Eltern in unserem Denken beeinflusst, sind sozialisiert durch Milieu und Strukturen. Und es wäre eine geradezu lächerliche Lüge, würden wir behaupten, im Kontext der Individualisierung wären männliche Weiße nicht mit Abstand immer noch die privilegiertesten Menschen überhaupt.

Was haben all diese Beobachtungen nun mit dem Titel dieses Kapitels zu tun?

Kirche lernt nur sehr langsam, sich auf die sich verändernden Lebensentwürfe einzustellen. Das liegt an der eigenen Kirchengeschichte, dem Monopol, dem Einfluss auf unterschiedliche, ordnende Systeme – aber genauso daran, dass kirchliche Verwaltung und Selbstdefinition von gemeindlichen Strukturen nicht darauf ausgerichtet ist, dass Menschen heute mobiler sind und fast ausschließlich Inhalte und Angebote wählen, die sie in irgendeiner Form ‹voranbringen›. Menschen sind nicht mehr an ihre Ortsgemeinde gebunden, sondern suchen sich das aus, was sie mögen, an Orten, die sie bereichernd finden.

Dazu kommt, dass viele Menschen zunehmend keine oder nur noch geringe religiöse Sozialisation erfahren und schlichtweg keinen Zugang dazu haben – im doppelten Sinne: inhaltlich und überliefert.

Kirche ist also in einer schwierigen, aber nicht hoffnungslosen Lage, was ihre momentane Position in dieser Welt angeht. Denn sie hat zwar nicht mehr das Monopol für Sinndeutung inne, aber durch die veränderten Umstände auch eine wunderbare Möglichkeit, ihre eigenen Geschichten, ihre Ansichten, ihre Botschaft und Formen selbst neu zu entdecken. Und das ist dringend notwendig, denn es gibt in diesem Land ein großes Bedürfnis nach Sinndeutung und Orientierung. Menschen sind auf der Suche – auch wenn das an dieser Stelle recht pauschal formuliert ist.[65] Die Renaissance einer (spirituellen) Sinnsuche, die ganz neu und frisch auf alte Traditionen zurückgreift, lässt sich jedoch vor allem darin erkennen, dass auch klassische christliche Glaubenspraxen – neben ganz anderen religiösen Traditionen – wiederentdeckt werden und viel mediale Aufmerksamkeit bekommen. Es wäre ein Fehler, die Wirkmacht und den mitunter inspirierenden und zur Nachahmung anregenden Effekt eines Hape Kerkeling[66], der auf dem Jakobsweg pilgert und seine Erfahrungen dazu als Bestseller den Menschen nahebringt, nicht ernst zu nehmen. Genau in solchen Erfolgsgeschichten besteht die Möglichkeit für einen Neukontakt zu alten Traditionen. Die jüngere Generation geht – auch aus Gründen von Pluralisierung und Subjektivität – gelassener mit Traditionen um und sieht in ihnen, wie in vielem anderen, mögliche Orientierung und Sinndeutung. Denn dass es eine Sehnsucht nach Sinndeutung gibt, liegt im Umkehrschluss auch an Pluralisierung und Subjektivität, an Lebenskonstrukten im Umbruch, an Unsicherheiten und Verunsicherungen, die in alle Richtungen ganz unterschiedliche – mitunter auch extreme – Angebote mit sich bringen.

Die Erkenntnis, dass religiöse Traditionen durchaus wieder auf Interesse stoßen und Menschen berühren, begeistern und erreichen können, wenn sie es schaffen, sie in ihren Lebenskonstrukten, -ängsten, -gewohnheiten, -fragen und -unsicherheiten zu erreichen und dafür Formen zu finden, die einen wie auch immer gearteten ‹Nutzen› haben, kann religionspädagogischem Arbeiten einen neuen, inspirierenden Impuls geben.

Die kluge Theologin Silke Leonhard macht aus der Not eine Tugend: Während alle Welt in Bezug auf Kirche von einem ‹Traditionsabbruch› spricht, dreht sie das Ganze als eine Art Selbstverpflichtung um, die in die Welt strahlt. Sie spricht von einen ‹Traditionsaufbruch›. Und das erscheint mir eine wichtige und auch Mut machende Perspektive.

Erkenntnis des Tages:
Wir leben in einer spätmodernen, pluralen und individualisierten Welt. Kirche muss damit umgehen lernen. Das ist zwar im ersten Anlauf schwierig, weil es keine Selbstverständlichkeiten mehr gibt und Kirche nicht mehr in allen Systemen mitmischen kann, aber es birgt auch viele Möglichkeiten, sich selbst neu ins Gespräch zu bringen und kennenlernen zu lassen. Denn viele Menschen haben von Haus aus nichts mit Kirche zu tun. Also: Aus der Not eine Tugend machen, Kirche!

DER GOTT DER VERWALTUNG

Gott liebt Bürokratie.

Das weiß ich natürlich nicht genau. Aber diesen Eindruck könnte man zumindest bekommen, wenn man sich ihre Zweigstellen auf der Erde anschaut, denn – zumindest das ist sicher: Kirche liebt Verwaltung.

Kirche ist wie eine Behörde: ein komplexer und verwirrender Verwaltungsapparat, in dem alles seine Ordnung haben muss.

Und eigentlich wollte ich in diesem Kapitel darüber schimpfen. Aber: Irgendwie verstehe ich die Notwendigkeit dieser Struktur auch, und mir tut es ein wenig für die Menschen leid, die in solchen Systemen arbeiten, weil sie immer den Zorn all derer auf sich ziehen, die gerne übersprungsartig alles auf den Kopf stellen wollen. Solcher, die vollmundig mit Thesen und subjektiven Erfahrungsberichten um sich werfen und glauben, innovativ dabei zu sein. Also Menschen wie mich.

Denn so wichtig es ist, Kirche als Kommunikationsgeschehen zu verstehen, so sehr muss man auch anerkennen, dass die Geschwisterkirchen Großunternehmen und vor allem Arbeitgeber sind und auf Verwaltung, Rechtsabteilung, Hierarchie angewiesen sind.

Kurz: Kirchen sind überkomplexe Strukturgebilde, in denen

echte Menschen arbeiten, die in irgendeiner Form auch noch mit dem Containerbegriff ‹Glauben› umgehen müssen. Traumjob.

Um die Notwendigkeit zu verdeutlichen: Allein in der EKD, der Evangelischen Kirche in Deutschland, sind «etwa 241 000 Menschen [...] beschäftigt. Ihre Tätigkeitsfelder sind vielfältig. Jugendmitarbeiterinnen und -mitarbeiter, Küsterinnen und Küster, Kirchenmusikerinnen und -musiker, Bürokräfte, das Personal von Kindertagesstätten und andere Berufsgruppen bilden gemeinsam mit den Pfarrerinnen und Pfarrern ein buntes Team. Dabei nimmt sich die Zahl der Theologinnen und Theologen mit 21 000 eher bescheiden aus.»[67] Auf katholischer Seite sind es noch viel mehr: «Die katholische Kirche beschäftigt hauptamtlich rund 797 000 Menschen – davon circa 180 000 in der verfassten Kirche und den Verbänden sowie mehrere Hunderttausend bei der Caritas. [...] Damit sind die katholische und evangelische Kirche in Deutschland der zweitgrößte Arbeitgeber nach dem öffentlichen Dienst.»[68]

Mir war trotz meiner Mitgliedschaft in einer Kirche nicht klar, wie unglaublich viele Menschen eigentlich dafür arbeiten.

Und es steht außer Frage, dass diese Institutionen Verwaltungsstrukturen brauchen.

Warum ich trotzdem einmal auf den übergeordneten Organisationsapparat schauen möchte, liegt an verschiedenen Erfahrungen, die ich in den letzten Jahren gemacht habe. Und auch an der Tatsache, dass die Zahlen und Mitgliederprognosen nun mal sind, wie sie eben sind – und das auch eine Auswirkung auf oder Ursache in Strukturen haben kann.

DAS KREUZ MIT DER ZUGEHÖRIGKEIT

Ein kleines Gedankenspiel:
Sind Sie Christ*in?

Woran machen Sie das fest?
Sind Sie getauft?
Sind Sie Mitglied in einer Kirche?
Wenn ja: Wissen Sie, in welcher?
Zahlen Sie Kirchensteuer, wenn Sie Christ*in sind?
Oder wenn Sie in einer Kirche sind?
Egal in welcher – in beiden gleich viel?
Sind Sie ausgetreten, weil Ihnen das zu viel war?
Wenn Sie getauft wurden, Mitglied in einer Kirche waren
und dann wieder ausgetreten sind, sind Sie dann immer
noch Christ*in?

Konnten Sie diese Fragen beantworten? Wenn ja, wissen Sie wesentlich mehr als die meisten Menschen – inklusive mir. Denn die Frage nach Zugehörigkeit ist ganz einfach und zugleich wahnsinnig kompliziert.

Zum Thema Zugehörigkeit habe ich ein schönes Beispiel: Ein junges, unglaubliches nettes Elternpaar war zu Gast auf einer Taufe, die ich gemacht habe. Die Taufe fand in der Kirche statt, in der ich arbeite, und weil ich eng mit der Tauffamilie befreundet bin, war es auch nicht so wild, dass die Familie eigentlich nicht zu unserem Gemeindegebiet gehört. Nun war eine andere Familie, die dort zu Gast war, von dem gesamten Taufgottesdienst und der Atmosphäre berührt und erinnerte sich dadurch wieder daran, dass sie es schön fänden, wenn auch ihr Sohn getauft werden würde.

So weit, so gut – wir müssten uns als Institution eigentlich freuen, dass ein Kind getauft werden soll. Und theoretisch freut sich die Kirche auch darüber, nur in der Praxis begannen jetzt die Probleme erst – weil die Strukturen für Fälle wie diesen eigentlich nicht ausgelegt sind. Denn: Beide Eltern waren aus der Kirche ausgetreten – der Vater war vorher katholisch, die Mutter evangelisch.

Zweites Problem: Die Eltern wollten gerne, dass ich ihren Sohn taufe, lebten aber selbst in Berlin. Das machte es noch schwieriger, und das lag nicht an den Berliner Kolleginnen und Kollegen, sondern an den ‹parochialen Strukturen›.

Die Evangelische Kirche in Deutschland ist sehr differenziert und komplex aufgeteilt. Kirchliches Handeln findet auf Gemeindeebene, auf Kirchenkreisebene, auf landeskirchlicher und auf Bundesebene statt. Man kann also nicht einfach den Wunsch äußern, dazuzugehören – zumindest nicht, wenn man möchte, dass ein anderer Mensch als die Pastorin oder der Pastor der Gemeinde, in der man wohnt, die Zeremonie durchführt.

Denn dieser Gemeinde wird man automatisch zugeordnet – das ist die parochiale Struktur. In diesem Fall war ich nicht der ‹Wohnort-Pastor›, die beiden waren nicht mehr in ihrer jeweiligen Kirche (aber beide getauft) und wollten das Ganze auch noch unter freiem Himmel im Gemeindegebiet einer Kirchengemeinde feiern, die nicht ihre Wohnortgemeinde ist.

Mir rauchte natürlich der Kopf, und die erste Reaktion war: Das geht nicht.

Derartige Sonderfälle sind in der Verwaltung zwar nicht vorgesehen, aber auch nicht explizit untersagt.[69] So oder so bedeuten sie einen enormen Aufwand: Zunächst ist das Büro der Wohnortgemeinde dafür verantwortlich, dass der ‹Vollzug› (so heißt es wirklich) in die offizielle Datenbank eingetragen wird. Erst danach kann man sich ‹umgemeinden› lassen, wie es in der Fachsprache heißt, denn in Deutschland herrscht freie Gemeindewahl. Und weil dieser Behördenweg zwar nachvollziehbar, aber für alle Seiten nicht besonders einladend ist, war die Tauffamilie, nachdem sie von Ansprechpartner zu Ansprechpartner gelaufen war, kurz davor, das ganze Unterfangen wieder aufzugeben. Und ich kann das verstehen: Da entscheidet man sich dafür, weil man nach eigener enttäuschender Erfahrung eine schöne Begegnung mit Kirche hat, das eigene Kind taufen zu lassen, und scheitert an bürokratischen Vollzugsmustern.

Das konnte ich – Dickkopf, der ich bin – leider nicht hinnehmen. Denn genau an diesem Punkt, den ich schon häufiger erlebt habe, glaube ich, dass die Art und Weise, wie Menschen sich zugehörig fühlen oder auch ‹Mitglieder› werden können, nicht besonders zukunftsweisend ist. Wenn die parochiale Zuständigkeit verhindert, dass Menschen, die dazugehören möchten, das auch ohne größere Schwierigkeiten können, dann haben wir als Kirche ein Problem.

Die Geschichte ging in diesem Fall gut aus – das lag nicht nur an meinem Dickkopf, sondern vor allem an den Kolleginnen und Kollegen aus Berlin, die dieses Problem schon kannten und meiner Meinung waren. Also telefonierten wir unzählige Male miteinander, die Gemeindebüros sprachen sich miteinander ab, klärten, wer welche Urkunden wofür ausstellt und wer wen wo in welche Datenbanken einträgt – es muss ja alles seine Richtigkeit haben.

Aus drei Gründen hat sich dieser Mehraufwand in meinen Augen trotzdem gelohnt: Erstens wurde ein Kind getauft, und das reicht als Grund schon. Zweitens tat es wirklich gut zu sehen, dass sich alle beteiligten Kolleginnen und Kollegen darauf einließen und wir alle nach einigen herzlichen Gesprächen im selben Boot saßen, zumal wir alle das Gefühl hatten, dass solche Situationen in Zukunft eher zu- als abnehmen.

Und drittens: Diese Taufe hätte nicht schöner und liebevoller sein können. Unter freiem Himmel am Spreeufer, mit einem riesigen, von der Mutter gebastelten Kreuz aus Blumen. Mit wunderschöner Musik von Bach bis Gisbert zu Knyphausen, 20 Kindern, die mir assistierten, und so vielen Menschen, die Kirche und Gottesdienst nur durch die Taufe eines kleinen Jungen mal wieder positiv und berührend wahrnahmen.

Also Ende gut, alles gut? Jein.

Hätte es das Ganze nicht erleichtert, wenn ein Elternteil wieder in die Kirche eingetreten wäre? Ja, absolut. Denn zumindest in der evangelischen Kirche ist reguläre Voraussetzung, dass mindestens ein Elternteil in der Kirche ist. Dazu wird noch festgehalten, dass auch mindestens einer der Menschen, die das Patenamt übernehmen sollen, in der Kirche ist. Die Begründung dafür ist – theoretisch – schlüssig: Das soll gewährleisten, dass der Täufling später tatsächlich «im christlichen Glauben»[70] aufwächst und erzogen wird. Ergibt ja auch Sinn.

Trotzdem war diese Geschichte nach etlichen Telefonaten für mich zu einer Prinzipienfrage avanciert. Denn ich glaube wirklich, dass wir – auch im Angesicht der Mitgliederprognosen – die Frage von Zugehörigkeit neu denken müssen und sich aus dieser Geschichte viele Fragen für die Zukunft ergeben. Fragen, die wichtig sind, wenn es um Zugehörigkeit, Verwaltung, Service und Erreichbarkeit geht. Dabei wäre es viel zu einfach, an dieser Stelle nur über die bürokratischen Abläufe zu schimpfen. Und natürlich gibt es eine Korrelation zwischen Verwaltungsstrukturen, Zugehörigkeit, Geld und Ressourcen: Vorhin hatte ich schon erwähnt, dass sich beide Kirchen in verschiedene Ebenen unterteilen: Auf katholischer Seite beispielsweise in (Erz-)Bistum, Jurisdiktionsbereiche, Pfarreien. Bei den Evangelen in Landeskirchen, Kirchenkreise und Gemeinden. Um es kurz zu machen: Wer wozu gehört und dort auch gemeldet ist, hat eine direkte Auswirkung auf Verteilung von Geld und Ressourcen, denn je mehr Menschen zu einer Gemeinde gehören, desto mehr Anrecht auf Pfarrstellen hat diese – dafür gibt es einen Zahlenschlüssel.

Vor dem Hintergrund dieser inneren Logik kann man auch die erste Reaktion auf die außergewöhnliche Anfrage der Tauffamilie verstehen: Dass jemand die Taufe macht, kostet Geld (außer in meinem Fall, ich bin Vikar im Ehrenamt). Dass die getauften Menschen dann zu einer bestimmten Gemeinde gehören, hat Auswirkungen auf die finanziellen Mittel, die diese dadurch zugeschrieben bekommt. Das ist in sich absolut schlüssig und offenbart trotzdem ein Problem. Und darüber denken in beiden Kirchen kluge Menschen nach, denn Mitgliederbindung und Zugehörigkeit sind Themen, die bei allen oben auf dem Stapel liegen.

Insbesondere weil die Elemente, für die Kirche traditionellerweise zuständig war, mittlerweile auf dem Markt der Möglichkeiten gelandet sind. Heiraten? Können Sie auch bei anderen Anbietern. Beerdigungen? Na klar. Initiationshandlungen? Aber sicher. Natürlich wird es mit einer klassischen Taufe, die die Aufnahme in eine der beiden verfassten Kirchen zur Folge hat, schwierig – aber Schwellenrituale für Gruppenzugehörigkeit gibt es auch von anderen Anbietern.[71] Das wissen beide Kirchen, und ich habe das neulich bei einer surrealen Begegnung am eigenen Leib erlebt:

Ich war als Theologe auf einer Hochzeitsmesse eingeladen – standesgemäß in einer prallgefüllten und lebensverachtenden Messehalle. Alles daran war für mich furchtbar, aber dafür konnte die Messe nichts. Nur leider triggerte dieses Event auf ganz unterschiedlichen Ebenen Dinge in mir, die sich irgendwie nicht gut anfühlten. Zum einen kamen die paar Phobien, die ich mit mir rumtrage, dort alle zusammen: Ich hasse geschlossene Räume, bin fast schon absurd frischluftfanatisch und lichtabhängig. Ich kann Menschenmengen schwer ertragen und finde anbiedernde Marktschreierei, die, wie man so schön sagt, ‹abverkauft›, auch eher unangenehm. Perfekte Voraussetzungen für einen Wohlfühlvormittag: Herzlich willkommen auf der Hochzeitsmesse.

Der ‹Stand der Kirchen› wurde von den beiden Geschwisterkirchen gemeinsam gestaltet, und die Verantwortlichen hatten sich redlich bemüht – mit virtuellen Kirchenrundgängen in der favorisierten Location des frohen Festes und einer Art Wunschbaum, den ich nicht verstand. Egal. Drei Dinge wurden dabei sehr schnell klar – zumindest mir, und mit dieser Erkenntnis war ich spät dran, befürchte ich:

1. Die Konkurrenz ist übergroß, was freie Trauungen und ganz generell freie – nennen wir es mal – ‹Lebensfeste› angeht. Die beiden Kirchen sind natürlich längst nicht mehr die einzigen Anbieter, das Feld ist gut bestellt, und die anderen Institutionen bieten sehr viel klarere Pakete an, die keine komplizierten Mitgliedschaften, Taufen und sonstige Voraussetzungen erfordern – klassische Dienstleister. Man bucht ein Angebot seiner Wahl und kriegt alles vermittelt, was man wahrscheinlich noch braucht: Fotografinnen, Musiker für die Zeremonie und am besten noch einen DJ und eine mobile Bar. Tippitoppi – alles dabei. Und weil die Berufsbezeichnung ‹Pastor› kein geschützter Begriff ist, kann man einen ‹Pastor› oder eine ‹Pastorin› einfach einkaufen.

2. Kirche hat – so fühlte es sich auf dieser Messe an – für das Thema Hochzeit einen viel geringeren Stellenwert, als ich dachte. Und mit dieser Erkenntnis bin ich wahrscheinlich genauso spät dran wie meine Kirche.

Wir sind längst nicht mehr ‹Marktführer›, um mal in dieser Terminologie zu bleiben – auch wenn wir mit unserer Restarroganz noch immer davon ausgehen. Ich kenne diese Attitüde von mir selbst, aus der Zeit meiner ersten Traugespräche: Die wollen doch etwas von mir! Stimmt natürlich nicht – wir wollen alle, hoffentlich, etwas voneinander.

Dass wir für solche Lebensstationen nicht mehr so wichtig sind, wurde mir nachhaltig klar, als ich eingeklemmt zwischen einem Stand für Hochzeitsluxuslimousinen, einem für handgemachte, teure Pralinen und einem für diverse Champagnersorten versuchte, mit Menschen ins Gespräch zu kommen. Kirche zwischen den Welten und in der Welt – es ist gut, das mal auf diese Weise zu erfahren. Und ja: Am letztgenannten Stand verbrachte ich meine Pausen.

3. Auch hier wird wieder deutlich, dass Kirche Kommunikation ist. In den beiden Stunden, in denen ich Menschen ansprach, interessierten sich ungefähr 14 Paare ganz konkret für eine Trauung bei mir. Das liegt nicht an mir, sondern daran, dass diese Menschen sonst nicht von ihrer Kirche angesprochen wurden, und das meine ich nicht mal im philosophischen und übertragenen Sinne, sondern ganz wörtlich: Diese Menschen hatten – bis auf ein (!) Paar – keinen Kontakt zu ihrer Kirche, obwohl sie Mitglieder waren. Obwohl sie in Gemeinden wohnten, Kirchensteuern zahlten und – in irritierend unregelmäßigen Abständen – Gemeindebriefe erhielten. Niemand hatte sie angesprochen, und sie fühlten sich auch von nichts angesprochen, was da in ‹ihrer› Gemeinde angeboten wurde. Niemand war mit ihnen in Kontakt. Und nur, weil ich auf

dieser Hochzeitsmesse auf sie zuging und wissen wollte, ob sie ‹Fragen zur kirchlichen Trauung› hätten, nur weil ich mit ihnen über ihre Wünsche und Zweifel sprach, gab es überraschend viele konkrete Trauanfragen. Leider mit dem Folgeproblem, dass diese Menschen nun auch konkret von ihrer Ansprechperson getraut werden wollten. Darauf ist aber leider, Sie ahnen es, die kirchliche Verwaltung nicht ausgelegt, weil die ‹pariochale Struktur› auf der einen und häufig auch das Selbstverständnis von Pastoren und Pastorinnen als ‹Hausherren*innen› auf der anderen Seite das nicht möglich machen. Ein klassisches Dilemma.

So klar mir durch viele dieser Begegnungen wurde, dass es überraschend einfach ist, mit Menschen ins Gespräch zu kommen, so klar wurde mir auch, dass es Grenzen dessen gibt, was miteinander zu verhandeln ist. Ich fordere keinesfalls, dass Kirchen um jeden Preis alles mitmachen müssen, nur um noch einen kleinen Platz im Leben derer zu finden, die eigentlich nichts mit ihr zu tun haben wollen. Denn manchmal passt es auch einfach nicht zusammen – das bewies mir meine absurdeste Begegnung auf besagter Hochzeitsmesse: Ein fast schon entrückt aussehendes Paar flanierte demonstrativ langsam an unserem gemischten Kirchenstand vorbei und wollte ganz offensichtlich angesprochen werden. Das tat ich also, und auf meinen Standardspruch, ob sie ‹Fragen zur kirchlichen Trauung› hätten, antworteten sie mir: «Jaja, wir wollen das.» Es entspann sich ein filmreifer Dialog, in dem alles von Antwort zu Antwort schlimmer wurde.

«Ach, wie schön! Ist jemand von euch in der Kirche?»

«Äh, nein, wieso?»

«Alles klar – ist jemand von euch getauft?»

«Äh, nein, wieso?»

«Habt ihr von Haus aus eine Verbindung zur Kirche?»

«Nö ...»

«Okay, hat jemand von euch beiden irgendeine Form von Glauben oder eine Beziehung zu Gott, ist irgendwie religiös oder möchte darüber ins Gespräch kommen?»

«Nein – wieso denn auch?»

«Wieso wollt ihr dann in der Kirche heiraten?»

«Weil meine Frau so ein wahnsinnig teures Kleid hat und der Gang da so schön lang ist. Dann sehen sie alle möglichst lange, wenn sie einzieht.»

Wow.

Lassen Sie mich erklären, worin der Unterschied zur Taufepisode vom Beginn des Kapitels liegt. Nicht nur, dass die Taufe wunderschön war, das ‹Traugespräch› hingegen unglaublich skurril – vielmehr geht es in beiden Anfragen um die Art, wie wir als Institution zukünftig auf die unterschiedlichen Anforderungen reagieren wollen, die Menschen an uns haben. Denn ja: Natürlich können wir nicht ‹alles› machen – wir hätten dann gar keinen Inhalt mehr, der das Gefühl von Zugehörigkeit noch definieren könnte. Außerdem wäre das angesichts der momentanen Struktur und der Ressourcen gar nicht zu leisten. Der Unterschied liegt vielmehr in dem, was diese Menschen eigentlich suchten, denn aus finanziellen und ressourcenorientierten Gesichtspunkten waren beide Fälle – rein rechnerisch – Minusgeschäfte, zumal keiner der Beteiligten Kirchensteuern zahlte.

Die Eltern des Täuflings suchten ganz spezifisch das Ritual, den Segen, die Zugehörigkeit zur Gemeinschaft, letztlich eine Wiederentdeckung ihres eigenen Glaubens.

Die beiden liebenswert verstrahlten Turteltauben suchten

nur einen Raum mit langem Gang, um das Brautkleid zu präsentieren – mit Interesse an Kirche, Gott oder Glaube hatte das nichts zu tun.

Die Beschäftigung mit Mitgliederstrukturen, -wünschen und Zugehörigkeitsmarkern ist nicht dem aktuellen Zeitgeist geschuldet. Sie ist nur durch die Projektion 2060 und die aktuellen Zahlen wieder präsent und dringlich geworden. Dabei sind viele der Herausforderungen, denen wir heute im öffentlichen Diskurs und in der Selbstwahrnehmung begegnen, eigentlich immer schon oder immer wieder da. In der evangelischen Kirche gibt es schon seit 1972, also seit den Auswirkungen der 68er, im Zehnjahresturnus immer wieder Befragungen von Menschen, die dazugehören oder ausgetreten sind, in Bezug darauf, wie sie sich selbst im Kontext der Kirche verorten würden.[72] Dabei wurden verschiedene Kategorien definiert, von denen drei für unsere Überlegungen hilfreich sind: die ‹Kirchentreuen›, die ‹Kirchenfremden› und die Gruppe der ‹Halbdistanzierten›. Das Spannende an solchen Befragungen ist, dass die Zahl der ‹Kirchentreuen› verhältnismäßig klein ist.[73] «Sie leben ihre Kirchenmitgliedschaft auf eine Weise, die sie von den anderen Gruppen deutlich unterscheidet. Die meisten in dieser Gruppe sind bereits als Kinder religiös geprägt worden. Unter ihnen sind erwartungsgemäß besonders viele ältere Menschen. Erwartungsgemäß gehen diese Kirchenmitglieder besonders häufig zum Gottesdienst, allerdings sind dies auch nicht alle: Von den ‹sehr› und den ‹ziemlich Verbundenen› gilt das für 51 %.»[74] Diese Gruppe – so klein sie auch sein mag – entspricht am ehesten den traditionellen kirchlichen Erwartungen. Diese Menschen gehen regelmäßig zu den Gottesdiensten, haben enge Verbindungen zu den pastoralen Personen, arbeiten bei Gemeindefesten und der Gemeinschaftspflege mit. Auf diese Gruppe, die zahlen-

mäßig nur ungefähr ein Fünftel ausmacht, richtet sich ein Großteil des generellen Angebots von Kirchengemeinden und auch
ein «Großteil der Arbeitszeit der Pfarrerinnen und Pfarrer»[75].

Die Gruppe der ‹Kirchenfremden› bezeichnet die Menschen, die noch in der Kirche, aber eigentlich gar nicht oder nur
schwach mit ihr verbunden sind. Diese Gruppe macht circa ein
Viertel der Kirchenmitglieder aus – eine ganze Menge. Diese
Menschen sehen sich selbst häufig in ‹kritischer Distanz zur
Kirche› und sind trotzdem nicht selten von ihr enttäuscht; eine
interessante Mischung. Viele von ihnen würden auf die Frage,
die der Titel dieses Buches stellt, antworten, dass sie (mittlerweile) zwischen christlichem Glauben und Kirche trennen, aber
vom Christentum (noch) etwas erwarten und der Kirche eine
Restchance geben. Diese nicht genauer bestimmten Erwartungen löst die Kirche aber derzeit nicht ein. «Insofern ist es bemerkenswert, dass sie die Kirche dennoch unterstützen, obwohl sie
sie nicht in Anspruch nehmen. Ohne diese Mitglieder stünde die
Kirche wesentlich schlechter dar.»[76]

Die Gruppe der ‹Halbdistanzierten› ist eigentlich erst durch
die Mitgliedschaftsuntersuchungen ins Bewusstsein der Kirche
gerückt. Sie verstehen sich meist mit großer Selbstverständlichkeit als Kirchenmitglieder, und ein Austritt steht nicht zur
Debatte. Dabei nutzen sie nur sporadisch Dinge, die in ‹ihrer›
Kirche angeboten werden. Häufig möchten sie Amtshandlungen in Anspruch nehmen, sind familiär kirchlich geprägt («Man
macht das halt so in meiner Familie»), finden, dass Kirche wichtige ethische Werte vertritt und schätzen die diakonischen Aufgaben. Diese Gruppe nimmt nur gelegentlich an kirchlichen
Veranstaltungen teil und hat keinen regelmäßigen Kontakt
zur Gemeinde, deren Mitgliedern oder den Pfarrer*innen. «Sie
stimmen mit den christlichen Inhalten im Großen und Ganzen
überein, ohne sich zu allen theologischen Aussagen dezidiert zu

bekennen. Sie üben nur wenig Kritik an der Institution und fühlen sich selbstverständlich als Mitglied in ihr, ohne ihre Haltung oder ihr Verhalten gegenüber der Kirche als Problem wahrzunehmen.»[77]

In diesem Verhalten findet das statt, was man klassischerweise ‹volkskirchlich› bezeichnet: eine Kirche, in der man selbstverständlich Mitglied sein kann und die man finanziell und ideell unterstützt, ohne sich persönlich zu engagieren.

Spannend an diesen Untersuchungen ist, dass es eine bemerkenswerte Diskrepanz zwischen Zugehörigkeit, Angebot und Selbstvorstellung gibt: Die Mehrzahl der Kirchenmitglieder nimmt «anders am kirchlichen Leben teil, als es den theologischen und kirchlichen Erwartungen (sowohl der hauptamtlich Tätigen als auch der kirchennahen Mitglieder) entspricht»[78]. Das ist überraschend und vielleicht auch ein bisschen irritierend. Ebenso verwunderlich ist die Tatsache, dass in der Verhältnisgleichung von aufgewandter Energie und Ressource und den tatsächlichen Empfängern ein solches Ungleichgewicht herrscht.

Die Untersuchungen zu den Mitgliedschaften beziehen noch viel mehr Faktoren mit ein: Demographische Strukturen und Zugehörigkeitsmerkmale in Ost und West werden genau beleuchtet, weil die Kirche zu Zeiten der DDR einen besonders schwierigen und anstößigen Status im ehemaligen Osten hatte. Die Frage nach Altersstrukturen der Befragten ist hochinteressant, und selbstverständlich werden die unterschiedlichen Milieus beleuchtet, in denen Kirche überhaupt verortet ist. Diese Milieustudien lassen ihrerseits wieder Schlussfolgerungen auf den Status quo und die Zukunft von kirchlicher Arbeit zu. Daran wird deutlich, dass die Angebote nie für alle Milieus, Altersstrukturen und demographischen Marker gleichermaßen geeignet sind. Es gibt eben keine universal gültige Antwort auf alle Fragen, und die Zukunft der Kirche liegt weder ausschließlich in der klassischen oder traditionellen Form (hier hat sich gezeigt, dass die Diskrepanz zwischen innerkirchlich traditioneller Vorstellung und gemeindlicher Realität am größten ist) noch ausschließlich in anbiedernden neuen Ausprägungen. Eine Herausforderung ist es und wird es noch verstärkt werden, dieses ‹Entweder-oder-Denken› aus den Köpfen der Akteure in Kirchen zu bekommen.

Die Kategorisierung in Milieus, die Befragungen von Menschen mittels Fragebogen sind zwar methodisch verständlich, aber problematisch, denn sie bilden die komplexen individuellen Lebensdeutungen nicht ab. Menschen sind vielschichtiger als Durchschnittswerte – natürlich vor allem, wenn es um den eigenen Glauben geht.

Ein weiteres Problem: In der Sensibilisierung für unterschiedliche Milieus kommt das zu kurz, was im christlichen Kontext besonders wichtig ist: dass vor Gott alle gleich sind.

Die Kirche der Zukunft muss sich in diesem Spannungsfeld ausprobieren und finden. Nicht jeder kann alles anbieten – das sollten wir verstehen, weil solche Untersuchungen trotz der methodisch blinden Flecken zeigen, dass die traditionelle innerkirchliche Vorstellung von dem, was wir anbieten, nicht das ist, was ein Großteil der Menschen bei uns sucht.

Was heißt das nun für die Zukunft von Zugehörigkeit?

Ich vermute, drei Dinge:

Die Formen der Mitgliedschaft werden vielfältiger – zumindest theoretisch und zumindest in der Rezeption. Denn die Verschiedenheit von Mitgliedern und Angeboten kann man auch als Stärke empfinden. Außerdem muss wieder betont werden, dass die Zugehörigkeit zur Christenheit durch die Taufe auch Milieugrenzen wegwischt. Zumindest theoretisch.

Wir werden uns zudem von Kriterien verabschieden müssen, die Zugehörigkeit erschweren. Es gibt Hürden, die Menschen davon abhalten, Teil der Kirche zu werden. Die Taufe bleibt das Initiationsritual, das die Zugehörigkeit markiert. Das aufzugeben wäre unlogisch. Ich vermute aber, dass wir andere Möglichkeiten für diesen Schritt anbieten müssen. Pilotprojekte dafür gibt es schon – beispielsweise in Dänemark, wo das Kopenhagener ‹Drop In Baptism› der lutherischen Kirche eine überraschende Erfolgsgeschichte ist: Jeden Samstag sind in einigen Innenstadtkirchen Pfarrer*innen anwesend und stehen für ein spontanes Taufgespräch bereit. Wenn man schon länger mit dem Gedanken spielt, sich taufen zu lassen, kann man das dort einfach gleich tun. Das führt tatsächlich dazu, dass die Zahl der Kircheneintritte beachtlich steigt.[79]

Und: Die Struktur der Kirche wird sich verändern. Von den parochialen Grenzen und Zuordnungen, die auch an Kirchensteuereinnahmen, Stellenschlüssel etc. gebunden sind, werden wir uns sukzessive verabschieden. Daran gekoppelt ist natürlich die existenzielle Frage nach Geld, aber möglicherweise wird sich herausstellen, dass die Angebote in Gemeinden zunehmend milieuspezifisch werden und nicht mehr jede kirchliche Dienstleistung in jeder Gemeinde angeboten wird.

Die dafür notwendige strukturelle Veränderung ist enorm – bei einem riesigen Containerschiff, wie sich die Kirche gerne selbst bezeichnet, ist das auch bei langsamer Fahrt eine schwierige Navigationsaufgabe.

Um übrigens noch auf den Fragenkatalog zu antworten: Das Zeichen zur Zugehörigkeit der christlichen Gemeinschaft ist die Taufe. Ob Sie Christ*in sind oder nicht, entscheidet nicht die Tatsache, ob Sie zu einer Kirche gehören. Natürlich können Sie auch ungetauft sagen, dass Sie sich als Christenmensch fühlen, aber das Zeichen der Zugehörigkeit ist die Taufe. Die kann Ihnen auch nicht wieder aberkannt werden, wenn Sie aus einer Kirche austreten – sie ist im Leben eines Menschen einmalig und unwiderruflich. Die Taufe ist ein ‹Sakrament›, eine heilige Handlung, und geht zurück auf die Taufe Jesu durch Johannes den Täufer, die in der Bibel geschildert wird.[80] Dieses Sakrament verbindet alle Christenmenschen miteinander.

Für Ihre Beziehung zur Kirche heißt das: «In Deutschland bedeutet der Austritt aus der Kirche sowohl, dass man keine Kirchensteuer mehr zahlt, als auch dass man durch den Austritt nicht mehr zu dieser Gemeinschaft dazugehört. Eigentlich ist das kirchliche Verständnis davon besser zu verstehen, wenn man es umdreht: Wer aus der Kirche austritt, gehört eben nicht mehr dazu. Wer aber nicht mehr dazugehört, braucht auch keine Kirchensteuer mehr zu zahlen.»[81]

STRUKTUR UND SYSTEM: WIE IM HIMMEL

Ich muss mich bei Ihnen entschuldigen. Auch in diesem Teil des Kapitels wollte ich schimpfen wie ein Rohrspatz, mich über die überkomplexen und ressourcenfressenden Strukturen von Kirche beschweren, den Kopf über die absurden Hierarchien in der katholischen Kirche schütteln, die Frauen von wichtigen Ämtern ausschließen, wollte mich lang und breit und wütend über Synoden beschweren. Synoden – die pseudodemokratische Bürokratisierung nichtrepräsentativer Entscheidungsfindung. Diese Zusammenkünfte, die dasselbe Problem haben wie Volksentscheide, nur dass man bei Synoden mehr Sitzfleisch braucht, sie immer in Tagungsräumen mit hässlichen Teppichen stattfinden und – anders als intern proklamiert – gar nicht alle daran teilnehmen dürfen, weil die (nicht offizielle)

Voraussetzung, Synodale*r zu werden, ist, einige Jahre Gremienarbeit auf dem Buckel zu haben. Junge Menschen haben also
quasi keine Chance, dabei zu sein. Ich wollte darüber schimpfen, dass dort viele Entscheidungen getroffen werden, die im
Sitzungssaal vielleicht logisch klingen, aber außerhalb keine
Zustimmung finden (können). Ich wollte mich über Kommunikation innerhalb von merkwürdigen Strukturen und dem
Problem des Verhältnisses von Kirchengemeinderäten und
Hauptamtlichen echauffieren.

Und ich wollte mich über Verwaltungswasserköpfe und
geldfressende Hüter prinzipienschwangerer Institutionen beschweren.

Das tue ich aber nicht. Und dafür entschuldige ich mich bei
Ihnen. Denn vielleicht hatten Sie darauf gehofft – so wie ich
selbst.

Aber ich habe kürzlich etwas gelernt, das für den Blick auf
die Kirche der Zukunft konstruktiver sein kann und mir half, die
Dynamik dieser Organisationsform besser zu verstehen.

Neulich war ich im Kloster – bei einem Workshop zum Thema
Organisationsentwicklung. Sehr spannend.[82] Zwischen Mozza-
rellasticks und Maultaschensuppe hörte ich mir Vorträge des
Organisationsentwicklers Andreas Wackernagel an, der sich –
wie viele andere auch – Fragen zur Zukunft von Kirche stellt.[83]
Er selbst ist Systemiker, der größte Fan des Soziologen Niklas
Luhmann, den ich jemals erlebt habe, und betonte neben den
vielen Dingen, die es für kirchliche Strukturen neu zu denken
und zu erfinden gilt, dass wir als Zwischenschritt zunächst
wieder lernen müssten, wie die Kommunikation zwischen den
vorhandenen Bereichen, die eine solche Institution ausmachen,
funktioniert. Das eine soll das andere nicht ersetzen, aber frei
nach dem bauernschlauen Motto, dass man zuerst gehen und
dann rennen lernt, ist das eine unbedingt wichtige Perspek-

tive auf Zukunft: die Analyse des Bestehenden. So einfach und trotzdem so wahr. In vielen Dingen hatte Wackernagel also recht – vor allem, weil er mich zielsicher in meiner sehr durchschaubaren, pseudorebellischen Antipathie gegenüber Verwaltungsstrukturen und Organisationsformen entlarvte. Drei Dinge habe ich aus seinen Ausführungen mitgenommen: OBI, OBAZ und ‹Wie im Himmel›.

Um ein Verständnis für Veränderungsprozesse zu entwickeln, muss man zunächst ein Verständnis für die vorherrschenden Logiken entwickeln. Das ist – ganz grob – das, was die Systemik tut. Innerhalb einer Struktur wie der Kirche (und das gilt für beide Geschwisterkirchen) gibt es immer mindestens drei unterschiedliche Felder. Die Eselsbrücke dafür ist das Kunstwort, das wie eine Baumarktkette heißt: OBI. OBI steht in unserem Fall für ‹Organisation›, ‹Bewegung›, ‹Institution›. Diese drei Bereiche haben ihre jeweiligen Sichtweisen auf sich selbst und das, was für sie Kirche ausmacht. Die Organisation kümmert sich primär um das, was ihre Bezeichnung deutlich macht: Sie organisiert Dinge. Das tut sie aber nicht aus sich selbst heraus und als Selbstzweck, sondern auch für die beiden anderen Felder. Das macht es nicht leichter für die Organisation, denn die beiden anderen Felder haben nichts damit zu tun, sondern kümmern sich primär um Dinge, die sie selber für wichtig halten.

Die ‹Bewegung› beschreibt den Teil einer Struktur, der Dinge anschiebt. Dabei verstehen sich die Menschen darin als doppelt ‹bewegend›: Sie wollen etwas innerhalb der Struktur bewegen und sehen sich selbst auch als eine Form von Bewegung. Mit diesem Selbstverständnis kann es natürlich zu kommunikativen Herausforderungen den anderen beiden Feldern gegenüber kommen, denn die stehen für das genaue Gegenteil.

Die dritte Gruppe ist die ‹Institution›, die dafür sorgt, dass alles seine Ordnung hat, Gesetze eingehalten werden und es für alles eine logische, wasserdichte, korrekte Struktur gibt.

Diese Trias gibt es übrigens in den meisten klassischen oder traditionellen Betrieben noch, und eine solche Einteilung hilft, Kommunikationsprozesse zu verbessern. Denn um Kommunikation geht es.

Lassen Sie uns bei Klischees bleiben: Versuchen Sie doch mal, die Menschen in Ihrer Firma diesen drei Gruppen zuzuordnen. Wenn Sie in einer Kirche arbeiten, dann tun Sie dasselbe.

Und dann hören Sie einmal in sich hinein und finden Sie heraus, was es mit Ihnen macht, wenn Sie an diese Strukturen und die Menschen darin denken. Dafür müssen Sie sich aber selbst noch zuordnen: Wohin gehören Sie? Organisation? Bewegung? Institution?

Nun lassen Sie alle Widerstände zu. Warum macht Sie manches wütend? Versuchen Sie mal, sich in einen Menschen aus einer anderen Gruppe hineinzuversetzen und stellen Sie sich vor, dass dieser wütend auf Sie ist oder sich von Ihnen gekränkt fühlt. Wahrscheinlich stimmt das in irgendeiner Form mit Ihrem Gefühl ihm gegenüber überein.

In dieser kurzen Übung wird ein essenzielles Problem deutlich: Die drei unterschiedlichen Felder folgen einem jeweils eigenen Logiksystem. Sie haben eigene Blickwinkel, Proprien und Prioritäten.

Diese verschiedenen Logiksysteme kommen aber, salopp formuliert, nicht miteinander klar, weil jedes System davon ausgeht, dass seine Regeln auch für die anderen gelten – ein Garant für Unglück. Logiken müssen identifiziert und benannt werden, sonst werden sie nur als böswillige Prinzipien verstanden; das gilt für beide Kirchen gleichermaßen. Das wissen, zu üben und den Blick für andere, in sich selbst stimmige Logiksysteme zu schulen, ist eine Grundvoraussetzung für Veränderungsprozesse. Ohne das Verständnis füreinander werden wir innerhalb der Kirchen nie an einem Strang ziehen.

OBI hilft also, Sichtweisen zu verdeutlichen und über das eigene Verständnis von Zugehörigkeit zu einem Feld auch die anderen besser zu verstehen. Eine andere Hilfe ist OBAZ. OBAZ teilt (Kommunikations-)Prozesse in vier Systemfaktoren auf: Ordnung (wahren), Bindung (gestalten), Ausgleich (herstellen), Zugehörigkeit (sichern). Wenn man verstehen möchte, wie die in OBI vorgestellten Felder miteinander kommunizieren, hilft es, diese vier Systemfaktoren im Hinterkopf zu haben. Im Spannungsfeld dieser Blickwinkel funktioniert das System Kirche.

Damit das nicht im luftleeren Raum steht, deklinieren Sie doch das Beispiel mit der Taufe vom Anfang des Kapitels innerhalb dieser Parameter durch. Daran zeigt sich, wie schwer es ist, diese Dynamiken miteinander in ein Gleichgewicht zu bringen. Wird in dem Beispiel eine bestehende Ordnung gewahrt? Welche Form von Bindung wird hier gestaltet? Wird für andere, die ein ähnliches Problem haben, ein adäquater Ausgleich hergestellt? Und wie kann man im Angesicht der Ausnahme (also kein Elternteil in der Kirche) überhaupt noch Zugehörigkeit sichern?

Alles nicht ganz einfach, aber diese beiden Analysetools können helfen, Kirche in ihren Strukturen, ihrem Selbstverständnis und ihrer Kommunikation ein bisschen besser zu verstehen.

Ein letztes Beispiel für die rudimentäre Frage nach Zukunftsoffenheit habe ich noch. Das ist ein guter Gradmesser für die Frage, wie offen das System eigentlich ist. Oder eben nicht.

Einer der Filme, die ich aus Prinzip und fast schon übertrieben doof finde (oder finden möchte), ist das schwedische Drama «Wie im Himmel». Vielleicht erinnern Sie sich – der Film war Mitte der Nullerjahre ein Überraschungserfolg, und die Musik wird seitdem in jedem bunt beschalten Kirchengospelchor gesungen und nachgeklatscht. Und ja, der Film ist auch ein bisschen schön. Für alle, die ihn nicht gesehen haben, hier die Kurzfassung: Ein international erfolgreicher Dirigent aus Schweden namens Daniel Daréus, der ohne Vater in Ljusåker, einem Dorf in Nordschweden, aufgewachsen ist und während seiner Schulzeit von seinen Mitschülern gehänselt und verprügelt wurde, kehrt nach einem Herzinfarkt in das Dorf seiner Kindheit zurück. Er kauft die ehemalige Dorfschule, zieht dort ein; niemand erkennt ihn, weil er unter seinem Künstlernamen berühmt geworden war. Im Supermarkt des winzigen Ortes lernt er die dortige Verkäuferin Lena kennen und wird – nach einigem Hin und Her – der Chorleiter des Ortes. Er begeistert alle Teilnehmenden aufs Neue für die Musik, und der Chor wird langsam, aber sicher besser und vor allem immer wichtiger für das Dorfleben. Es entsteht eine neue Form von Gemeinschaft in althergebrachten Strukturen. Alle, die schon lange dabei sind, öffnen sich ganz neu der Musik und einander, und Daniel erhält großen Zuspruch – auch wegen seiner eigenwilligen Unterrichtsmethoden. Es könnte alles so einfach sein, ist es aber nicht – natürlich, sonst wäre es auch keine gute Geschichte. Denn in dem Dorf wohnt auch ein Pfarrehepaar. Der Pastor des Dorfes ist ein engstirniger und schmalherziger Stiesel und sieht durch den neuen Mann, der alle begeistert, seine Stellung als moralischer Mittelpunkt und Autorität gefährdet. Also schmiedet er einen Plan, wie er den Chorleitermessias absägen kann. Leider singt aber die Pfarrersfrau in dessen Chor und ist Feuer und Flamme für den charmanten Chormaestro, was der Beziehung zu dem

Pfaffen nicht unbedingt zuträglich ist. Also fädelt der Pfarrer es so ein, dass der Dirigent auf der Grundlage von Verleumdungen vor Ablauf der Probezeit durch einen Kirchenvorstandsbeschluss entlassen wird.

An dieser Stelle mache ich einen Schnitt, denn vielleicht möchte der eine oder die andere den Film noch sehen. Außerdem reicht dieser Teil der Inhaltsangabe aus, um ein soziologisches Phänomen zu beschreiben, das auch für kirchliche Strukturen und Verwaltungen gilt. Es geht um offene und geschlossene Systeme. Stark vereinfacht gehen Soziologen*innen und Organisationsentwickler*innen davon aus, dass offene Systeme[84] zukunftsfähiger sind als geschlossene. Eine Organisation gilt dann als offen, wenn sie mit der Umwelt und anderen Systemen interagiert. Ein solches System zeichnet sich dadurch aus, dass es aus miteinander verbundenen Elementen besteht, die sich im Gleichgewicht befinden. Diese wiederum funktionieren bei sich verändernden Bedingungen – egal, ob von außerhalb oder innerhalb – einzeln, dabei aber in einer gemeinsamen Ausrichtung. Im Gegensatz zu geschlossenen Systemen ist das offene dynamischer und kann sich an veränderte Bedingungen anpassen. In diese Systematik würden auch wieder die Subsysteme passen, die wir als ‹OBI› kennengelernt haben. Und: Ein System definiert sich durch den übergeordneten Sinn und die Kriterien der Zugehörigkeit.

Brechen wir das Ganze einmal auf den Film herunter – und damit auch stellvertretend auf Kirche. Im Film schafft es das Dorf, sich von einem geschlossenen in ein offenes System zu wandeln, indem es den neuen Einfluss, den heimgekehrten Sohn des Dorfes, als Gewinn für sich verbucht und das System so transformiert wird. Das Dorf öffnet sich sukzessive und entwickelt eine neue Qualität im Zusammenleben und in einer Form von Lebenssinn. Dadurch entsteht neue Gemeinschaft und neue Individualität. Kurzum: Allen geht es besser. Fast allen natürlich. Denn zwei Menschen aus dem Dorf schaffen diesen Schritt nicht: der gewalttätige und trinkende Mann, einer der Hauptfiguren, und – Nachtigall, ick hör dir trapsen – der Pfarrer, der sich nicht auf die neue Sinndeutung und eine Veränderung seiner Machtposition einlassen will und damit abgehängt ist. Denn er definiert die Aufgaben des bisherigen Systems anders als die Menschen, die sich eigentlich darin befinden. Und so nimmt das Unheil seinen Lauf.

Erkenntnis des Tages:
Ich vermute, dass die Frage nach der Zukunft von Verwaltung, Struktur, Zugehörigkeit und nach Kirche als System in den nächsten Jahren wichtiger werden wird. Wie zukunftsfähig wir als System und Organisation sind, hängt nicht zuletzt davon ab, ob wir es schaffen, miteinander innerhalb unserer eigenen Logik zu kommunizieren, und wie souverän, adaptierend und gewinnbringend wir mit Einflüssen und Veränderungen umgehen, die uns von außen erreichen – ob wir das wollen oder nicht.

Wenn Sie also selbst in kirchlichen Strukturen leben, ganz gleich, ob in Posaunenchören, Pfadfinderstämmen, in Kirchengemeinderäten, Meditationsgruppen, Bibelbingokreisen, Kirchenämtern oder Musikbeiräten: Wenn es um Veränderungsprozesse geht, können Sie sich einfach ab jetzt an OBI, OBAZ, den Film und meine Lieblingstauffamilie erinnern. Dann haben Sie zumindest ein kleines Instrumentarium an der Hand, das Ihnen Orientierung bieten kann.

PS: Gerade fällt mir wieder ein, was ich außerdem so hilfreich an dem Gespräch mit dem Organisationsentwickler fand, der von der Kirche kam. Zwischen Seminarraum und Salatbar unterhielten wir uns noch intensiv, und er meinte mit fast schon ansteckender Euphorie, dass in seinem Bereich die interne Parole der Kirche wäre, endlich mal Dinge auszuprobieren und gute Ideen, für die Geld da ist, einfach mal umzusetzen. Weg von der starren Struktur, weg von der Bürokratie. «Und wissen Sie was, Herr Sengelmann? Wenn von zehn Ideen eine dabei ist, die richtig geil ist und Menschen anspricht, dann hat sich das doch schon gelohnt!» Geht doch!

GOTT UND DAS GELD

Vor einiger Zeit stand ich mit der Tante eines meiner besten Freunde an der Bar; sie ist eine sehr erfolgreiche Geschäftsfrau, und ich warf im Riojarausch etwas unbedarft die altbekannte Redewendung «Über Geld spricht man nicht» in den Raum – und erntete einen sehr nüchternen und fast ein wenig enttäuschten Blick. Sie schüttelte langsam den Kopf und sagte: «Julian, das ist totaler Quatsch. Über Geld muss man sprechen – aber ganz unaufgeregt.»

Ach so.

Ich glaube, dass diese kluge Dame recht hat. Und ich glaube, dass ihre Aussage auch in Bezug auf Kirche stimmt, obwohl sie sich gar nicht explizit darauf bezogen hatte: Über Geld muss man sprechen – aber ganz unaufgeregt. Denn das weite Feld von Kirche und Finanzen ist für viele Menschen ein Mysterium und gerade deshalb negativ besetzt. Und häufig avanciert es zu einem emotional aufgeladenen Ärgernis. Kein Wunder: In den meisten (medial verbreiteten) Geschichten über das Spannungsfeld Kirche und Geld kommt die Kirche nicht allzu gut weg. Und dazu kommt noch die Kirchensteuer, die ein ausgesprochen schlechtes Image hat. In der Verschränkung von medialer Berichterstattung, mangelnder Auskunft der Kirchen über die eigenen Finanzen und dem erst mal unbestimmten Rückbezug auf das eigene Geld, das ja die Kirchensteuer ausmacht, resultiert ein wichtiger Faktor, weshalb Menschen aus der Kirche austreten. Sollte das noch zu abstrakt sein, lassen Sie mich ein Beispiel geben:

Erinnern Sie sich noch an Franz-Peter Tebartz-van Elst? Der frühere Bischof von Limburg, dessen ‹freiwilliges› Rücktrittsgesuch im März 2014 vom Vatikan angenommen wurde, nachdem diesem der Skandal um die Verschleierung der Kosten für des Bischofs rund 31,5 Millionen Euro teuren Dienst- und Wohnsitz vorangegangen war? Vollkommen undurchsichtig, selbstherrlich und mit geradezu lächerlicher Hybris hatte der damalige Bischof dubiose Immobiliendeals in allen nur erdenklichen Formen ausgeheckt und durchgezogen und sich dabei auf allen Ebenen verschätzt – nicht nur finanziell. Er dachte vor allem, all der Pomp stünde ihm in seiner Position als Mann Gottes und als Vertreter seiner Institution selbstverständlich zu. Gerade diese Haltung machte viele fassungslos, zumal der Bischof auf Kritik reagierte wie ein verwirrtes, renitentes Kind. Die medial omnipräsente und skurrile Geschichte ließ sich schließlich in einem Symbol zusammenfassen: die bischöfliche Badewanne.

Der Fall Tebartz-van Elst zeigt, was in Kirchen eben *auch* passiert: ein unglaublicher Geld- und Machtmissbrauch mit einem Selbstverständnis, das Außenstehende sprachlos macht. Solche Skandale schaden den Kirchen und Religionsgemeinschaften in einem Ausmaß, das keine Imagekampagne und keine gute Tat dieser Welt wieder reparieren kann.

Dazu kommt, dass Kirche häufig noch einen ‹Vertrauensvorschuss› hat, was diese Verbrechen – denn das sind sie – auf ganz unterschiedlichen Ebenen so ekelhaft macht. Denn neben der

Straftat im rechtsstaatlichen Sinne geschieht hier auch emotionaler Missbrauch an den Menschen, die Kirchen anvertraut sind oder sich ihnen anvertrauen. Und solche Vergehen fallen immer auf die Gesamtheit der Kirchen zurück – auch weil die Aufklärung dieser Fälle nur bedingt transparent vollzogen wird. Menschen nehmen Kirche als Ganzes wahr und trennen angesichts solcher Skandale nicht zwischen den Konfessionen. In diesem besonderen Fall entstand sogar der Begriff des «Tebartz-Effekts»[85]; die Auswirkungen dieses Finanzskandals spiegelten sich in den Austrittszahlen wider. In manchen Bistümern und evangelischen Landeskirchen traten im Nachgang dieses grotesken Schauspiels dreimal so viele Menschen aus ihren Kirchen aus und differenzierten dabei nicht zwischen den Vorgängen in Limburg und ihrer jeweils eigenen Stadt oder gar Konfession.

Tebartz-van Elst war der berühmte Tropfen, der das Fass der eigenen inneren Kirchenkritik zum Überlaufen brachte. Die Menschen fühlten sich – wahrscheinlich zu Recht – von einem Repräsentanten ‹ihrer› Kirche betrogen. Denn die Erwartungshaltung, dass mit der Kirchensteuer, die sie ja immer noch zahlen, ‹etwas Sinnvolles› angestellt wird, ist verständlich. Vielleicht könnte man ‹etwas Sinnvolles› durch ‹etwas Christliches› ersetzen, denn eine genauere Vorstellung von dem, was mit diesem Geld geschieht, haben die meisten nicht. Ich übrigens lange Zeit auch nicht. Wo kommt das Geld her, mit dem dann eine (silberne?, goldene?, marmorne?) Badewanne bezahlt wird?

Also: Über Geld muss man ganz offensichtlich reden. Denn im Nachklapp der Affäre um «Bischof Bling-Bling»[86] wurde noch mal sehr deutlich, dass die Kirche und ihr Vermögen ein intransparentes Konstrukt sind.

Die Zeitungen wurden nicht müde, über die Badewanne für 15 000 Euro, den Konferenztisch für 25 000 Euro, den Seilzug für den jährlichen Adventskranz, Koi-Karpfen im Gartenteich des Bischofs und der Wurzelheizung für den hauseigenen Olivenbaum zu berichten, und 27 Bistümer legten in einer Transparenzoffensive ihre jeweiligen Reichtümer offen – zumindest zum Teil, sodass die Menschen verstanden, dass da noch viel mehr Geld war, als sie vermutet hatten. Weil aber nicht alles offengelegt wurde, befeuerte das weitere Spekulationen; Schätzungen zufolge verfügte die katholische Kirche im Jahr 2015 über ein Gesamtvermögen von rund 200 Milliarden Euro. Manche Politologen gingen sogar von 435 Milliarden Euro für beide Kirchen aus. Davon «150 Milliarden in Geld und Aktien, 220 Milliarden in Immobilien (ohne Kirchen) und 65 Milliarden in Stiftungen und anderen Vermögenstiteln»[87].

Das ist viel Geld. Aber wo kommt es her?

Die Kirchen haben ihr Vermögen aus unterschiedlichen Quellen[88]: Neben der Kirchensteuer gibt es weitere Einnahmequellen, denn die beiden Kirchen sind selbstverständlich breit aufgestellt, worüber Journalisten*innen immer wieder berichten – vor allem im Nachklapp der Limburg-Affäre: «Die Kirchen, die katholische wie die evangelische, schwimmen im Geld. Über Jahrhunderte haben sie ein stattliches Vermögen angehäuft.»[89] Dabei sind die beiden Kirchen auch der zweitgrößte Arbeitgeber in Deutschland und beschäftigen rund eine Million Menschen.

Andere Einnahmequellen überraschen vielleicht: Die katholische Kirche besitzt Tausende Immobilien, engagiert sich in der Filmproduktion (u. a. des ‹Tatorts›), macht Radio, braut Bier, produziert Wein und stellt Mineralwasser her. Und natürlich gibt es ‹inhouse› Finanzinstitute wie die ‹Pax Bank› oder die ‹Liga-Bank›, die dafür sorgen, dass das Geld gut investiert wird. Dazu kommen noch eigene Versicherungen wie die ‹Bruderhilfe›.

Die evangelische Kirche besitzt vor allem landwirtschaftliche Nutzflächen, dreieinhalb Mal so groß wie Berlin. Dazu sind beide Kirchen Backsteinmilliardäre. Wobei der Schätzwert der Kirchengebäude natürlich hypothetisch ist, denn der Verkauf würde den Wert nicht angemessen abbilden können.

Zwei weitere interessante und ambivalente Einnahmequellen beider Kirchen werfen relevante Fragen auf: zum einen die Investitionsgeschäfte, zum anderen der Sektor, der sich mit im weitesten Sinne Pflege und Betreuung beschäftigt.

Beide Kirchen investieren in Aktien und Anleihen. Das ist zunächst nicht der springende Punkt. Vielmehr geht es um die Frage, ob sich der getätigte Wertpapierhandel mit den eigenen ethischen Ansprüchen vereinbaren lässt?

Und weil auch hier zunächst wenig bis keine Transparenz herrschte und mitunter herrscht, beflügelt das die Phantasie und Antipathie gegenüber dem Umgang der Kirchen mit ihren Finanzen.

Deswegen hat die evangelische Kirche schon vor Jahren einen Leitfaden veröffentlicht, in dem die ethischen Grundsätze für kirchliche Investitionsgeschäfte definiert sind.[90] Sie legte darin folgende Kriterien für kommende Investitionsgeschäfte fest: Sie «... sollten aus kirchlicher Sicht auf der Basis christlicher Werte sozialverträglich, ökologisch und generationengerecht erfolgen.

Drei Standards gelten: Die Geldanlage soll im Einklang mit dem kirchlichen Auftrag erfolgen, sie soll ethischen Kriterien entsprechen und nachhaltig sein: Ihre Auswirkungen auf die Umwelt, die Mitwelt und die Nachwelt sollten bedacht werden.»[91]

Die katholische Kirche zog vor einigen Jahren nach und präsentierte eine ‹Orientierungshilfe›. Kardinal Reinhard Marx, der Vorsitzende der Deutschen Bischofskonferenz, mahnte damals an, man möge zukünftig Investments nur noch an christlichen

Wertvorstellungen orientieren.

Was heißt das konkret? Nun, zumindest solle für beide Kirchen gelten, dass von dem jeweils erwirtschafteten Geld nicht nur die eigenen Zwecke profitieren. Vielmehr wolle man im Umkehrschluss auch die Auswirkungen der Unternehmungen, in die man investiert, im Blick behalten: Wie wirken sich die christlich-ethisch korrekten Investitionen auf Umwelt, Menschen und Gemeinschaft aus? Das sollte und soll ein leitendes Kriterium sein.

Also Ende gut, alles gut? Ja und nein. Die Selbstverpflichtung der Kirchen war theoretisch ein wichtiges Symbol. Das erreichte die Menschen (bedingt durch die Tragweite der Affäre Tebartz-van Elst, die nicht so ganz transparente Transparenzoffensive und durch generelles Misstrauen) aber nicht in dem Maße, wie sich die Kirchen es gewünscht hatten. Zudem bringt eine solche Selbstverpflichtung realwirtschaftliche Schwierigkeiten mit sich: Anlagen in Nachhaltigkeit, Soziales etc. sind komplex, und die Menge der ethisch-moralisch zu vertretenden Investments ist überschaubar. Ein Beispiel, an dem dieses Dilemma nach der Veröffentlichung der Selbstverpflichtung deutlich wurde, war die grüne Gentechnik, die einerseits kritisch gesehen wurde, andererseits aber eine Dimension ethischer Verantwortung hatte, weil sie im Kontext von steigender Weltbevölkerung und knapper werdender Ressourcen unvermeidbar und unbedingt notwendig schien. Ein geradezu paradigmatisches Problem.

Es zeigte sich auch, dass es einen Unterschied zwischen

tatsächlicher und theoretischer Transparenz gibt: Denn auch wenn es theoretisch die Möglichkeit gab und gibt, die Investitionsgeschäfte der Kirchen zu verfolgen, können Menschen, die keine ausgewiesenen Finanzexperten sind, mit den Informationen nichts anfangen.

Trotzdem war es wichtig und notwendig, diesbezüglich eine öffentliche Kurskorrektur vorzunehmen.

Ein weiteres Betätigungsfeld der beiden Kirchen sind Altenheime, Kindertagesstätten, Krankenhäuser und Schulen. Auch hier wird es undurchsichtig, denn die Finanzierung dieser Institutionen wird primär durch Staat, Sozialkassen und Gebührenzahler gewährleistet.

Der Staat unterstützt also mit beträchtlichem Aufwand die Kirchen, und das, obwohl wir in einem ‹säkularen Staat› leben – also in einem, in dem Religion und Politik klar voneinander getrennte Bereiche sind. Das stößt vielen Menschen sauer auf.

Es gehört zum Wesensmerkmal und Selbstverständnis moderner Demokratien westlicher Prägung, dass Religion und Politik streng voneinander getrennt, wenn auch einander nicht feindlich gesinnt sind. Beide Bereiche haben ihre abgrenzbaren Einflusssphären; das ist Resultat eines jahrhundertelangen Prozesses, der den heutigen pluralen Staat erst ermöglicht hat. Trotz klarer Unterscheidung verweisen aber beide Bereiche aufeinander und haben Schnittmengen. In Deutschland gibt es das ‹Staatskirchenrecht›, das im Kontext der demographischen Entwicklung stark kritisiert wird, weil es durchaus anachronistisch wirken kann: Die Kirchen verlieren an Relevanz, Menschen treten aus, die Gesellschaft verändert sich im Kontext von Subjektorientierung, Individualisierung und Pluralisierung.

Schon seit Jahren wird heiß diskutiert, ob das Staatskirchenrecht mit seiner historisch gewachsenen und institutionellen Konzeption den heutigen multireligiösen Lebensrealitäten noch gerecht wird. Anders gesagt: Sollten die christlichen Kirchen in einer Zeit, in der immer mehr Menschen mit einem anderen Glauben und einer anderen Religionszugehörigkeit in diesem Land leben, noch immer bevorzugt werden?[92]

Bis jetzt gelten aber diese besondere Vereinbarungen zwischen Staat und Kirche(n).

Viele dieser besonderen Regelungen gehen auf den Beginn des 19. Jahrhunderts zurück. Napoleon hatte Teile Deutschlands erobert, und die bisherige Ordnung wurde 1803 aufgelöst, als die Fürsten im ‹Reichsdeputationshauptschluss› die Enteignung der Kirchen beschlossen. Der Staat zahlte im Gegenzug Entschädigungen – das ist bis heute Grundlage für Kirchensteuer und für Zuwendungen der Länder an katholische Bistümer und evangelische Landeskirchen. An diesem Punkt ist spannend, dass man ihn aus unterschiedlichen Perspektiven deuten kann. Die Kritiker, die eine fehlende Trennung von Staat und Kirche trotz rechtlich säkularem Staat anmahnen, sehen hierin eine antiquierte und für die Kirchen bequeme Regelung, die aber allen, die nicht dazugehören, gegenüber unfair ist. Die Kirchen sehen ihrerseits eine gerechtfertigte Vereinbarung. Die evangelische Kirche schreibt: «Den Kirchen sind im Zuge der geschichtlichen Entwicklung tatsächlich viele Vermögenswerte vom Staat entzogen worden, aus deren Erträgen sie sich zuvor finanzieren konnten. Für die seither fehlenden Gelder erhalten sie Entschädigungszahlungen. Das ist kein Geschenk, sondern durch Verträge zwischen Staat und Kirche so vereinbart.»[93] Dieses Abkommen kann also nicht so einfach aufgelöst werden, beziehungsweise die Mittel können nicht einbehalten werden, weil sie den Kirchen damals entzogen worden sind. Sollte diese Regelung im Grundgesetz geändert werden, müsste der Staat also erst mal «eine angemessene Abschlusszahlung»[94] tätigen.

Drei Fragen ergeben sich daraus: Wie viel Geld bekommt die Kirche? Wie verhält es sich in diesem Kontext mit der Trennung von Kirche und Staat? Was ist mit den Einrichtungen im Pflegebereich, auf die ich schon hingewiesen hatte?

Das erste ist – theoretisch – schnell beantwortet: Wir bleiben beim Beispiel der evangelischen Kirche, die in ihrer Selbstauskunft angibt, dass bei jährlichen Einnahmen von rund 12,3 Milliarden Euro die Staatsleistungen mit 273 Millionen Euro 2,2 Prozent ausmachen.

Frage zwei könnte in aller Kürze so beantwortet werden: Neben dem Grundrecht der Religionsfreiheit (Art. 4 im Grundgesetz) gelten seit 1919 die ‹Weimarer Kirchenartikel›. Vorher wurde die Kirche als öffentliche Angelegenheit betrachtet und erheblich durch staatliche Gelder finanziert. Die Artikel garantieren den christlichen Kirchen in Deutschland unter anderem eine eigene kirchliche Vermögensverwaltung, die nicht staatlich reguliert werden darf. Darin wird auch festgelegt, dass die Kirchen ein eigenes Mitgliedschafts- und Arbeitsrecht haben. Historisch bedingt haben beide Kirchen in Deutschland einen Status als ‹Körperschaften öffentlichen Rechts›, und dieser Status ermöglicht die Erhebung von Kirchensteuer, die es vor allem gibt – und das ist im Kontext der Diskussion fast komisch –, weil man damit die Trennung von Staat und Kirche gewährleisten und sicherstellen wollte, dass nur Mitglieder zahlen müssen. Dass der Staat diesen Beitrag über seine Finanzämter einzieht, erspart beiden großen Kirchen einen immensen bürokratischen und buchhalterischen Aufwand. Was in der Diskussion aber gerne unter den Tisch fällt, ist die Tatsache, dass die Kirchen den Staat für diese Dienstleistung bezahlen müssen – mit rund drei Prozent des Kirchensteueraufkommens. Auch unter den Tisch fällt, dass der Einzug durch die Finanzämter allen steuererhebenden Religionsgemeinschaften offensteht.

Und wie hängen Staat und kirchliche Einrichtungen im Pflegebereich und dem sozialen Sektor zusammen? Die Trennung von Staat und Kirche ist, wie schon gezeigt, in der Weimarer Reichsverfassung gesetzlich verankert worden. Und sie gilt übrigens für alle Religionsgemeinschaften und Weltanschauungen – nicht nur für die christlichen Kirchen. Deswegen heißt es in Artikel 140 des Grundgesetzes ganz schlicht: «Es besteht keine Staatskirche.»

Doch das heißt im Umkehrschluss nicht, dass sich Kirche und Staat nicht gegenseitig mit Aufgaben betrauen könnten. Dafür gilt in Deutschland das Subsidiaritätsprinzip, das besagt, dass der Staat wichtige gesellschaftliche Aufgaben nicht selbst wahrnimmt, sondern freien Trägern überantworten kann. In diesem Prinzip klingt noch die Erfahrung aus einer Zeit mit einem totalitären Regime an. An dieser Stelle kommen die Kirchen und die Diakonie wieder ins Spiel, die als einer der größten freien Träger in Deutschland zahlreiche Einrichtungen wie Kindergärten und Pflegeeinrichtungen betreiben. Die Kirchen nehmen für den Staat gesellschaftliche Aufgaben wahr und erhalten dafür Zuwendungen aus öffentlichen Kassen. Das ist allerdings bei jedem anderen freien Träger, welcher der Gesellschaft dient, auch so; das geht in der hitzigen Debatte manchmal unter. Refinanzierung und Bezuschussung sind also keine Exklusivvereinbarungen, die Kirchen bevorzugen, sondern gängige Praxis. Die evangelische Kirche zahlt in diesem System – am Beispiel von Kitas gezeigt – rund 10 Prozent der laufenden Kosten selbst. Das sind 302 Millionen Euro im Jahr.

Eine wieder andere Regelung gibt es in Bezug auf Kliniken und Altenheime: Diese werden nicht durch den Staat refinanziert, sondern durch die Kranken- und Pflegekassen, also durch die Versicherten selbst.

Sie sehen, dieses komplexe Thema ist in der Interpretation vollkommen abhängig von Perspektiven. Aber ich vermute, die Frage nach Transparenz, nach ethischen und nachhaltigen Investments wird in der Zukunft von Kirche eine zunehmende Rolle spielen. Für die Kirchen und auch für die öffentliche Wahrnehmung. Das wachsende Engagement vieler Menschen in den vergangenen Jahren, das gesteigerte Bewusstsein für soziale, ethische und ökologische Fragen wird auch eine Herausforderung für die Kirchen darstellen. Eine schwierige Aufgabe, die es sich aber unbedingt lohnt anzugehen und in der auch Symbolkraft steckt.

Kommen wir zu dem vermutlich emotionalsten Aspekt kirchlicher Finanzen: der Kirchensteuer.

Neulich Nacht saß ich mit einem sehr guten Freund in dessen altem Volvo. Es war bitterkalt und roch nach Baileys – ich weiß nicht, warum. Als ich aussteigen wollte, sagte er mir mit ernster Miene, er müsse mir noch etwas sagen. Früher bedeutete dieser Tonfall, dass eine Freundin mit mir Schluss machen will – heute heißt es häufig, dass mir jemand mitteilen möchte, dass er oder sie aus der Kirche austritt. Und in 80 Prozent dieser Fälle liegt es an den Kirchensteuern. Und auch mein Freund hatte mich – da ich der einzige Kirchenmensch unter seinen Freunden bin – dazu auserkoren, ihm dafür Absolution zu erteilen. Er war noch nicht ausgetreten, sondern wollte vorher noch einmal darüber sprechen. Sein Argument war, er könne den Betrag, der ihm automatisch durch seine Zugehörigkeit zur evangelischen Kirche abgezogen würde, von nun an einfach in Projekte stecken, die er sich selbst auch aussucht. Mein Argument war etwas halbherzig: «Aber das wirst du ja nicht machen.» Wir sammeln zwar gemeinsam mit ein paar anderen Freunden ganz gezielt Gelder für soziale Projekte, die wir uns augesucht haben (unabhängig von der Kirche), aber hier ging es ja ums Prinzip.

Wir hatten beide recht. Und darin liegt das Dilemma des Prinzips Kirchensteuer. Denn wenn man nicht weiß, wofür das Geld eigentlich genutzt wird, lässt das einen mitunter fatalen Freiraum für Spekulationen.

Natürlich kann man sich – sagen die Kirchen –, wenn man möchte, über die Verwendung der Gelder informieren, aber diese Haltung zeigt, dass Kommunikation hier nicht auf Augenhöhe stattfindet. Wir als Kirchen sind auf die Kirchensteuern angewiesen, damit wir unsere Arbeit tun und unsere Strukturen erhalten können. Und dadurch sind wir auch in der Bringschuld, was Informationen angeht. Leider ist unser Selbstverständnis noch viel zu oft, dass die Menschen auf uns angewiesen wären, weil wir ihre einzige Wahlmöglichkeit sind.

Nun, wie sag ich's am besten: Wir haben unrecht.

In Bezug auf die Kirchensteuer bemerken die Menschen sehr deutlich, dass ihnen etwas fehlt: Informationen und Mitbestimmung.

Erik Flügge, Politik- und Strategieberater und Bestsellerautor, der als Katholik in der evangelischen Kirche gerade ziemlich auf den Putz haut und für eine kleine Revolution sorgt, lud seinen Freund, den Kommunikationsberater David Holte, ein, für eines seiner Bücher einen Gastbeitrag zu schreiben. Holte beschreibt eine ähnliche Szene wie die, die ich mit meinem Freund im Auto erlebt habe – nur führte er dieses Zwiegespräch mit sich selbst. Er beschreibt das Gefühl, das er hatte, als er sich irgendwann dazu durchgerungen hatte, aus der Kirche auszutreten, ganz wunderbar.

Holte wäre gern dabeigeblieben, aber er wusste einfach nicht, was die Kirche eigentlich macht – weder mit seiner Kirchensteuer noch ganz generell. Und die Hoffnung, dass das etwas ‹unbestimmt Christliches› sei, konnte seine unzufriedene Unwissenheit irgendwann nicht mehr besiegen.

So geht es den meisten Menschen, mit denen ich ähnliche Gespräche führe. Und ich, der ich ja in der Kirche bin, habe das Problem auch.

Wären Kirchensteuern Spenden, deren Zweck man selbst bestimmt, ständen viele Menschen der Abgabe weitaus weniger kritisch gegenüber, vermute ich – aber dann ginge die Verwaltung wahrscheinlich leer aus, weil sie das am wenigsten bewegende Feld repräsentiert.

Was wird denn nun durch die Kirchensteuer finanziert – am Beispiel der evangelischen Kirche?

Kirchensteuer ist von ihrer Anlage her ein Mitgliedsbeitrag, und in dieser Definition steckt ein Paradoxon: Zum einen soll es keine Steuer sein, wie Kirche nicht müde wird zu behaupten. Wäre es eine Steuer, wäre nachvollziehbar, warum es kein Mitbestimmungsrecht über den Zweck des bezahlten Geldes gäbe. Wenn es keine Steuer ist, sondern ein Mitgliedsbeitrag, dann möchte man auch mitbestimmen. Sie zahlen ja auch nur für das Fitnessstudio, das Sie ausgewählt haben und das eine Sportart anbietet, die Sie theoretisch ausüben möchten.

Der Beitrag wird über das Finanzamt eingezogen, und das kostet: Die evangelische Kirche zahlte für diese Dienstleistung im Jahr 2017 rund 187 Millionen Euro. Interessant ist, dass die Beitragshöhe der Kirchensteuer an der finanziellen Leistungsfähigkeit der Mitglieder ausgerichtet ist. Anders als bei regulären Steuern zahlen nur knapp ein Drittel der Mitglieder der evangelischen Kirche auch tatsächlich Kirchensteuer. 12,29 Milliarden Euro hat die evangelische Kirche im Jahr 2017 eingenommen, 45,9 Prozent davon waren Kirchensteuern, die damit die wichtigste Einnahmequelle bilden. Und: Wie bei regulären Steuern gibt es auch bei Kirchensteuern in Ausnahmefällen die Möglichkeit zur Reduzierung oder zum Erlass.[95]

Was passiert nun mit dem Geld?

Alle Verwendungszwecke firmieren unter dem Titel ‹kirchliche Arbeit›. Die evangelische Kirche hat, wie die katholische auch, beachtliche Immobilien: «21 000 evangelische Kirchen, 9000 Kindereinrichtungen, mehr als 15 000 Pfarrhäuser mit Gemeinderäumen, 3000 Gemeindehäuser.»[96] All diese Gebäude müssen bewirtschaftet, verwaltet und mit Inhalt gefüllt werden. Und das Angebot ist vielfältig – das soll an dieser Stelle keine qualitative Aussage, sondern eine phänomenologische sein. Wer also ausschließlich den Gottesdienst vor Augen hat, der täuscht sich, denn die Kirchen bieten ein breites Spektrum an Bildungsarbeit, Kultur und Musik, sozialem Engagement, Kinder- und Jugendarbeit, diakonischer Arbeit, Kinderbetreuung, schulischem Angebot, Seelsorge, Amtshandlungen, Trauergruppen, Denkmalpflege, Ehrenamtlichenarbeit, Wissenschaft, Gesprächskreisen und noch viel mehr. Sie sorgen damit vielerorts für ein struktur- und gemeinschaftsförderndes Element. Und: «Viele Einrichtungen und Dienste der evangelischen Kirche machen Angebote für alle Bürger – unabhängig davon, ob sie Mitglied der Kirche und/oder welcher Herkunft sie sind.»[97]

Und wir haben noch nicht von den Kosten für die Struktur gesprochen – also für Verwaltung, Löhne, Pastorate etc.

Dennoch gibt es im kirchlichen Leben eine Diskrepanz von vorhandenem Geld, vermeintlichen Kirchensteuereinnahmerekorden und dem Sparkurs, den Kirchengemeinden überall zunehmend spüren – Letzterer wurde eingeschlagen, weil beide

Kirchen Geld für die schlechter werdenden Zeiten zurücklegen. Zwar haben die Kirchen noch stattliche Einnahmen, investieren davon aber weniger in Strukturen, weil sie wissen, dass eine Flaute auf sie zukommt – und das sorgt in den Gemeinden für ein Missverhältnis, durch das sich kirchliche Arbeit häufig irgendwie unrund anfühlt.

Erkenntnis des Tages:

1. Es gibt ein nicht zu leugnendes Problem mit der öffentlichen Wahrnehmung von kirchlicher Glaubwürdigkeit, wenn katholische Bischöfe bis zu 13 000 Euro im Monat verdienen, während es vielen Menschen schlecht geht.

2. Vielleicht gäbe es eine andere Perspektive auf das Vermögen der Kirchen, wenn beide sich noch transparenter machten – und das nicht nur hypothetisch, sondern tatsächlich. Zahlen zu veröffentlichen ist erst mal kein Beweis für Inhalt. Deswegen ist die Transparenzoffensive der Kirchen so wichtig – als Selbstverpflichtung und Zeichenhandlung.

3. Die Aussage, dass man als Kirchensteuerzahler etwas irgendwo recherchieren könne, wenn man denn nur wolle, zeugt von einer asymmetrischen Kommunikationsstruktur – das gilt für Kirchensteuer wie für jede andere Form der Kommunikation zwischen Institution und Menschen auch.

4. Der finanzielle Aspekt der ungelösten Altlasten ist ein Problem. Die Enteignung von vor über 200 Jahren wird bis ins Unendliche abgegolten. Dabei gibt es einen Verfassungsauftrag, diese Zahlungen abzulösen. Und auch die Kirchen sind – theoretisch – daran nicht uninteressiert. Es stellt sich aber die Frage, wie man mit den kirchlichen Ansprüchen, die zwar rechtens, aber

für manche Menschen nicht akzeptabel sind, auf die jeweiligen Bundesländer zugeht und überlegt, wie man gemeinsam zu einer Lösung kommt.

5. Trotz aller Kontroverse: Von der Kirchensteuer wird viel Gutes getan. Davon werden auch (!) Strukturen geschaffen, die für die gesamte Gesellschaft und kommunale Gemeinschaft zugänglich und nutzbar sind. Deswegen sind die Unkenrufe häufig verständlich, aber oft auch verkürzt. Denn wie bei vielem anderen auch, wird man erst verstehen, was man hatte, wenn es nicht mehr da ist. Und mit dem Wegfall der Kirchensteuer würden durch die Einbußen der Einnahmen viele Angebote nicht mehr stattfinden können. Trotzdem bleiben Schwierigkeiten: Warum wissen die Kirchenmitglieder nicht, was mit ihren Kirchensteuern passiert? Warum können Sie nicht mitbestimmen (und nein: der Verweis auf demokratische Strukturen in Ausschüssen, Gremien und Synoden hilft an dieser Stelle nicht)? Würde es zu mehr Verantwortung für alle kommen, wenn man die Kirchensteuer durch freiwillige Beiträge und Spenden substituiert?

6. Ist das eigentliche Kapital nicht Vertrauen? Denn das fehlt Kirche an manchen Stellen zusehends.

Und damit schließt sich der Kreis zum Anfang des Kapitels: Über Geld muss man sprechen – aber ganz unaufgeregt.

PS: Übrigens ist der vermeintliche Bilderbuchbösewichtsbischof aus Limburg natürlich nicht von der Bildfläche verschwunden. Klar, er war eine kurze Zeit zur Kontemplation im Kloster, aber weil Kirchen eben behördenartige Strukturen sind, geht da niemand so ganz – zumindest nicht weg, nur woandershin. Aber während die Gemeinde Limburg auch heute, fünf Jahre später, noch mit den Nachwehen dieses Skandals kämpft und beide Geschwisterkirchen noch darunter leiden, ist der Urheber des Ganzen munter in einer neuen Position im Vatikan. Er sitzt im ‹Päpstlichen Rat zur Förderung der Neuevangelisierung›.

Na klar.

BINGO, BIBEL, BATIKSCHAL

E s riecht süßlich-vergoren. Ich vermute Sahnetorte und Mandarinenabrieb. Über dem idyllischen Ratzeburger See, den wir von hier aus sehen können, hängen dramatische Wolken – als ahnte schon jemand, wie entlarvend die kommenden Stunden enden würden. Ich glaube eh, dass Gott einen Hang zu Theatralik und Situationskomik hat, deswegen passt das aufziehende Gewitter genau jetzt auch hervorragend. Mir tut der Hintern von den unbequemen Stühlen weh, auf denen wir seit Wochen sitzen müssen, um neben Befindlichkeiten und Bibeltexten über Kirchengemeinden, Katechismus und unsere pastoralen Rollen zu reden. 20 junge Menschen sitzen hier im Stuhlkreis und lassen sich zu Pfarrerinnen und Pfarrern ausbilden. 20 junge Menschen, von denen mir persönlich viele wieder ein bisschen Hoffnung für meine Kirche geben. Kluge, kritische, kreative Köpfe. All diese Menschen sind Vikarinnen und Vikare – genau wie ich, nur dass die anderen Vollzeit beschäftigt sind, in ganz unterschiedlichen Kirchengemeinden vom kleinsten Dorf über Küstenkurort bis hin zur Großstadt. Sie haben ihre Wohnungen aufgegeben, ihre gewohnten Strukturen hinter sich gelassen, um sich ‹verschicken› zu lassen. Nach Büdelsdorf und Bettrum, Nutteln und Neumünster. Zum Beispiel. Sie alle

haben zu Beginn ihrer Zeit in dieser praktischen Ausbildungs-
phase ein halbes Jahr an einer Schule Religion unterrichtet, arbeiten jetzt in den ihnen zugeteilten Gemeinden und laufen mit
ihren Anleiter*innen mit, erfahrenen Kolleg*innen. Sie lernen
das Handwerkszeug des Pastorenlebens: also Gottesdienste,
Amtshandlungen (Taufen, Trauungen, Beerdigungen), Verwaltung, Kirchenrecht, Seelsorge, Besuche und Mitarbeiter*innen-
führung. Und sie erfahren ganz persönlich, wo Kirche für sie
funktioniert, wo nicht und welche Bereiche für sie zukunftsfähig sind.

Die Aufgabe für den heutigen Nachmittag ist eine Bestands-
aufnahme. Wir alle sollen aufschreiben, welche Angebote es in
unseren jeweiligen Gemeinden für ältere Menschen gibt. Also
setzen wir uns zusammen und grübeln wie in Stuhlkreiskon-
stellationen üblich – erst allein, dann in Murmelgruppen und
anschließend im Plenum. Unsere Erkenntnisse halten wir auf
feuerroten Karteikarten fest, die passender nicht sein könnten,
denn die Ergebnisse sind alarmierend. Die angepinnten Karten
lesen sich, als hätte ein zorniger Zyniker jedes ihm nur einfal-
lende Kirchenklischee überzeichnet in einer Top-Ten-Liste des
Grauens zusammengefasst. Wahnsinn!
    Da stehen tatsächlich Dinge à la ‹Bibelbingo›, ‹Bastelabend
für Seniorinnen und Senioren›, ‹Bibelkreis für Senioren›, ‹Buntes Herbstblätter-Malen›, ‹Bingo, Bibel, Batiken› ...
    Zuerst fällt mir auf, dass Alliterationen offensichtlich immer
noch das liebste Stilmittel von Theologenmenschen sind. Dann,
dass Bingo tatsächlich überwältigende Präsenz im kirchlichen
Leben hat. Warum nur? Drittens und wahrscheinlich am wichtigsten: Was auf den rund 40 Karten steht, die an der Pinnwand
des Schreckens hängen, ist zum größten Teil wirklich furchtbar.
Dabei habe ich an sich gar nichts gegen Bingo.

Ein guter Gradmesser für den schieren Schrecken, der sich dort präsentiert, ist die Regionalmentorin, die diesen Vikariatsjahrgang betreut: eine kluge, engagierte, gelassene Frau, die, in Ostdeutschland aufgewachsen, noch einen viel umfassenderen Blick auf Kirche hat. Diese erfahrene Frau schüttelt nun kaum merklich seit gut 12 Minuten den Kopf. Ihr Blick ist eine Mischung aus Entsetzen und Enttäuschung ob der Skurrilitäten, die auf den Karteikarten stehen. Als wir mit den Angebotsvorstellungen unserer jeweiligen Gemeinden zum Ende gekommen sind, sagt die erfahrene Theologin, die selbst jahrelang Pröpstin, also Vorgesetzte etlicher Pastorinnen und Pastoren war: «Ich bin wirklich sprachlos – das ist ja furchtbar! Ich bin in einem Alter, in dem das alles Angebote für mich sein sollen – und ich würde an keinem einzigen dieser Dinge teilnehmen.»

Stille. Wir schauen uns ein bisschen bedröppelt, aber eigentlich bestätigt an, denn genau das haben die meisten von uns vermutet.

Diese Episode ist aus drei Gründen interessant.

Zum einen, weil sie kirchliches Angebot und gemeindliches Leben repräsentiert. Wie immer nicht überall, aber in der Konstellation, in der wir da im Gesprächskreis sitzen, eben zu großen Teilen. Und das ist ein echtes Problem: Warum sollte ich mich für Kirche interessieren, wenn es dort kein Angebot gibt, das mich wiederum in meinen Interessen wahr- und ernst nimmt? Schlimmer noch: Wenn Kirche ein Club ist, der so was anbietet und mich dann auch noch da mit reinziehen will, weil ich angeblich Zielgruppe dafür bin, dann geh ich nicht nur nicht hin, sondern finde das schrecklich und gebe das gerne auch so weiter.

Zweitens: Diese Episode beschreibt ein strukturelles und demographisch-systematisierendes Problem.

Und drittens: Sie steht repräsentativ für ganz viele solcher Episoden, in denen Angebote an vermeintlichen Zielgruppen vorbei gemacht und durchgehalten werden.

Stellen Sie sich vor, Sie stehen in Ihrem Heimatort neben dem Gemeindehaus, schauen auf die Kirche und kommen ins Grübeln. Sie hadern ohnehin mit diesem Verein, überlegen, ob Sie austreten sollten – und Ihr Blick fällt auf den Gemeindeschaukasten, der dann auch noch ein wirklich deprimierendes Bild liefert: optisch und inhaltlich.

In all den Jahren, in denen ich mich mit Kirche beschäftige, habe ich einen einzigen (!) Schaukasten gesehen, der mich angesprochen hat. Das ist keine besonders gute Quote. Ein einziger Schaukasten, in dem nicht entweder längst vergangene Termine beworben wurden, Spinnenweben hingen, abgefallene Buchstaben herumlagen oder kaputte Leuchtleisten das düstere Angebot betonten. Und nein: Ein dicker roter Pfeil, der auf ein vergilbtes, schlecht selbstgebasteltes Plakat zeigt, das auf eine Lesung verweist, die vor 12 Wochen stattgefunden hat, ist einfach kein gutes Aushängeschild.

Wären Sie angesichts solcher «Werbung» motiviert, der Kirche noch eine Chance zu geben? Vor allem, wenn Sie eh schon hadern?

Wie gesagt, ich habe nichts gegen Bingo und auch nichts gegen Menschen, die Bingo spielen, von mir aus auch in Gemeindehäusern. Das Problem ist ein anderes, und das wird in der Runde der Vikarinnen und Vikare, mit denen ich im Stuhlkreis sitze, ganz deutlich. Denn auf die kluge Rückfrage, warum es denn all diese abwegigen Angebote in den Gemeinden gebe, kommt von fast allen die gleiche Antwort: «Das war schon immer so.»

Diese Begründung ist der sprichwörtliche Tod im Topf. Und

weil sie ausschließlich selbstreferenziell ist, ist sie auch das Ende von Innovation und Aktualität. Natürlich wird ‹Bibelarbeit für Senioren› immer aktuell sein. Das Problem dieser Begründung liegt woanders – denn «Das war schon immer so» steht dem Grundsatz ‹Ecclesia semper reformanda› diametral entgegen.

Außerdem wird darin versucht, eine qualitative Bewertung an einem habituellen Phänomen zu begründen: «Das war schon immer so» kann ja auch heißen, dass es immer schon schlecht war.

Die größte Schwierigkeit steckt aber im Problem der Ressourcenbindung. Natürlich darf in Kirche nicht immer nur ökonomisch gedacht werden, und einige Biblizisten werden jetzt das Gleichnis vom verlorenen Schaf auspacken und ohne Kontext in den Raum schmeißen, um daran zu verdeutlichen, dass ja auch das Bedürfnis von Einzelnen in Gemeinden bewahrt und gesehen werden muss. Aber wenn Gemeindemitglieder und Kirchengemeinderäte etwas «schon immer so» machen und es nur deshalb nicht loslassen können, zwingen sie Hauptamtliche und vor allem die pastoralen Personen damit in die Knie. Wenn Sie also eine selbstverwaltete, selbstorganisierte und vor allem selbstständige Bibel-Bingo-Dreiergruppe leiten, die den örtlichen Gemeindesaal aufschließt, spielt, anschließend das Licht ausmacht und abschließt – herzlich willkommen. Wenn Sie davor immer noch eine Andacht, danach einen Segen und zwischendurch noch einen turbulenten Tischumbau des Küsters, der eine Drittelstelle hat, erwarten, binden Sie wertvolle Ressourcen, die dringend gebraucht werden, um endlich einmal wieder darüber nachzudenken, womit man Menschen eigentlich noch erreichen könnte. Sie binden Zeit und Muße, in denen Menschen Kirche als Kommunikationsgeschehen ernst nehmen und leben könnten, um mit anderen Menschen ins Ge-

spräch kommen. Denn Sie haben ja Ihren Ort und Ihre Gemeinschaft offensichtlich schon gefunden – auch wenn mittlerweile
statt der anfänglichen 30 vor 30 Jahren nur noch 3 Personen
teilnehmen.

Sie denken, ich übertreibe?

Lassen Sie mich Ihnen die Geschichte von ‹dem Frühgottesdienst› erzählen, denn: Es geht hier nicht nur um Angebote
für Seniorinnen und Senioren, sondern um ein viel größeres
Problem.

Ich war eine Zeitlang Praktikant in einer Hamburger Kirchengemeinde, in der ein langjähriger Pastor in den Ruhestand
versetzt worden war und das einfach nicht hinnahm. Er blieb
also jeden Tag in der Gemeinde omnipräsent und agierte, als
wäre er dort noch immer für alles zuständig. Dieser Pastor
hatte zusammen mit drei Männern aus dem Kirchengemeinderat 20 Jahre zuvor als Profil dieser Gemeinde eingeführt, dass
es dreimal die Woche einen ‹Frühgottesdienst› gab – eher eine
halbstündige Morgenandacht. So weit, so gut. Vor vielen Jahren hatte das vielleicht einmal gut funktioniert – heute war es
dem Pastor, der jetzt im Amt war und mit drei schulpflichtigen
Kindern alle Hände voll zu tun hatte, kaum möglich, diese Mor-
genandachten zu halten. Und das eigentlich Frustrierende: Es
kam sowieso niemand. Wirklich. In den Wochen meines Prakti-
kums hatte einmal ein einziges Gemeindemitglied die Morgenandacht besucht – abgesehen vom Pastor und dem Organisten,
die ja Anwesenheitspflicht hatten. Und natürlich kam der Kollege im Ruhestand jedes einzelne Mal, um zu kontrollieren, dass
diese Zwangsbeglückung auch wirklich stattfand. Und nach
fast jeder Andacht musste er Dinge, die ihm nicht gefallen hatten, dringend loswerden – gerne auch bei seinen Verbündeten
im Kirchengemeinderat, die natürlich auch von der Notwendigkeit dieser morgendlichen ‹Institution› überzeugt waren,

zu der sie selbst niemals erschienen – denn «das war ja immer schon so».

In kirchlichen Strukturen werden Gemeindeglieder in Altersgruppen eingeteilt – in etwas überraschende. Die erste Lebenshälfte wird noch halbwegs differenziert portioniert – aber ab 50 gilt man als Senior oder Seniorin.

Die Kirchen wissen um das Problem und sind – zumindest weiß ich das von meiner Kirche – bemüht, diese Kategorisierung zu differenzieren, aber: Transformationsprozesse sind bekanntlich langsam.

Natürlich kann es nicht ausschließlich altersspezifische Angebote geben, und 50- und 84-jährige Menschen haben auch Dinge und Interessen gemein. Und es ist eine große Stärke von Kirche, dass Menschen allen Alters dort zusammen Gemeinschaft im Glauben finden. Trotzdem ist es für Sie als 50-Jährigen, der mitten im Leben steht und beruflich auf dem Zenit ist, wahrscheinlich schwer, eine Beziehung zu Ihrer Gemeinde zu finden, wenn das Angebot für Ihre Altersgruppe ‹Bibellektüre im Seniorenstift› heißt.

Zwei kurze Überlegungen können vielleicht als kleines Gedankenspiel helfen, wenn es um die Wahrnehmung von ‹Menschen im Alter› geht und die Angebote, die häufig in Gemeinden für diese zu finden sind:

Erstens gibt es häufig etwas, das ich gerne für mich unter der Hand als ‹das Aussterben der Omas› bezeichne. Das ist weder schmeichelhaft noch politisch korrekt und auch wissenschaftlich nicht belegbar, es ist eher eine Beobachtung, die ich in den meisten meiner Berufsfelder mache: Es gibt keine Omas mehr. Und mit dem Begriff meine ich tatsächlich das, was man sich als überzogenes Bild davon vorstellt, also solche Omas, wie ich selbst zwei hatte. Zwei wirklich alte Damen, deren liebstes Kleidungsstück ihre Kittelschürze war, die sich freitags die Lockenwickler reingedreht haben und sich zur Feier des Tages einen großzügigen Schuss Gin in ihren mittäglichen Orangensaft gegönnt haben. Solche Omas, von denen man schon als Kind dachte, sie wären schon irgendwie als Omas auf die Welt gekommen – jüngere Omas selbstverständlich, aber eben schon Omas. Solche, die Braten machen konnten und Schneidebohnen, Mehlschwitze und mit knorrigen Händen Salzkartoffelkunstwerke schnitzten. Die gibt es zusehends nicht mehr. Das mag an gesellschaftlichen Faktoren, der Verschiebung von Arbeitskontexten, sich in den letzten Jahrzehnten graduell verändernden Rollenbildern, Idealen im Wandel oder einer generell besseren Gesundheitsversorgung liegen. Wichtig ist aber zunächst die Feststellung, dass es die Zielgruppe, für die häufig in Kirchengemeinden vermeintlich zielgruppenspezifische Angebote gemacht werden, sukzessive nicht mehr gibt. Wenn ich mir eine Oma-Generation später angucke, also die Omas meiner dreijährigen Tochter, dann sind das völlig andere Lebenszusammenhänge, in denen sie leben und agieren. Das sind zwei selbstbestimmte, kluge, emanzipierte und vor allem mobile Frauen, die genau dieselbe Reaktion auf das Angebot, das auf den Pinnwänden stand, haben wie die kluge Regionalmentorin in der Runde. Und wie alle ihre gleichaltrigen Freundinnen und Freunde auch – die kenne ich nämlich alle.

Dazu kommt – gerade in der besonderen Perspektive des Alters – oftmals eine merkwürdige Form von Infantilisierung: Auf einmal gibt es im Alter wieder Angebote, die auch in Kindergärten gemacht werden. Auch das ist ein möglicher Ansatzpunkt, um über Veränderungen im Angebot nachzudenken, denn von all den älteren Menschen, die ich in Einrichtungen oder gemeindlichen Kontexten besucht habe, wollte noch niemals jemand die Geschichte der Arche Noah aus Kastanienmännchen nachbauen. Noch nie. Die freuen sich sehr, dass man da ist, aber die möchten gerne auch ernst genommen werden und über ihre Lebensthemen sprechen.

Also Gedankenspiel eins: ‹Das Aussterben der Omas›.

Das andere ist der sehr einfache Satz: Die 68er sind heute 68.

Die vermeintlichen Seniorinnen und Senioren von heute sind in der Zeit der Studentenunruhen erwachsen geworden, in der Zeit von Jimi Hendrix, Janis Joplin und Joe Cocker, in gesellschaftlichem und politischem Umbruch, mit Sex, Drugs and Rock 'n' Roll. Die suchen etwas anderes als «Das war schon immer so». ‹Die 68er sind heute 68.›[98]

Kommen Sie mit mir noch einmal zurück in den Stuhlkreis, in dem die klugen und kreativen jungen Menschen, die in Zukunft Kirche für viele gestalten möchten, sich nicht mit der Top Ten des Grauens zufriedengeben wollen.

Das einzige Gemeindeangebot, an dem die kluge Regionalmentorin potenziell teilgenommen hätte, war eine Mischung aus Stadtrundgang mit besonderer politischer, kultureller und theologischer Perspektive. Ihre Begründung war so einfach wie brillant: «Das sind Themen, die mich in meinem Leben wirklich interessieren.»

Es ist fast zu einfach, um wahr zu sein: Vielleicht hat Kirche ein Relevanzproblem, weil wir häufig so unglaublich irrelevante Themen in unglaublich absurden Formaten anbieten.

Mit dieser überraschend simplen Einsicht machten sich die Vikarinnen und Vikare daran, für ihre Gemeinden jeweils ein Format für ältere Menschen zu entwickeln. Vorgaben: Es musste von der Altersstruktur her viel enger gewählt werden, es gab keine «Das war schon immer so»-Einschränkung, und das Angebot durfte keinem Klischee der Größenordnung ‹Bibel, Bingo, Batikschal› entsprechen.

Die Ergebnisse waren bemerkenswert: besondere Projekte, in denen es um die Menschen ging, um kulturelle, spirituelle, gemeinschaftsstiftende, diakonische, lustvolle, politische und musikalische Konzepte. Um Anregung zur liebevollen und konstruktiven Kritik und um Konzepte zum neuen und schamlosen Kennenlernen der eigenen Religion. Es ging um Lust – auf allen Ebenen.

Als alles an der Pinnwand stand und wir uns euphorisiert umschauten, machte sich eine Erkenntnis breit: Das waren allesamt keine altersspezifischen Themen, sondern einfach gute Konzepte, die Kirche relevant machen könnten.

Erkenntnis des Tages:

Dieses Erlebnis ist tragisch entlarvend, weil es zeigt, wie oft Angebote an vermeintlichen Zielgruppen vorbei gemacht und ‹durchgezogen› werden.

Überlegen Sie doch mal, welche Angebote Sie sich von Ihrer Gemeinde wünschen würden? Wo würden Sie hingehen? Mehr noch: Wohin würden Sie Ihre Freundinnen und Bekannten einladen?

Und verabschieden Sie sich von «Das war schon immer so».

Wenn Ihnen etwas einfällt, dann geben Sie es den Hauptamtlichen weiter. Denn: Das ist Ihre Gemeinde, Ihre Kirche.

DU SOLLST DIR KEIN BILD MACHEN

Was ist Ihr Bild von Kirche?

Ich weiß, dass man sich kein Bild von Gott machen soll[99], aber wir sprechen jetzt über Ihre Zweigstelle, die Kirche.

Also: Welches Bild von Kirche haben Sie im Kopf?

Und woraus entsteht dieses Bild? Aus Erfahrung, Prägung, Klischees?

Vermutlich ist Ihr Bild von Kirche auch von medialer Berichterstattung geprägt, und wie wir wissen, wird in der Wahrnehmung von negativer Berichterstattung nicht zwischen den beiden Geschwisterkirchen unterschieden. Wenn der Papst sich also über seine Vorstellung von Sexualmoral und das katholische ‹Kondomverständnis› äußert, fällt das auf alle christlichen Kirchen zurück, und Menschen treten in der Folge auch aus der evangelischen Kirche aus.[100] Noch schlimmer: Wenn wieder ein abscheulicher Missbrauchsfall ans Licht kommt, fällt auch das auf alle zurück. Und hier geht es nicht um ein schlechtes Image, sondern um den skandalösen Umstand, dass Missbrauch noch immer geschieht und die Kirchen nicht viel entschiedener, klarer und konsequenter durchgreifen, Stellung beziehen, aufarbeiten und vor allem Prävention betreiben, damit es keine Täter mehr in Vertrauenspositionen in unseren Kirchen gibt.[101]

‹Negativschlagzeilen› (in diesem Kontext natürlich kein angemessener Begriff) haben einen viel stärkeren Einfluss auf die öffentliche Wahrnehmung, als jede noch so positive Nachricht, die es ja durchaus auch gibt.

Kirche, Öffentlichkeit und Medien haben eine schwierige Dreiecksbeziehung. Um einige Aspekte dieser Gleichung soll es in diesem Kapitel gehen.

CHRISTENTUM UND MEDIEN

Das Christentum ist eine ‹Medienreligion› und war immer schon auf mediale Vermittlung ihrer Inhalte angewiesen (auch wenn wir uns als Kirchen, Institutionen und Theologietreibende damit häufig auf vielen Ebenen irritierend schwertun). Wir glauben an einen Mittler, also ein Medium zwischen uns und Gott – an Jesus Christus. Der ist im Übrigen das fleischgewordene Wort Gottes[102], also Medium in doppelter Hinsicht. Auch ansonsten sind wir immer schon abhängig gewesen von ganz unterschiedlichen Medien: Thora, Neviim, Ketubim, Evangelien, Epistel, Abendmahl, Blut, Kreuz, Wundmale, Kommunikation des Evangeliums und so weiter. Wir sind also durch und durch eine Medienreligion; eine, die aber mit den modernen Medien erstaunlich schlecht zurechtkommt.

Dabei findet Kirche durchaus in Massenmedien statt. Ein guter Gradmesser für ihre narrative Funktion ergibt sich durch einen Blick auf aktuelle Serien und Filme. Ganz im Sinne einer Neuinterpretation von Luthers Diktum «Dem Volk aufs Maul [zu] schauen»[103] müssen wir verstehen, was die Menschen umtreibt, was sie berührt, was sie als sinnstiftend verstehen, welche Sprache, Atmosphäre, Tempo, Ästhetik und Zugänge heute Usus sind, sonst hängen wir uns selbst ab. Denn Exklusivität ist bekanntlich so lange ein Luxus, wie sie auf eine Form von Sehnsucht trifft – und nicht mehr, wenn sie auslädt. Trotzdem gilt auch an dieser Stelle wieder, dass ein Bewusstsein auf aktuelle mediale Inszenierungen und ästhetische Präferenzen nicht im Umkehrschluss automatisch alle Traditionen ersetzt.

Ich habe vor einiger Zeit einen Artikel gelesen, der mich selbst herrlich entlarvte. Denn obwohl ich selber Medien mache und mich gelegentlich rühme, einen besonderen Blick darauf zu haben, gehöre ich ja einer Kirche an und bin mit deren mitunter etwas hilfloser und merkwürdiger Medienarbeit konfrontiert. Mehr noch: Ich bin Teil einer Forschungsgesellschaft für populäre Kultur und Religion und sitze auch noch an einem Dissertationsprojekt über mediale Inszenierungen biblischer Geschichten. Und trotzdem fühlte ich mich neulich dabei ertappt, dass ich wieder meine besondere Kirchenbrille aufhatte. Zwei andere Menschen, die nicht zur Kirche gehören, unterhielten sich in der «New York Times» über die Frage nach der medialen Wahrnehmung von Gott in zeitgenössischen Serien. Der Artikel war mit dem enigmatischen Titel «Where is God on the Small Screen?»[104] überschrieben und war weniger eine wissenschaftliche Abhandlung als vielmehr eine Art pseudo-akademische Plauderei eines Autorenpaares: Margaret Lyons und James Poniewozik. Beide beschäftigten sich aus ihren jeweiligen Perspektiven heraus, nämlich als Kulturjournalisten, die soziokulturelle und gesellschaftspolitische Phänomene rezipieren und interpretieren, mit der Frage nach einer Neuentdeckung der Darstellung religiöser und konfessioneller Themen im weltweiten Fernsehen. Dieser Artikel ist aus ganz unterschiedlichen Gründen spannend, auch weil er perspektivisch das macht, was wir aus unserer kirchlichen Binnenperspektive häufig nicht so gut können: Er schaut mit einem frischen, nicht systemimmanenten Blick, der dabei medienwissenschaftlich pointiert ist, auf die neuen Gesprächsansätze und Inszenierungen, die es für Religionen und Theologie durch die massenmediale Verbreitung gibt. Oder anders gesagt: Da gucken kluge Profis, wie in neuen TV-Formaten über Glauben, Gott, Kirche und Klischees gesprochen wird. Und das ist wichtig, weil diese Darstellungen und deren Verbreitung einen Teil der öffentlichen Wahrnehmung von Kirche prägen. Natürlich nicht nur, aber eben auch.

Anlass für diesen Artikel war der Start des Dramas «Greenleaf»[105], einer erfolgreichen Serie, die auf OWN läuft, dem von der amerikanischen Medienmacherin Oprah Winfrey ins Leben gerufenen Kabelnetzwerk. Es war eine der Erfolgsgeschichten des Fernsehsommers 2016. Neben der Rückkehr von Oprah Winfrey als Schauspielerin ging es vor allem um ein interessantes – sehr amerikanisches – Thema: eine christliche ‹Megachurch› und all die Machtkämpfe, Mühen, Intrigen und Streitereien der Familie, die sie leitet. Wenngleich das Thema ‹Megachurch› in Deutschland wahrscheinlich nicht sofort Identifikationsmomente bietet, wird an «Greenleafs» Erfolg ein Paradigmenwechsel deutlich: So wichtig die persönliche Religiosität und die Zugehörigkeit zu einer institutionell verfassten Religionsgemeinschaft – in unserem Fall einer christlichen Kirche – im Leben vieler amerikanischer Zuschauer ist, so sehr wurde der Containerbegriff ‹Glaube› oder Religionszugehörigkeit als explizites Thema in Serien bis dato funktionalisiert. Entweder als bewusst schmalziges Schamfernsehen mit eher romantisierenden Anleihen – wir erinnern uns alle noch an «Ein Hauch von Himmel»[106]. Oder genau als das Gegenteil: als Vehikel für übernatürliche Handlungen und Geschichten wie beispielsweise in «The Exorcist».[107] Oder sie wurde einfach ignoriert.

«Greenleaf» ist deshalb ein spannendes Beispiel, weil bisher nur selten so eine eindringliche, lebensnahe und realistische Darstellung einer Alltagsspiritualität und -frömmigkeit zu sehen ist: Religion als eine Art zu leben, als ein Interpretationskompass für Moral und Werte, für Gut und Böse und eine Möglichkeit für

scheiternde und gescheiterte Menschen, sich mit der Existenz an sich zu beschäftigen. Mit Hoffnungsvorstellung und der fundamentalen Erfahrung, dass Menschen scheitern dürfen, aber nicht gescheitert bleiben müssen. Es ist also das erste Mal, dass Religion keine funktionale und stilisierte Außenseiterposition hat, sondern integraler und konstitutiver Bestandteil des erzählten Lebens der Protagonisten ist.

Ich möchte Ihnen hier nicht das ganze Gespräch wiedergeben, aber es ist wahnsinnig spannend. Die beiden Kulturjournalisten deklinieren einmal anhand der beliebtesten amerikanischen Serien durch, welche Darstellung von Christentum und Kirche es darin eigentlich gibt. Dabei ist die Feststellung bemerkenswert, dass in einer Studie 77 Prozent der befragten Amerikaner*innen sich selbst in irgendeiner Form als religiös bezeichnen und ein noch höherer Prozentsatz Serien guckt. Trotzdem haben es – zumindest für die beiden Kritiker im Interview – Fernsehmacher bis 2016 nicht geschafft, eine Form des Ausdrucks zu finden, die religiöse Alltagspraxis auf eine Art und Weise inszeniert, die für Menschen, die explizit keine Theologen sind, nicht irgendwie konstruiert, funktionalisiert oder mittelbar sind oder Religion ausschließlich als universalen Moralkompass verstehen und darstellen.

Sie sehen, worauf ich hinauswill: Zugehörigkeit zu einer Glaubensgemeinschaft oder einer Kirche gibt es in dem am weitesten verbreiteten Medium der Welt nur funktionalisiert. Die beiden TV-Experten finden kein Beispiel, in dem Religion und Religiosität in Fernsehformaten nicht als besondere Außenseiterposition dargestellt wird. Es gibt immer nur den/die eine/n

‹Quotenchristen*in›, der/die eine Art Universalmoralkompass-funktion für das jeweils gerade dargestellte ethische Dilemma einer Folge oder eines Erzählbogens ist. Oder gerne auch eine überzeichnete bunte und schrille oder im Gegenteil als einfältige Karikatur. Und na klar: Religionen und persönliche Religiosität haben immer auch etwas Skurriles. Und darüber darf auch gelacht werden. Vielleicht ist das ja auch ein Reflex, wenn man nicht zu dem Kreis der jeweils Eingeweihten gehört. Kulturanthropologisch erscheinen unterschiedliche und jeweils eigene religiöse Kodizes und Symbole mitunter befremdlich (und wir machen es übrigens auch häufig nicht besser, wenn wir die immer gleichen klischeegetränkten Bilder nehmen: noch ein Steg im See, noch eine kitschige Kerze, noch ein Foto von einem Meer mit dem klugen Spruch: «Gottes Liebe ist wie das Meer.» Was soll das heißen? Man ertrinkt in ihr? Mikroplastik?). Und scheinbar überwiegt dieses Gefühl der Fremdheit auch bei den Menschen, die Serien machen, denn darin gelingt es bisher nur selten, mit dem Thema Religion und Glaube nicht metaphorisch, sondern konkret, dabei aber nicht überstilisierend – in welche Richtung auch immer – umzugehen.

Warum ist dieses Beispiel nun interessant? Weil an ihm deutlich wird, wie Kirche oder institutionelle Religion mitunter wahrgenommen und erzählt wird. Wie immer: nicht nur, aber eben auch.

Jetzt wäre es spannend zu schauen, ob es eine Übertragung vom Beispiel der Serien auf die analoge Welt geben kann. Denn ich habe den Eindruck, dass viele Formen von medialer Äußerung – ob über oder von Kirchen selbst – häufig weltfremde, überzeichnete und verstaubte Bilder hervorrufen. Und diese übertragen sich natürlich aus digitalen in analoge Kontexte. Religion wird medial (nicht nur in Serien) als etwas Funktionales[108] und mitunter Eigenartiges, Skurriles und manchmal auch

Rückständiges dargestellt. Dadurch wird sie vielfach auch als solche wahrgenommen.

Das ist eine Seite der Erkenntnis der beiden Medienexperten. Die andere ist etwas unangenehmer: Wir als Kirchen haben verpasst, mediale Sprachfähigkeit zu aktualisieren, also unsere Sprache an moderne Kontexte anzupassen. Und es geht dabei nicht um die dogmatische Frage nach Tradition und Proprium, die wir vermeintlich aufgeben, wenn wir uns auf Medien einlassen. Vielmehr will ich im doppelten Sinne Werbung für Medien machen: für die Wiederentdeckung der eigenen, immanent kirchlichen und eine Neuentdeckung von (Massen-)-Medien, die Menschen auch verstehen. Denn nach wie vor sind Inhalt und Form untrennbar aufeinander bezogen. Das gilt nicht nur seit der Debatte über das Wesen der Ästhetik im 18. Jahrhundert, sondern für alle Formen des inhaltlich motivierten Ausdrucks. Also unbedingt auch für die Formen, die wir als Kirchen finden, um Glauben zu transportieren, zu vermitteln und selbst auszudrücken. Sprache ist, um nur ein Beispiel zu nennen, eine Form, mit der sich zunehmend schwergetan wird.

Warum ist es denn überhaupt wichtig, dass Kirche «was mit Medien» macht?

Weil wir in sich verändernden medialen Kommunikationszusammenhängen leben und sich unser Verständnis von der Welt aus sich verändernden Medien speist. Dabei müssen wir eine Rolle spielen, und das sollten wir gut und klar und offen tun. Denn: Frequenz und Bildsprachen haben sich verändert, Algorithmen und Sehgewohnheiten beeinflussen, wie wir Informationen wahrnehmen und filtern. Und weil Medien nun mal unsere Kommunikation bestimmen und wir als Christenmenschen und Kirchen eine nicht ganz unwichtige Aufgabe haben, die wir

‹Kommunikation des Evangeliums› nennen, sollten wir uns damit auseinandersetzen.

Aber was heißt das konkret?

«Kirche [ist] Gemeinschaft der Menschen, die das Evangelium kommunizieren. Der vom Wirken und Geschick Jesu ausgehende Impuls war so stark, dass auch nach seinem biologischen Tod Menschen das Wirken Gottes in ihrem Leben entdeckten und die Hoffnung auf dessen Begleitung über den biologischen Tod hinaus nicht aufgaben. Sie kommunizierten das Evangelium.»[109]

Und reicht es nicht, wenn man das intern tut? Muss das denn in der Öffentlichkeit sein?

RELIGION UND ÖFFENTLICHKEIT

Ich sitze in einer Vorlesung in der Uni. Eine eloquente Professorin für Praktische Theologie hält einen wirklich klugen Vortrag; es geht um Religion und Öffentlichkeit. Die Professorin verhandelt die unterschiedlichen Forschungspositionen dazu – einerseits gibt es Menschen, die unbedingt befürworten, dass Religion und Öffentlichkeit einen – zunächst unbestimmten – Bezug zu- und aufeinander haben. Andere sind kategorisch dagegen, weil Religion bekanntlich Privatsache sein soll.[110]

Die Professorin stellt fast schon schelmisch dieses Dilemma auch innerkirchlich dar: Sie vergleicht zwei ‹Denkschriften› der Evangelischen Kirche in Deutschland – deren Entstehung allerdings 40 Jahre auseinanderliegt – und zeigt, mit welchem Selbstverständnis die evangelische Kirche noch vor 40 Jahren Öffentlichkeit einen ganz anderen Stellenwert einräumte. In der jüngeren Denkschrift hat sich die Haltung der Kirche drastisch verändert; es gibt durchaus ein Problembewusstsein, die

Kirchen wissen, dass Kommunikation sich verändert – sie haben nur noch keine Strategien entwickelt, um damit auch praktisch umzugehen. «Ist ja auch klar: Containerschiff Kirche ist einfach ziemlich langsam», denke ich, während die Professorin

166 in euphorischer Expertise weiterdoziert. Sie jongliert gekonnt unterschiedliche Beispiele von Diskursen zum Verhältnis von Religion und Öffentlichkeit; da fliegt die Frage nach dem ‹Öffentlichkeitsauftrag der Kirche› durch den Raum, da schallt der ‹Strukturwandel von Habermas›[111], der auch für die heutige Situation von Kirche und Öffentlichkeit immer noch relevant ist. (Und wieder wird deutlich: Viele unserer heutigen Probleme hatten wir auch schon vor 60 Jahren ...) Da geht es um das ‹Priestertum aller Gläubigen› und verschiedene kategoriale Definitionen der Begriffe ‹Religion› und ‹Öffentlichkeit›. Und mir schlackern die Ohren. «Recht hat sie!», denke ich und mache mir fleißig Notizen.

Ich schreibe kluge Sätze auf wie «Religion bleibt öffentlich aus ihren sozialen und gesellschaftlichen Kontexten und aus dem eigenen Selbstverständnis heraus». Ich vermute, das heißt, dass wir als Menschen, die einer institutionalisierten Religion angehören, immer automatisch beides sind: religiöse und zivilgesellschaftliche Individuen. Und deshalb sind Kirche und Religion auch immer automatisch beides, und Religion ist niemals Privatsache, weil wir ja weder noch ausschließlich sind.

Mir fällt auf: Es geht in den unterschiedlichen Diskursen und Positionen häufig um die Frage, wer eigentlich repräsentativ für Kirche in der Öffentlichkeit auftreten und sprechen darf. Mir kommen zwei andere Professoren aus Süddeutschland wieder in den Sinn, die sich in einem ganzen Buch darüber auslassen, das der Ratsvorsitzende der EKD, Heinrich Bedford-Strohm, in der Öffentlichkeit auftritt und ‹seine› Kirche vertritt. Darf er das eigentlich? Natürlich stellen diese beiden Autoren wiederum

klugen Menschen diese Frage, indem sie sie in einer Struk-
turanalyse unterbringen und generell wissen wollen, ob nicht
entweder alle oder keine*r die Kirche in der Öffentlichkeit repräsentieren sollen – also «Priestertum aller Gläubigen versus
Profikader».

Ich muss schmunzeln, weil die beiden so sehr über den Rats-
vorsitzenden schimpfen – der übrigens meistens in der Öffentlichkeit einen ziemlich guten Job macht –, dass das Ganze schon
ziemlich nach gekränktem Ego klingt. Die Frage, wer (wenn
überhaupt) Religion in öffentlichen Kontexten vertritt, hat vermutlich viel mit einem Gefühl der eigenen Position und Positionierung zu tun.

Die Professorin macht noch mal deutlich: Mediale, digitale
Kommunikation verändert sich und bietet für uns als Kirchen
Chancen – wenn wir diese Medien richtig nutzen. Im Kontext
neuer Medien verschieben sich zudem die Rollen von Produ-
zenten und Rezipienten[112], weil es viel mehr Möglichkeiten gibt,
selbst Medien zu erstellen – wir haben alle Kameras in unseren Handys und gehen damit selbstverständlich um – und fast
unbegrenzte Möglichkeiten, diese auch zu veröffentlichen und
sichtbar zu machen. In diesen veränderten Bedingungen gilt
die ‹Fragmentierungsthese›, die besagt, dass im Internet die
Öffentlichkeit zerfällt, da aufgrund der unendlichen Angebots-
menge und der eigenen Selektion die Aufmerksamkeit nicht
mehr gebündelt wird, anders als noch in Zeiten von linearen
Massenmedien. Dadurch geht aber eine gemeinsame Agenda
verloren, die notwendige Voraussetzung für funktionierende
öffentliche Meinungsbildung ist. Anders gesagt: Dadurch, dass
wir in unserem medialen Konsumverhalten nicht mehr an li-
neare Vorgaben gebunden sind, verschieben sich auch Ballung
und Auswirkung medialer Ereignisse. Im Internet kann (fast)

jede*r auch erst mal (fast) alles machen, gucken und senden, wann er*sie will.

Die Frage, ob Religion und Öffentlichkeit einen Bezug zueinander haben dürfen oder sollen, kann also gar nicht mehr gestellt werden, weil wir alle durch die Digitalisierung ohnehin öffentlich geworden sind. Also lautet die Frage nicht ‹ob›, sondern ‹wie›. Durch die digitalen Kommunikationsmöglichkeiten verschiebt sich auch die Frage, wie sich Öffentlichkeit gestaltet und wie sich Menschen in ihr artikulieren können. Für kirchliche Kontexte ergeben sich daraus ganz neue Formen von (Mit-) Gestaltung. Denn digitale Öffentlichkeit und Räume bieten einerseits Möglichkeiten zum Austausch, andererseits Möglichkeiten zum Ausdruck – Mediennutzung als Grunddimension sinnstiftenden Handelns.

Öffentlichkeit ist auch für die Kirche Partizipationsmöglichkeit und immer interaktiv. Die Digitalisierung dient uns als Kirche als Katalysator und verbindendes Element zwischen ‹denen dadrinnen› und ‹denen draußen›, weil sie die Hürde von Zugehörigkeit wahnsinnig niedrig macht.

Ich vermute, dass genau das – neben der Frage nach den Medien generell – ein wichtiger Kommunikationsaspekt sein wird. Wir wissen ja, dass die Frage nach Zugehörigkeit und das Scheitern daran ein Problem darstellt. Onlinebasierte Kommunikation kann diese Hürde nehmen, wenn man über Fragen zu Religion und Kirche ins Gespräch kommen möchte, ohne sich gleich zu intensiv darauf einlassen zu wollen. Dazu kommt, dass in dieser etwas anderen Perspektive auf den Begriff der Öffentlichkeit alle Christenmenschen, die sich medial äußern, Akteure religiöser Kultur werden (können). Damit wäre man also wieder bei einer Form des Priestertums aller Gläubigen, und Mediennutzung wird zu einer religiösen Grunddimension sinnstiftenden Handelns. Klingt auf jeden Fall klug.

Während ich lausche und staune, fällt mir auf: Hier sitzen ausschließlich supereingeweihte Ultrakirchenprofis. Beachtlich viele – aber alle sind Theologen*innen. Und diese Erkenntnis ist bei einem Vortrag über die Frage nach dem Verhältnis von Religion und Öffentlichkeit ein bisschen entlarvend. Der Vortrag der Professorin ist toll, erreicht aber doch nur Eingeweihte – ganz gleich, wie viele clevere Bücher über die Frage nach der Berechtigung der öffentlichen Auftritte von Heinrich Bedford-Strohm auch geschrieben werden. Solange wir eben nicht Kirche in der Öffentlichkeit sind, können wir viel darüber philosophieren und erreichen die Menschen ‹draußen› doch nicht.

HUCH, GOTT, WAS PASSIERT HIER EIGENTLICH GERADE?

Während ich dieses Buch schreibe, passiert etwas Merkwürdiges: Auf einmal ist Kirche in der Öffentlichkeit. Nicht mit der Projektion 2060, von deren Existenz Nichteingeweihte auch nichts wissen, und auch nicht mit einem weiteren Missbrauchsskandal. Es geht auch nicht um Jubiläen oder Kirchentage – sondern um eine Renaissance von Initiativergreifung: Fridays for Future. Eine junge Frau, eine Schülerin, erträgt den «Das war schon immer-so»-Kurs von alten weißen Männern nicht mehr, die durch ihre Gier den Planeten kaputt machen, und streikt. Ihr Protest ist ansteckend und entfacht ein Lauffeuer von Beteiligung und Engagement, das es in dieser Form lange nicht mehr gab. Und es ist wichtig, essenziell und existenziell. Und global. Und natürlich polarisiert es. Aber auch das ist gut so. Was hat das nun mit der Kirche, Öffentlichkeit und Medien zu tun? Alles, um ehrlich zu sein. Und wir können viel daraus lernen.

Ein Großteil der Vertreter*innen von Kirche in der Öffentlichkeit hat sich mit dem Grund, dem Streik, Greta Thunberg als

Person und der gesamten Bewegung solidarisiert. Mehr noch: Viele Kirchengemeinden und kirchliche Handlungsfelder unterstützen ‹Fridays for Future› mit Nachdruck. Es gibt Gottesdienste zum Thema, Menschen aus kirchlichen Leitungsebenen

laufen in Amtskleidung bei den Großdemos mit, Kirchenglocken werden wochenlang außerhalb der eigentlichen Regel symbolisch um ‹fünf vor zwölf› geläutet, in Gemeindeveranstaltungen finden Nachhaltigkeitsworkshops statt, und die Kirchen legen große Klimafonds auf, durch die innovative Konzepte entwickelt werden, damit Gemeinden Klimaneutralität erreichen.

Bei aller Initiative ist wichtig: ‹Fridays for Future› braucht die Kirchen zunächst nicht. Zumindest nicht mehr oder weniger als jede*n andere*n auch. Aber für uns als Kirchen ist im Zuge dieser euphorischen Bewegung etwas Wichtiges passiert: Wir wurden auf einmal wieder anders wahrgenommen. Natürlich: In der Zivilgesellschaft und der Kirchengesellschaft gibt es selbstverständlich Menschen, die weder die Bewegung unterstützen noch finden, dass Kirche sich darin engagieren sollte. Aber es ist wichtig wahrzunehmen, dass ‹die Kirchen› etwas zu dem Thema zu sagen haben und das auch tun. Zumal die Bewahrung der Schöpfung[113] ein fundamentales Thema im Christentum und nicht erst seit den 1980er Jahren im Zuge des ‹konziliaren Prozesses› auf der IV. Vollversammlung des Ökumenischen Rates in Vancouver en vogue ist. In dem Begriff ‹Bewahrung› schwingt immer schon die selbsttätige Verantwortung mit. Also – zumindest theoretisch – ist alles, was jetzt durch ‹Fridays for Future› endlich laut und wieder öffentlichkeitswirksam diskutiert wird, bei den Kirchen Thema. Mehr noch: Es ist ganz grundlegend in ihnen verankert und gründet sich auf biblische Geschichten.

Nun kann man es anbiedernd und heuchlerisch finden, dass Kirchen bei den Demos mitlaufen; ich bin anderer Meinung. Und ich vermute auch, dass es den Kirchen im Kontext des

permanenten eigenen Abgesangs und der Angst vor Relevanz-
verlust guttat. Und aus den Gründen, warum Kirche auf einmal
wieder öffentlich wichtig und präsent war, können wir lernen.
Durch die Positionierung haben wir unsere Blase verlassen. Auf
einmal waren wir bei der Diskussion gesellschaftlich relevanter
Themen sichtbar, anstatt nur im ‹kleinen Kreis› darüber zu sprechen – der alte «Ach so, Moment, das macht ihr?!»-Effekt, den
ich so häufig erlebe, die Erkenntnis meines Gegenübers, dass
Kirche ja etwas mit ‹dem echten Leben› zu tun hat. An dieser
Stelle wird ein fundamentales Vermittlungsproblem deutlich,
das mich in den Wahnsinn treibt, weil es für mich die Grundlage meines alltäglichen Glaubens ausmacht: Glaubensfragen
sind immer Lebensfragen. Sonst werden sie irrelevant. Die biblischen Geschichten, die Lehren von Jesus von Nazareth, die
Kirchengeschichte, die Verortung in Traditionslinien – all das ist
unmittelbar und immer auf das eigene Leben beziehbar. Ich bin
der festen Überzeugung, dass deswegen der christliche Glaube
so relevant fürs Leben sein kann, weil er direkt damit zu tun hat.
Weil er nicht vermeintlich weltfremd ist, sondern genau das Gegenteil: in dieser Welt und auf sie bezogen. Glaubensfragen sind
Lebensfragen, deshalb merken wir im Kontext von ‹Fridays for
Future›, dass es sich nicht konstruiert anfühlt, wenn die Kirche
sich einmischt und einbringt, laut wird und mit auf die Straße
geht. Denn genau das ist eines ihrer Kernthemen.

Ich bin der Meinung, dass Kirche sich klar zu gesellschaftlich
relevanten Themen äußern muss. Nicht immer mit dem wilden
Umherschmeißen von unerklärten und kontextlosen biblischen
Zitaten, sondern in einer Sprache, die Menschen verstehen, die
nicht dazugehören. Sonst bleiben wir weiter unter uns.

Ich hatte neulich eine wilde Diskussion mit einem Freund,
der gar nichts mit Kirche zu tun hat, über die Frage, was uns

als Kirche das Gefühl gäbe, besser zu sein als ‹seine Leute›, weil wir für ein spezifisches Projekt vornehmlich Menschen auf der Flucht einstellen. ‹Sie› täten das ja auch. Meine Antwort war: «Wir glauben nicht, dass wir besser sind, und wir sind es auch nicht. Aber du siehst, dass wir das Gleiche tun – wir machen es nur aus unterschiedlichen Motivationen. Davon ist nichts besser oder schlechter – und diese Trennung von ‹denen in der Kirche› und ‹deinen Leuten› ist doch auch nur destruktiv.»

Wir müssen Menschen deutlich machen, dass die großen gesellschaftlichen Themen für uns selbstverständlich relevant sind, weil wir immer beides gleichermaßen in uns vereinen: den Glauben und das Leben in einer Gesellschaft mit anderen konstituierenden Elementen. Das zu zeigen, zu machen und zu kommunizieren, ist unbedingt notwendig. Das gilt auch für die Institution Kirche(n) – denn auch diese sind in vielfältigen Kontexten unterwegs und müssen sich dazu verhalten. Damit sind sie selbstverständlich an Gesetz und Verfassung gebunden: Wir leben in einer klaren Trennung von Kirche und Staat. Kirche darf niemals parteipolitisch aktiv sein. Aber sie darf und muss sich natürlich einsetzen für Leben, Menschenrechte, Bewahrung der Schöpfung, Seenotrettung und all die großen gesellschaftlichen Lebensthemen, die für uns auch Glaubensthemen sind. Und ja: Menschen von innen und außen beschweren und empören sich über das Engagement in Sachen Seenotrettung: weil es zu spät kommt oder vermeintlich eine Politik unterstützt, die sie selbst nicht gutheißen, trotzdem ist die intrinsische Begründung, dass durch das Engagement von kirchlicher Seite Leben gerettet werden, ein wichtiges Signal – und natürlich vor allem eine noch wichtigere Tat. Menschen können sich durch solche Positionierungen abgehängt fühlen. Gerade jüngst äußerte sich der Religionssoziologe Detlef Pollack zur Frage nach politischem Engagement von Kirche – sagen wir mal – kritisch.

«Kirche muss für alle da sein. [...] Eine klare politische Positionierung der Kirche oder der Pfarrer kann sich, auch wenn man damit kurzfristig Menschen zu überzeugen vermag, langfristig nur negativ auf die Verkündigung der Botschaft auswirken.»[114]

Das Argument, wir wären ja ‹Kirche für alle›, ist, finde ich, immer ambivalent. Denn mit dieser Begründung kann man entweder alles oder nichts begründen, weil sich immer Menschen von Dingen angesprochen oder abgestoßen fühlen – oder eben indifferent sind.

Erkenntnis des Tages:
Für mich kommt gerade im Zusammenhang mit einer Positionierung zu Fridays for Future vieles zusammen: Signalwirkung, Engagement, Öffentlichkeit, eine Sprache, die auch Nichteingeweihte verstehen, und eine Möglichkeit, in Kontakt zu kommen. Nach wie vor gilt für mich die goldene Regel: «Man muss nicht alles glauben, aber man kann vieles wissen.» Deswegen ist für mich die Positionierung in öffentlichen, gesellschaftsrelevanten Diskursen immer eine Form von Kommunikation des Evangeliums. Wir kommen darüber ins Gespräch – miteinander, mit uns selbst und mit Menschen, die eigentlich nichts mit uns zu tun haben, weil sie sich ein Bild gemacht haben, das uns mitunter gar nicht entspricht. Manchmal vielleicht schon – und daran müssen wir arbeiten ...

LET'S MAKE GOTTESDIENST GREAT AGAIN!

ch sitze das erste Mal an Nicht-Weihnachten, also einem Moment, an dem ich nicht familiär sozialisiert zwangsverpflichtet bin, in der Kirche.[115] Genauer: im Gottesdienst; und ich fühle mich unwohl. Ich kenne die Menschen nicht, die hier sind, empfinde es als eine Zumutung, meinen dreizehnjährigen Pubertätskörper am Sonntag in aller Herrgottsfrühe in die kalte Kirche hieven zu müssen. Von wegen ‹heiliger Sonntag› und so. Ich sitze dort also, weil ich muss. Die Bank ist hart, man hat mir ein rotes Gesangbuch in die Hand gedrückt, das mich irritiert, weil ich weder die Lieder darin kenne noch den Aufbau verstehe. Die älteren Damen und Herren (und davon gibt es viele) schauen uns Konfirmanden und Konfirmandinnen skeptisch bis unverhohlen feindselig an. Da fühlt man sich gleich doppelt willkommen und wohl. Ich glaube, Kirche und ich werden keine Freunde. Oder vielleicht präziser: Gottesdienst und ich mit Sicherheit nicht.

Ein ohrenbetäubender Klang erschüttert die heiligen Hallen und geht mir durch Mark und Bein. Ich weiß nicht, wie mir geschieht: Das muss die Orgel sein, und sie ist gewaltiger, als ich mir das vorgestellt hatte. Mein ganzer Körper vibriert, und es fühlt sich ein bisschen so an, als würde mein müder Hintern den

Bruchteil eines Millimeters von der harten Holzbank emporgehoben. Ich schaue mich um und suche den Verursacher dieses Phänomens, das mich wirklich erschüttert – sowohl körperlich als auch emotional: So etwas habe ich noch nie vorher in dieser Intensität gehört. Ich drehe mich um und sehe die kleine, feingliedrige Gestalt, die auf der Empore sitzt und sich mit dem wenigen Gewicht, das sie auf die Waage bringt, in die Tasten schmeißt. Sie sieht aus, als würde sie einen sehr komplizierten Tanzkurs auf der Orgel absolvieren. Nein, das stimmt nicht: Sie *ist* der Tanzlehrer, und ich kann nicht wegschauen, weil es hypnotisierend ist, welche Töne dieser schmale Mensch dort oben mit allen nur erdenklichen Hilfsmitteln aus diesem ungeahnt berührenden Instrument lockt. Wie er Gewichte auf Tasten legt, um einen Klangteppich zu erzeugen, der sich sukzessive aufbaut, bis man das Gefühl hat, dass auf jeder einzelnen der unzähligen Tasten jetzt etwas liegen muss, weil man körperlich fast nicht noch mehr Frequenzen ertragen kann. Eine sich bis ins Unendliche steigernde Symphonie von Farben und Gefühlen, Spannung, Bedrohung und Schönheit. Und ich mittendrin. Und dann – vollkommen plötzlich – Stille. Der ungeahnte Nachhall der großen Kirche lässt diesen Film, der sich da vor meinem inneren Auge und Ohr abgespielt hat, langsam verblassen. Entschuldigen Sie die Steilvorlage, aber: heilige Scheiße. Das war krass und wunderschön!

Ich drehe mich um, als könnte ich den sich verflüchtigenden Tönen noch hinterherschauen, und richte meinen Blick nach vorn. Erst jetzt fällt mir auf, dass mitten in der Kirche eine riesige Leinwand hängt. Gehört das so? Weihnachten sieht das doch immer anders aus, oder? Auf der Leinwand materialisiert sich ein Bewegtbild. Ein Film läuft mitten im Altarraum. Was ist denn hier los? Man sieht eine junge Frau mit einem modischen Hosenanzug, die durch eine Art Kellergewölbe geht. Vor einer

Glasscheibe bleibt sie stehen. Da sieht man auf einmal ... Moment mal: Das ist Hannibal Lecter! Wir schauen offensichtlich gerade «Das Schweigen der Lämmer» in der Kirche im Sonntagsgottesdienst. Ich bin irritiert. Die beiden Menschen im Film verhandeln gerade über das Wesen des Bösen, während der grazile Orgelmann langsam und ganz leise anfängt, Orgeltöne in den Schlagabtausch auf der Leinwand einzuflechten. Die Musik gibt dem Schauspiel noch mal eine ganz andere Dimension. Auf einmal bleibt das Bild stehen, während die Musik leise weiterspielt. Man hört eine andere Stimme, die anfängt, ein Gebet zu sprechen. Es handelt davon, dass es mit dem Bösen eine ambivalente Sache ist und wir alle auch immer böse Anteile in uns tragen. Davon, dass es leicht ist, das Böse in anderen zu finden, weil man es dann nicht in sich selbst suchen muss. Und davon, dass es immer eine Frage der Perspektive ist: Denn die Bösen in den berühmten Filmen verstehen sich selbst ja gar nicht als die Bösen.

Das ‹Amen› am Ende holt mich wieder ins Hier und Jetzt. Ich bin verwirrt – hier läuft wahnsinnige Musik, wir schauen einen Hollywood-Film über das Böse auf einer riesigen Leinwand, der Pastor bringt dessen Inhalt in kluger, lebenszugewandter Sprache in eine Anrede an Gott, stellvertretend für uns alle. Ich weiß nicht genau, was hier gerade passiert ist, aber wenn das Kirche ist – präziser: wenn das Gottesdienst ist –, dann bin ich dabei.

Ich liebe Gottesdienste. Wirklich! Theoretisch. Zumindest liebe ich tolle Gottesdienste – und die müssen gar nicht so pompös inszeniert sein, wie damals dieser spektakuläre Kinomorgen. Aber ‹der Gottesdienst› hat ein Problem. Ein Imageproblem, ein Strukturproblem, ein Inszenierungsproblem, ein Relevanzproblem, ein Verständnisproblem, ein Gemeindeproblem, ein paradigmatisches ... Na gut: ‹Der Gottesdienst› hat ganz offensichtlich ein paar Probleme.

WO LIEGEN DIE PROBLEME?

Lassen Sie uns ganz ehrlich miteinander sein: Es läuft nicht so gut mit Gottesdiensten, und das auf ungefähr allen nur vorstellbaren Ebenen. Erst einmal die harten Fakten: Sonntags morgens ist Gottesdienst, und die Kirchen sind leer. Nicht immer, nicht überall, aber häufig. Auf evangelischer Seite gehen etwa 3 Prozent aller Mitglieder sonntags in den Gottesdienst. Wow! Das ist keine Ketzerei, sondern Fakt. Und wir als Kirchen sind schuld daran. Und natürlich: Es gibt Menschen, die in den Sonntagsgottesdienst gehen – 3 Prozent entspricht etwa 743 000 – und es wunderbar finden. Menschen, denen an der tradierten Form liegt, die den sogenannten ‹klassisch agendarischen Gottesdienst› lieben und feiern. Und natürlich gibt es unglaublich tolle Kolleginnen und Kollegen, die stoisch durchhalten, obwohl da nur so wenige sitzen und sie drei Gemeinden versorgen müssen. Die sich Mühe geben, sich Gedanken machen, berühren wollen und die Fahne hochhalten. Aber genau da liegt eigentlich das Problem.

Die rückläufigen Zahlen und die leeren Kirchenbänke sind auch bei den Kirchenleitungen angekommen. In der größten evangelischen Zeitschrift hieß es neulich: «Im Gottesdienst am Sonntag sitzen zunehmend nur noch Ältere und ehrenamtlich Engagierte. Seltene Kirchgänger gehen laut einer Studie am ehesten noch zu Weihnachten oder zu Taufen, Hochzeiten und Beerdigungen in den Gottesdienst.»[116] Auch die Evangelische Kirche in Deutschland hat am Ende einer Studie resümiert: «Angesichts schwindender personeller und finanzieller Ressourcen, vor allem aber mit Blick auf die geringe Reichweite sollte vielerorts engagierter und ergebnisoffener über seinen Fortbestand diskutiert werden.» Wenn Sie also kein Kircheninsider sind, dann überrascht es Sie vielleicht: Die Kirchen verstehen an manchen Stellen mittlerweile, dass es Handlungsbedarf gibt.

Woran liegt das? Nun, ein Dilemma ist vor allem, dass wir in der Kirche wissen, dass es nicht gut läuft, aber weder aus unserer eigenen Haut können noch ein klares Bild im Kopf hätten, wie es wäre, wenn es gut wäre. Auch weil unser selbstreferenzielles Nachdenken durch den Wunsch gelähmt wird, dass es irgendwann vielleicht wieder so wird, wie es eigentlich noch nie war.[117]

Die Liste der Mängel ist lang und mitunter ermüdend, aber ein paar zähle ich kurz auf, damit wir wissen, wovon hier eigentlich die Rede ist. Allerdings ist es kompliziert, weil die Institution (Sonntags-)Gottesdienst an vielen Stellen krankt. Drei Dinge spielen eine wichtige Rolle: Inszenierung, systemimmanente Struktur und Inhalt.

Das erste Paradoxon: Es heißt immer hoffnungsfroh euphemistisch, dass wir ‹Gottesdienst feiern›. Wann haben Sie eigentlich das letzte Mal Gottesdienst gefeiert? Ich finde, dass es – zumindest für die wenigen Gottesdienste, die ich außerhalb meiner Dienstverpflichtungen besuche – viel eher heißen müsste: Wir ‹trauern Gottesdienst›. Da wird gar nix gefeiert. Nur die Manifestation des eigenen Abgesangs. Und das kann ja nicht im Sinne der Erfinderin sein. Wieso sollte ich dort hingehen, wenn ich den Gottesdienst mit einem derart negativen Gefühl wieder verlasse? Mein Lieblingsbeispiel ist das Abendmahl, das – theoretisch – tollste, gemeinschaftsstiftende Sakrament überhaupt. Und es gibt Brot und Wein ...! Aber auch hier: Wir ‹trauern Abendmahl›! Erst werden wir ‹eingeladen› (das schlimmste Kirchenwort überhaupt), müssen aber irgendwie nach vorne kommen, weil wir sonst die Ausgeschlossenen sind. Dann tapern wir bedröppelt und beschämt in den Kreis, fühlen uns unwohl, weil wir nicht wissen, wie wir uns verhalten sollen, was oder ob wir antworten sollen, wenn uns die pastorale Person die Oblate und den Wein reicht. Esse ich das Brot zuerst? Muss ich aus dem Kelch trinken, in den meine mir unbekannte Nachbarin gerade reingeniest hat? Das Ganze ist – im wahrsten Sinne des Wortes – ein so lustloser Akt, der auch noch mit den symbolkräftigen Worten «Das stärke und bewahre euch in eurem christlichen Glauben» beendet wird. Was genau denn? Die Verschränkung von heiliger Handlung und dem beschämten, hilflosen und lustfeindlichen Rumgestehe, während die Orgel eine traurige und hochtrabende Melodie intoniert? Dabei ist der Inhalt dieses Rituals – zumindest ganz theoretisch – toll, und ich glaube als Christenmensch auch daran; aber es krankt leider an der Form.

Ein anderes Beispiel: Ich habe, wie viele andere auch, einige Bücher von Erik Flügge gelesen. In vielen Punkten auf jeden Fall ein Gewinn – und seine Thesen haben wirklich amüsante und gleichzeitig wichtige Auswirkungen auf innerkirchliche Diskussionen: Von empörtem Aufschrei bis hin zu dankbarer «Endlich sagt es mal einer»-Resonanz war alles dabei. Natürlich stimmt nicht alles, und manches ist auch hanebüchener Unsinn, aber allein die Tatsache, dass jemand mal populär, populistisch, manchmal großspurig und an vielen Stellen auch klug auf den Tisch haut, ist wichtig. Denn daran kann man sich abarbeiten.

Meine Lieblingsthese ist eine, die ich seit Jahren schon versuche, stark zu machen: Sprich, wie du sprichst. Flügge redet davon, dass die Kirche an ihrer Sprache verreckt, und recht hat er damit. Zumindest häufig.

Ich hatte ja schon von der Gemeinde erzählt, bei der ich eine Zeitlang zu Gast war. Im Theologiestudium absolviert man einen Monat lang ein Praktikum in einer Kirchengemeinde, um zu erfahren, wie es eigentlich im echten Leben so zugeht; eine Art Realitätscheck während des Studiums im Elfenbeinturm zwischen Proseminar und Propädeutikum.

Der Auswahl- und Zuteilungsprozess ist etwas skurril, aber ich Glücksschwein kam in eine spannende Gemeinde, zufällig in der Stadt, in der ich lebe – in eine ‹hochliturgische› Gemeinde, in der in vielen Teilen des Gottesdienstes die Liturgie, also der Gottesdienstablauf, besonders gestaltet war. Viele Teile wurden anders gesungen, es gab einen eigenen Ablauf, und die Reihenfolge der einzelnen Elemente folgte einer in sich stimmigen Logik, die mir völlig fremd war und die ich bis zum Schluss nicht verstand. Die Gemeinde war in vielerlei Hinsicht besonders – und ich habe vieles von dort mitgenommen.

Ich hatte dort einen bemerkenswerten Anleiter, einen unaufgeregten Mann, der seelsorgerlich und psychologisch verblüffend gut ausgebildet war und mir eine Sache nahebrachte, die mich seitdem begleitet: spontan Gespräche mit Menschen in Gebeten resümieren, in einer Mischung aus Spontanpoesie und ganz lebensweltlicher Sprache noch mal zusammenfassend vor Gott bringen, was in einem Gespräch gerade anklang und vorkam. Das Ganze auch noch völlig unaufgeregt und unaufdringlich.

Wahnsinn.

Auf einmal hat Gebet etwas ganz Konkretes, das nicht ausschließlich mit anderen Menschen zu tun hat, die nicht hier sind, sondern mit denen, die einem gegenübersitzen. Diejenigen, die meistens selber nicht gedacht hätten, dass diese Form zu sprechen und ihre Probleme und Sorgen zu adressieren etwas mit ihnen machen und bei ihnen bewirken könnte. Diese Fähigkeit, so konkret und spontan und dabei gleichermaßen poetisch und spirituell zu sein, hat mir damals sehr imponiert, mich berührt und begleitet mich bis heute.

Das war toll. Das Gegenteil lernte ich aber in jener Zeit auch, und darin zeigt sich ein Dilemma. Eine junge Kollegin war in dieser Gemeinde als ‹Pastorin zur Anstellung›, also relativ frisch nach ihrer Ausbildung. Eine tolle, kluge Frau, die eigentlich einen besonderen Witz hatte. Nun arbeitete sie in dieser hochliturgischen Gemeinde mit eingefahrenen Strukturen, und es war ein bisschen wie bei der Geschichte von ‹Jekyll & Hyde›: Sobald diese eloquente Frau ihren Talar anzog, wurde sie eine andere. Und das meine ich nicht schmeichelhaft. Ihre Körperhaltung veränderte sich, ihr Stimmsitz verrutschte, sie verfiel in diesen unfassbar unerträglichen pseudosakralen Singsang und redete nur noch gequirlten Mumpitz. Es war zum Mäusemelken. Sie tat das, weil sie glaubte, man würde das hier von ihr erwarten – und alle waren irgendwie unglücklich damit, aber niemand sprach das Problem dieses falsch verstandenen Rollenbilds an. Eine wirkliche Tragödie, und ich weiß, dass das nicht selten ist.

Wir orientieren uns als pastorale Personen an irgendeinem gar nicht mal so fundierten Bild, und daraus und aus einer Mischung aus fehlender Selbst- und Fremdwahrnehmung, mangelnder Zusammenarbeit mit Kirchengemeinderäten und falsch verstandenen Traditionen resultiert eine groteske ‹Performance›, die häufig niemanden erreicht.

Dabei ist die Regel sehr einfach: Sprich, wie du sprichst.

Und: Wenn du in sakralem Singsang noch eine ‹herzliche Einladung zum Kirchenkaaaaffeeeee› in den Raum flötest, komme ich definitiv nicht.

Unsere Sprache, unsere Stimmen und unsere Körper sind doch unsere wichtigsten Kommunikationsmittel – warum nutzen wir sie häufig so schlecht?

Warum halten wir selbstverliebte, unendlich lange Predigten, die eher an Geiselnahmen erinnern, als dass sie Inspiration sind? Warum finden wir kein Ende? Weil wir noch einen Text, noch eine Bibelstelle, noch ein kluges Lied auslegen wollen. Denn das können wir richtig gut: Auslegen.

Und darin zeigt sich das nächste Problem: das Unverständnis des ganzen Gottesdienstes.

Wenn ich mir ein Gemälde anschaue oder ein Lied höre, das mich tief berührt, dann muss ich es nicht unbedingt verstehen, um davon ergriffen zu sein. Leider werden Menschen im Gottesdienst selten atmosphärisch ergriffen. Im Gegenteil: Dass wir als kluge Theologenmenschen eine stimmige Begründung für den Ablauf unserer Gottesdienste, die Liturgie, haben und diese auch mit allen Mächten verteidigen, weil wir als kleiner, exklusiver Zirkel darin eine Schönheit finden, ist unbenommen. Das heißt aber nicht, dass die Menschen, die dann sonntags in der Kirche sitzen – aus welchen Gründen auch immer – das automatisch verstehen. Dieser Ablauf erschließt sich nicht aus sich selbst heraus, und das macht es schwer, sich zugehörig oder ‹eingeladen› zu fühlen. Und auch in diesem Fall sind wir viel zu häufig nur selbstreferenziell.

Neulich hatte meine Kollegin Gottesdienst, und sie ist echt ein Überprofi mit toller Sprache, und sie kann wahnsinnig intensive Atmosphären schaffen. Trotzdem mussten drei meiner Konfirmanden irgendwann den Gottesdienst verlassen. Als ich dann etwas erbost hinter ihnen herlief und sie fragte, was das nun wieder solle, antworteten sie in aller Ernsthaftigkeit, dass dieses ganze Gottesdienstgefeiere nur zur Folge habe, dass sie sich klein, unbedeutend und ausgeladen fühlten. Recht hatten sie.

Und neulich war ich mit ein paar Freunden übers Wochenende unterwegs und wir kamen – na klar – auf Kirche und Glaube zu sprechen. Irgendwann brach es aus meinem Freund

Tobi heraus, der völlig erzürnt zu mir meinte: «Und du sprichst ja auch immer so beschissen kirchlich!»

Autsch – sogar ich!

WAS IST GOTTESDIENST EIGENTLICH?

Gottesdienst geht auf eine Bibelstelle zurück, in der es heißt: «Und Gott der Herr sprach: Bis ans Ende aller Tage sollt ihr sonntags morgens um zehn Uhr in einer kleinen Schar Auserwählter zusammenkommen und Bachs Orgelwerk spielen. Ihr sollt nicht verstehen, was ihr vermeintlich feiert, denn das ist das Geheimnis des Glaubens. Das tut auf harten Bänken und mit vielen Worten. Und ihr sollt kein Ende finden in eurem Singsang der trauernden Verkündigung.» So steht es geschrieben im Buch Tatütata. (Ist natürlich Quatsch.)

Grundsätzlich ist es wichtig zu wissen, dass das, was gefeiert wird, gar nicht überall ‹Gottesdienst› heißt. Die evangelischen Christen bevorzugen das Wort seit der Reformation. Bei den römisch-katholischen Menschen heißt es ‹Messe› oder ‹Heilige Messe›, bei den Anglikanern ‹worship›, und die Orthodoxen sprechen von der ‹Göttlichen Liturgie›, vom griechischen Wort ‹leitourgia›, das ebenfalls einen Dienst bezeichnet. In all diesen unterschiedlichen Ausdrücken schwingen auch unterschiedliche Erfahrungen und konfessionelle Schwerpunkte mit.

Bleiben wir mal beim Wort ‹Gottesdienst›. Was verstehen Sie darunter? ‹Gottesdienst› ist zunächst einmal der Dienst Gottes an seinen/ihren Menschen. Ich betone das deswegen, weil diesbezüglich bei vielen Menschen – inklusive vielen vom göttlichen Bodenpersonal – die Wahrnehmung verrutscht ist. Dabei gilt konfessionsübergreifend, dass sich durch dieses Wissen – oder diesen vergewissernden Zuspruch – eine doppelte und sich vielfältig berührende Bewegung ergibt: Gott dient den Menschen, die den Gottesdienst feiern, und die den Gottesdienst feiernden Menschen dienen Gott. Also ist Gottesdienst vom Wesen her eine tiefe gegenseitige Liebeserklärung und deswegen als Prinzip wunderschön. Klingt ‹Dienen› Ihnen zu hierarchisch und kleinmachend?

Ich persönlich finde, dass es im Bild des gegenseitigen Dienens aus Liebe darum geht, sich gegenseitig ernst zu nehmen und sich selbst nicht größer als das Gegenüber zu machen. Wenn Gottesdienst wesentlich eine gegenseitige Liebeserklärung ist, dann ist das Element des Dienens die Grundhaltung, weil man sich selbst nicht zu wichtig nimmt und das von seinem Gegenüber ebenfalls weiß. Und weil das gegenseitig ist, weil Gott in dieser Beziehung den Menschen dient, dürfen diese auch erwarten, dass sie nach dem Gottesdienst reicher sind als vorher.

Das ist die Grundprämisse des Ganzen; alles andere sind konfessionelle und dadurch theologische Prinzipien: dass in der katholischen Messe immer Abendmahl gefeiert wird oder in den evangelischen Gottesdiensten der Fokus als reformatorische Gegenbewegung auf dem Wort liegt. Und auch darüber, dass viele dieser Elemente verbindend und mitunter abgrenzend sind, könnte man dicke und auch lustige Bücher schreiben.

Aber grundsätzlich soll es darum gehen, dass Gottesdienst eine gegenseitige, sich ernstnehmende Liebesbeziehung ist, aus der Menschen ‹reicher› rausgehen, als sie reingekommen sind. Das ist, finde ich, eine verblüffende Feststellung.

Die zweite überraschende Erkenntnis ist, dass diese Fragen überhaupt nicht neu sind. Ich habe seit fast 25 Jahren mit Kirche zu tun, und seitdem wird diskutiert, wie Gottesdienste ‹bereichern› können. Deswegen gibt es ja so viele unterschiedliche

Formate – ob diese nun funktionieren oder nicht, sei dahingestellt. «Aber gerade darin behaupten sich die zentralen Strukturmomente des Gottesdienstes, die schon der Evangelist Lukas für die frühchristliche Gemeinde herausgestellt hat: ‹Sie blieben aber beständig in der Lehre der Apostel und in der Gemeinschaft und im Brotbrechen und im Gebet› (Apg 2,42).»[118]

Wenn wir von Liebesbeziehung und ‹Bereicherung› sprechen, die sich nun aus der Beständigkeit der Lehre, wie es in dem Bibelvers heißt, begründen, schließt sich die Frage an, was dann eigentlich in Gottesdiensten passieren muss, damit sich eine solche Erfahrung einstellen kann? Und was steht einer solchen Erfahrung im Wege?

In keinem biblischen Zeugnis steht, dass Gottesdienst sonntags morgens um zehn stattfinden muss. Aber es ist Tradition. Nun, richtig ist, dass Gott am siebten Tag ruht, seine Schöpfung betrachtet und sieht, dass sie gut ist. Deswegen hat bei aller Säkularisierung und Pluralisierung der Sonntag bisher noch immer eine gesellschaftlich strukturierende Funktion: Die Geschäfte sind geschlossen, und bei vielen Menschen ruht die Arbeit. Der Sonntag als Tag der Kontemplation, Ruhe und des dankbaren Blicks auf die Schöpfung hat dadurch im christlichen Verständnis auch eine anthropologische Dimension, die den Menschen guttun soll. Und ein bisschen lustig ist, dass es eine große Errungenschaft im 19. Jahrhundert war, endlich sonntags arbeitsfrei zu bekommen, während heute häufig das Gegenteil gefordert wird.

Das erklärt noch immer nicht das gottesdienstliche Festhalten am Sonntag. Bei den katholischen Christen ist das einfach(er): Laut Kirchenrecht und dem Katechismus der Katholischen Kirche (KKK) ist die Sonntagsmesse für Katholiken ein Gebot. «Am Sonntag und an den anderen gebotenen Feiertagen sind die Gläubigen zur Teilnahme an der Messfeier verpflichtet.»[119] Die Begründung dafür liegt im Abendmahlsverständnis, denn die katholische Kirche sieht in der Eucharistie (also dem Abendmahl), das jeden Sonntag gespendet wird, «den Grund zum ganzen christlichen Leben»[120]. Das ist ein Dilemma der katholischen Hierarchie: Sonntagmorgen ist als Termin zwar nicht in der Bibel festgeschrieben, aber wenn der Papst das sagt, ist es geboten. Und neulich bestärkte er das noch einmal: «Wir Christen müssen an der Sonntagsmesse teilnehmen, denn nur dank der Gnade Gottes, dank seiner lebendigen Präsenz in und unter uns können wir sein Gebot umsetzen und glaubwürdige Zeugen seines Glaubens sein.»[121] Ich will dem Heiligen Vater natürlich nicht widersprechen, aber solche Aussagen lösen das Problem der leeren Kirchenbänke nicht.

Übrigens ist es auf evangelischer Seite – mit einer anderen Autorität – nicht weniger kompliziert; die Veranstalter*innen von Gottesdiensten sind die jeweiligen Kirchengemeinderäte. Die Pfarrer*innen sind die Gestaltenden, die auf Basis einer kniffligen Rechtsverordnung auch Gestaltungsfreiheit haben, sich dafür aber wiederum rechtfertigen müssen.

Sie merken: All diese Beschlüsse und Traditionen machen es nicht leichter, das Prinzip Sonntagsgottesdienst neu zu denken. Dabei wissen beide Kirchen, dass der Sonntagsgottesdienst längst nicht mehr der zentrale Ort im gemeindlichen Leben ist – ganz egal, wie sehr man sich auch wünscht, dass es wieder wird, wie es noch nie war.

Ich bin nicht für die Abschaffung des Sonntags – im Gegenteil, ich finde es gut, dass es Gottesdienste gibt und man da mal einen Moment zur Ruhe kommt. Und allein für die 743 000 evangelischen Menschen lohnt es sich, Gottesdienste zu veranstalten. Aber die Struktur sollte verändert werden. Denn die legt auch fest, dass Kollegen und Kolleginnen, verpflichtend und mit Solidaritätsprinzip, landauf, landab Gottesdienste sonntags morgens veranstalten müssen. Manchmal mit mehreren Gemeinden, die sie bespielen müssen, in denen dann an drei unterschiedlichen Orten jeweils drei Menschen sitzen. Nicht, dass die es nicht wert wären, dass da Gottesdienst gefeiert wird. Aber das ist nicht durchzuhalten.

Mir ist nur wichtig, dass die eigentliche Bedeutung von Gottesdienst klar wird – dann kann man aus einer ganz anderen Perspektive gestalten und feiern. Die Liebesbeziehung zu Gott und Gottes Liebesbeziehung zu uns besteht nicht nur am Sonntagmorgen um zehn. Gott wohnt nicht in der Kirche – sie kommt da mitunter gerne vorbei –, und der Sonntag ist nicht die einzige Möglichkeit zur gemeinsamen Feier.

Ich selbst tappe natürlich auch immer wieder in die «Traditionsfalle»: Kürzlich wurde mir der Wind aus den Segeln genommen, als ich bei der EKD-Synode, also dem höchsten demokratischen Gremium der Evangelischen Kirche in Deutschland, eingeladen war, um eine Podiumsdiskussion mit Jugendlichen und jungen Erwachsenen zum Thema ‹junger Glaube› zu führen. Wir unterhielten uns, und auf meine (zugegebenermaßen bescheuerte) Frage, was man denn tun müsse, damit die jungen Menschen auf diesem Podium sonntags morgens in den 10-Uhr-Gottesdienst kommen, antwortete ein sehr cleverer Zwölftklässler entnervt: «Meine Güte, wieso wollt ihr mich denn immer in diesen blöden 10-Uhr-Gottesdienst bekommen? Was soll denn das? Meine Oma geht da hin und wieder gern hin. Ich arbeite ehrenamtlich mit kranken Kindern. Reicht das nicht als Gottesdienst?»

Autsch. Und: Bravo.

Vor ein paar Monaten wurden ein guter Freund und ich sehr freundlich von einer Kirchengemeinde in einem Hamburger Außenbezirk eingeladen, an einem ‹Gottesdienstlabor› teilzunehmen. Na klar – ich liebe solche Gelegenheiten, wenn sich Menschen über den Gottesdienst Gedanken machen. Zum anderen mag ich das, weil genau in solchen Momenten und Situationen deutlich wird, was eigentlich das Problem oder das Dilemma ist. Der Abend wurde von einem bunten Reigen von Menschen gestaltet, die sich in unterschiedlichsten Funktionen und Positionen in ihrer Gemeinde engagieren und die – wie schnell deutlich wurde – auch alle ihre ganz eigenen Perspektiven und Wünsche hatten. Aber in solchen Laborsituationen geht es ja nicht darum, Dinge von vornherein zu be- oder verurteilen, sondern sich einfach mal ‹frei floatierend› äußern zu können.

Wir wurden vollmundig angekündigt, herzlich begrüßt und sehr warm willkommen geheißen. Die Kirche war überraschend voll, was, wie ich fand, erst einmal ein schönes Zeichen war. Hier saßen also viele Menschen, die nicht regulär in den Gottesdienst kamen, die aber trotzdem an neuen Ideen interessiert waren. Der anwesende Pastor begrüßte die Gemeinde und uns sehr freundlich und konnte sich dabei den Kommentar nicht verkneifen, dass es aber bei ihm in der Kirche «eigentlich sonntags immer sehr voll» sei. Stark.

Mein guter Freund und ich machten uns also ans Werk, und weil ich viel eher daran interessiert bin, zu hören, was die Menschen sich vorstellen, als mit einer vermeintlichen Universallösung für gelingende Begegnung, zugewandte Kirchen und volle Gottesdienste um die Ecke zu kommen (die ich auch gar nicht habe), gab es kleine Kärtchen, auf die jede*r aufschreiben konnte, was ihr oder sein größter Wunsch für die Zukunft von Gottesdiensten ist. Die zu kleine Pinnwand füllte sich in Windeseile. Ich schätze, auf 60 Prozent der Karten stand ‹Mehr

Partizipation›. Auf 25 Prozent stand ‹Modernere Lieder›, und die restlichen 15 Prozent waren ein Gemischtwarenladen von Ideen und Widerständen. Denn die gibt es auch, weil in unserer systemimmanenten Vorstellung das eine (Neue) immer gleichbedeutend mit dem Verlust des anderen (Alten) ist. Ein eigentlich unlogischer, aber durchaus verständlicher Angstmechanismus.

Zwei Dinge waren beim Blick auf die Pinnwand interessant: Da stand zwar überall ‹Partizipation›, aber niemand hatte auf mein Nachfragen hin eine Idee, was damit eigentlich gemeint war. Noch viel interessanter: Niemand wollte auf meine Rückfragen antworten. Das führte den Punkt ‹Partizipation› natürlich ad absurdum, was ich dann auch lachend aufzeigte und die Teilnehmenden in den Bänken mich verdutzt anschauten. Menschen müssen ‹sprachfähig› sein; es hilft, wenn man über Dinge, die einen stören, auch ein wenig Bescheid weiß, um sie dann ändern zu können. In diesem konkreten Fall wurde deutlich, dass es eigentlich kein Verständnis von den liturgischen Zusammenhängen im Gottesdienst gab. Das ist gar nicht schlimm, aber wichtig zu wissen, wenn wir rausfinden wollen, was den Menschen beim Besuch am Sonntag vielleicht fehlt – unabhängig vom Zeitpunkt der Veranstaltung.

Die Liturgie, die Abläufe der klassischen Gottesdienstformate ergeben (meistens) Sinn und können wunderschön sein – wenn man sie denn versteht. Ich mag diese Tradition! Ich finde auch wichtig und schön, dass wir uns damit in einen Zusammenhang stellen, der größer ist als wir selber und an dem deutlich wird, dass die Themen, die uns im Hier und Jetzt existenziell betreffen, so oder ähnlich schon mal vor uns so gefühlt wurden. Ich mag auch die alte Sprache: Für mich haben Luthers Texte oft eine besondere Poesie, die in mir etwas anspricht.

Im ‹Gottesdienstlabor› kam langsam ein Gespräch in Gang; es ging unter anderem auch um generelles Unverständnis. Und in der Tat ist es wahnsinnig schade, wenn uns keiner versteht: akustisch (das Alte-Technik-in-Kirchen-Problem), sprachlich, stimmlich, inhaltlich, liturgisch, traditionskontextuell. Ein Besucher meinte, er wünsche sich gar nicht viel, nur, dass er endlich mal wieder etwas aus dem Gottesdienst in seine Woche mitnehmen könne.

Oha.

Wir haben dann noch – wie gewünscht – ‹moderne Lieder› gesungen, die von zwei Jugendlichen angeleitet wurden und weitestgehend aus dem Genre der christlichen Worshipmusik stammten; der Text wurde per Beamer auf eine Leinwand projiziert. Das klappte nicht so gut. Im Nachgang beschwerten sich gleich einige der Anwesenden darüber. Aber: Gottesdienst ist auch eine Übungssache. Das gemeinsame Feiern muss man auch gemeinsam erproben, einüben und kennenlernen. Das gilt für Abläufe genauso wie für gemeinsame Inhalte. Vielleicht hilft es ja, sich selbst hin und wieder ins Gedächtnis zu rufen, dass ein Gottesdienst ein bisschen wie ein Tanzkurs ist.

GANZ GEILE GOTTESDIENSTE?!

Verrückte Idee: Wie wäre es, einfach gute Gottesdienste zu machen, die Menschen gerne besuchen, weil sie sie bestärken, berühren, bewegen? Solche, die man wirklich gerne besucht?

Ich bin großer Fan von Thomas Hirsch-Hüffell, einem Mann, der ganz unterschiedliche Vorschläge zum Thema ‹Gottesdienst› macht – und der von der Kirche kommt. Seine Profession ist es, Gottesdienst zu lehren, aber vor allem, diesen zu denken, zu fühlen, zu inszenieren und das Ganze wieder zu einer Feier werden zu lassen. Dieser kluge Mensch hat neulich, nachdem er selbst von einem besonderen Gottesdienst kam, ein Thesenpapier verfasst[122], das für kirchliche Verhältnisse schon ziemlich radikal war. Vor dem Hintergrund der rapide abnehmenden Besucherzahlen – denn vergessen wir bei dem Blick auf die Gemeindebeteiligung nicht, dass auch die Pfarrstellen sukzessive reduziert werden müssen – machte er den kühnen Vorschlag, mal ein Jahr lang einmal im Monat mit mehreren Pfarrer*innen ganz genau so zu feiern, wie man es sich selber wünschen würde. Der Gottesdienst wäre öffentlich und würde an wechselnden Orten gefeiert. Dafür fände an diesem Sonntagmorgen in der Region kein anderer Gottesdienst statt – als ein Zeichen dafür, dass die flächendeckende Versorgung nicht weiterhin in diesem Maße gewährleistet werden kann.

Ein paar dieser Ideen sind, wie ich finde, wirklich toll. Die Gruppe der Geistlichen zeigt sich gegenseitig, dass sie selbst Gottesdienst brauchen, weil die Feier ein Ausdruck der gegenseitigen Liebe zwischen Gott und ihnen – und dann eben auch der Gemeinschaft – ist. «Die pastores sind bei dieser Sache zunächst in der Überzahl. Sonst sind sie immer allein. Jetzt bestimmen sie kollektiv, was ihnen wertvoll erscheint beim Feiern. Was entsteht, muss ‹den Leuten› erst mal nicht gefallen. Darum geht es nicht. Es geht auch nicht um den Papst oder das Kirchenamt oder das, was Lehrmeinung ist. Es geht nur darum, dass die, die feiern, das so tun, wie sie es mögen. Noch einmal: Pastores und Musiker*innen tun in diesem Gottesdienst Dinge, die den pastores und Musiker*innen selber Freude machen – ohne Rücksicht darauf, ‹was der KGR wohl denkt oder sagt›.»[123]

Wie möchte ich am liebsten Gottesdienst feiern? So, dass ich selbst da auch gerne hingehen würde und danach begeistert Menschen aus meinem Umfeld davon erzähle. Diese Frage ist so einfach wie komplex. Denn: «Das Ganze traut sich also an eine ‹Heilige Kuh› heran, den 10-Uhr-Gottesdienst. Man muss mit Entrüstung bei denen rechnen, die das christliche Abendland bzw. den Bestand der Kirche durch die Regel-Versorgung an jedem Ort wahren möchten. Diesen Streit muss man mögen.»[124]

Ich glaube, dass solche Überlegungen, Freiräume und Gedankenspiele einen hilfreichen Perspektivwechsel mit sich bringen können. Denn natürlich ist die Regel relativ leicht: Warum sollte ich einen Gottesdienst besuchen, bei dem nicht mal diejenigen, die den Löwenanteil organisieren, selbst zu Gast sein möchten? Wenn Gottesdienst eine Feier ist, wenn Gottesdienst eine Liebesbeziehung ist, lasst uns wieder Feuer und Herzblut reinbringen – denn dann ist es wunderbar.

Wenn ich junge Paare traue, begegnet mir häufig folgendes Phänomen: Die beiden wünschen sich eine ‹freie Trauung›. Aber die wenigsten Paare können genau sagen, was sie damit meinen – sie wollen eigentlich nur, dass der Gottesdienst etwas mit ihrem Leben zu tun hat. Und weil sie eben ungeübt in dieser Sprache und Form sind, kommt das dann als Umschreibung oder Containerbegriff dabei raus. Darin wird eine Angst deutlich, die mit schlechten Erfahrungen und Projektion zu tun hat und dem Verlust des Gefühls, dass Gottesdienste Räume sind, an denen das eigene Leben in einen Dialog mit Glauben tritt. Und das ist schade!

Ich gehe dann immer mit dem Paar den Gottesdienstablauf durch, schlage den klassischsten Ablauf überhaupt vor und biete nach jedem Punkt noch eine ‹freiere› Alternative. Noch nie (!) wurde auch nur eine davon gewählt, denn wie sich herausstellt, liegt wirklich große Schönheit in der Tradition. Wir müssen es nur schaffen, sie mit dem Leben der Menschen zu verknüpfen.

Und nach jedem ganz klassischen Hochzeits-Gottesdienst sind die Menschen ganz berührt.

Neulich war ich in einem der Gottesdienste, die Thomas

Hirsch-Hüffell zu seinem Thesenpapier inspiriert haben. Und es war tatsächlich sehr, sehr schön! Er wurde von mehreren Pfarrer*innen und Musiker*innen gestaltet, Menschen kamen um 20 Uhr in die Kirche, ein Bassist und ein Gitarrist spielten. Die Kirche war atmosphärisch beleuchtet, die Bänke waren ver- rückt, und die Menschen setzten sich in kleinen Grüppchen zusammen. Es gab zu essen und zu trinken, Brot und Wein, moderne Lieder, Kirchenlieder, alte Lieder. Die Menschen kamen in den Gruppen intensiv miteinander ins Gespräch – es ging um den Mauerfall und Grenzen, Erfahrungen und Glauben. Die Pfarrer*innen rahmten und planten den Abend, aber alle, die wollten, kamen zu Wort. Die Gebete waren kurz und berührend, und als ich das nächste Mal auf die Uhr schaute, waren zwei Stunden vergangen; wir gingen wieder mit Segen, Rotweinlippen und viel Liebe. Keiner von uns wird das vergessen.

Diese Form der Partizipation konnte im ‹Gottesdienstlabor› noch niemand benennen, dabei ist es wirklich überraschend einfach. Und dabei einfach sehr, sehr schön.

Den berührendsten Gottesdienst erlebte ich neulich. Die Mutter einer sehr guten Freundin war gestorben, und ihre Tochter bat mich, ‹etwas zu machen›. Sie ist selbst nicht in der Kirche, ihre Mutter war es nicht und die kleine Schar der Menschen – alles enge Freunde – waren es auch nicht. Ich wollte also nicht als pastorale Person, sondern nur als guter Freund ein paar Worte sprechen und die Beisetzung durchführen.

Am Abend vorher rief meine Freundin noch einmal an; sie wünschte sich nun doch eine Art gottesdienstlichen Rahmen. Wir feierten also den Gottesdienst in ganz kleinem Kreis. Ich machte eine kleine Form von Liturgie, und jeder andere Gast trug etwas bei. Wir feierten miteinander das Leben und die Liebe, brachten unsere Hoffnung, dass der Tod nicht das Ende ist, alle zusammen zur Sprache, sangen Lieder von Reinhard Mey und ‹Imagine›, weil die verstorbene Mutter eine Träumerin und kleine Revoluzzerin war. Meine Freundin las einen fiktiven Brief ihrer gerade geborenen Tochter an die Oma vor, und wir lachten und weinten gemeinsam – und das war die Predigt. Ein Freund von uns sprach für und mit uns ein Gebet, und alle zusammen gestalteten diesen berührenden und wunderschönen Gottesdienst gemeinsam. Ich habe die Mutter beigesetzt und ausgesegnet – ganz klassisch und genau richtig. Und am Ende hielten wir uns alle an den Händen, und ich sprach den Aaronitischen Segen – keiner der Gäste war Mitglied einer Kirche, aber alle waren gemeint und empfanden es auch so. Und danach musste niemand mehr etwas sagen.

Das mag vielleicht kitschig klingen, aber für uns alle war dieser Gottesdienst so, wie er sein sollte: zwischen Tradition und Innovation, Partizipation und Popkultur. Mit Liebe, Feier, Feuer und mit Gott.

Wenn das Gottesdienst ist – dann bin ich dabei.

Erkenntnis des Tages:
Let's make Gottesdienst great again.

Amen.

VON UNIVERSALDILETTANTEN UND GREISEN WEISSEN MÄNNERN

In meiner Familie gibt es einige Lebensweisheiten, die zumindest mich überraschend häufig durch mein Leben navigieren. Die populärste dieser Glückskeksweisheiten ist: «Das Gegenteil von ‹gut› ist ‹gut gemeint›.»[125] Das ist so ziemlich der entlarvendste Satz, den ich mir vorstellen kann – und er kommt mir und vielen meiner Kolleginnen und Kollegen häufig in den Sinn, wenn Menschen uns nach Gottesdiensten, Ansprachen auf Schützenfesten, Beerdigungen und Taufen noch einmal die Hand schütteln und uns etwas vermeintlich Nettes mit auf den Weg geben möchten – mit den Worten «Also, das will ich Ihnen mal sagen: Wenn alle Pastoren / Pastorinnen so wären wie Sie, dann wäre die Kirche richtig toll!» Gerne auch mit dem Nachsatz: «Dann wäre ich selbst auch noch Mitglied!»

Warum ist das nicht einfach ein Kompliment, über das ich mich freuen kann? Weil man mich auf eine Position reduziert, die ich gar nicht haben will. Denn würde das vermeintliche Kompliment heißen: «Das war wirklich richtig schön», dann wäre es auch wirklich eins und würde nicht irgendeinen unqualifizierten Kontext aufmachen, der dann auch noch das Kompliment relativiert. Und: Woran macht mein Gegenüber das überhaupt fest? Kennt sie oder er andere Kolleginnen und Kollegen? Alle?

Besuchen sie regelmäßig kirchliche Veranstaltungen und haben ein Evaluationstool entwickelt, das anhand einer komplexen Auswertungsmatrix Rückschlüsse auf ‹gute› und ‹schlechte› Pastorinnen, Pfarrer und sonstige pastorale Personen gibt? Haben sie diese innovative Matrix dann auch auf mich angewendet? Und wenn ja: Haben sie dann überhaupt noch zuhören können? Und glauben sie, dass damit das Problem ‹der Kirche› gelöst wäre?

Außerdem wird mit einer solchen Aussage nur ein Klischee wiederholt: Pastorinnen und Pastoren sind allesamt weltfremde Zwischenwesen, die im Sportunterricht in der Schule als Letztes gewählt wurden. Solche, die unter ihren Strickpullundern Thermoskannen mit Dinkeltee schmuggeln und zwischen entrückter Weltflucht, ihrem besten Freund Jesus Christus und sozialer Inselexistenz changieren.

Mich macht das so unverhältnismäßig wütend, weil ich es auch ein bisschen verstehen kann. An Klischees ist hin und wieder auch ein Fünkchen Wahres dran, und mich regt auch auf, dass manche pastoralen Personen ein merkwürdiges Rollen-, Amts- und Selbstbild haben. Denn ja: Natürlich gibt es gute und schlechte, geeignete und weniger geeignete Menschen in diesem Beruf – aber das ist ja bei Friseurinnen und Friseuren und Chefärzten und Chefärztinnen nicht anders. Ja, es gibt Menschen, bei denen ich mir an den Kopf fasse und mich frage, was für einen Unsinn sie gerade reden. Menschen, bei denen ich mich wundere, wie antiquiert ihre Rollenvorstellung ist: Universaldilettanten und greise weiße Männer. Und das gilt für beide Seiten – Absender und Adressaten.

Ich vermute, dass in dieser doppelten Perspektive auch die Frage nach einer Zukunft von Kirche steckt. Denn die (Selbst-)Vorstellung von Pfarrpersonen wird – wahrscheinlich – nicht weniger wichtig werden. Da lohnt sich doch ein Blick darauf: Ich glaube, dass die pastorale Rolle aus mindestens vier unterschiedlichen Blickwinkeln beäugt werden kann. Und diese beeinflussen sie wiederum: die verfasste Kirche, für die die pastorale Person arbeitet; die Menschen, die zu einer Gemeinde gehören (die Gemeinde als eigenes Ungetüm natürlich auch noch mal mit); diejenigen, die nicht dazugehören, und dann – nicht ganz unwichtig – sie selbst als Menschen, Repräsentanten, Geistliche, Gläubige, Privatpersonen. In diesem Spannungsfeld bewegt sich eine Pastorin, ein Pfarrer, Priester und all die anderen in diesem Berufszweig.

Das ist nicht ganz leicht, weil alle Aspekte immer wieder miteinander ringen und man sich schnell in manchmal übergriffigen Anforderungen verlieren kann. Und natürlich, weil alle unterschiedlichen Herausforderungen in strukturellen Kontexten passieren, die jeweils einer inneren Logik folgen, die aber ihrerseits manchmal einfach alle nicht miteinander kompatibel sind.

Kurzum: Pfarrer*in sein ist nicht ganz einfach. Und nichts in diesem langen Studium bereitet einen tatsächlich darauf vor, sich in diese Rolle einzuleben. Die Erwartungshaltung, die Tradition einer Gemeinde, politisches und strategisches Taktieren, Mitarbeitendenleitung, Seelsorge, demokratische Gremiensitzungen, Gottesdienste, Fortbildungen, Residenzpflicht und Abgrenzung, Verwaltungswahnsinn, Gebäudeinstandhaltung, Kulturprogramm, Finanzprobleme, Fundraising, Öffentlichkeitsarbeit, Verkündigung, Überidentifikation und Omnipräsenz – es ist ein aufreibender Beruf. Oder wie Theologenmenschen gerne diplomatisch sagen: herausfordernd, aber erfüllend.

Mein Lieblingsphänomen habe ich noch gar nicht erwähnt: Pfarrer*innen und Popstars haben einiges gemein. Denn den

Alltag als (halb-)prominente Person zu gestalten, ist überraschend schwierig, weil sie nie unbeobachtet sind und ihnen immer jeder in den Einkaufswagen guckt. Und dessen Inhalt behalten die Menschen nicht für sich, sondern veranstalten eine Art Stille Post, was witziger klingt, als es meistens ist.

Wie entwickelt sich das Rollenbild dieser ‹Universaldilettanten› in Zukunft? Ich persönlich habe eine ziemlich klare Vorstellung davon, was ich mir für und von diesem Beruf wünsche. Vielleicht verdeutlicht das ja eine kleine Geschichte aus meiner Vergangenheit. Natürlich romantisch verklärt, aber trotz Überzeichnung unbedingt beeinflussend dafür, dass ich eine Heimat für meinen mir damals noch unbekannten Glauben gefunden habe und selbst Theologe werden wollte.

1996

Dreizehn Dreizehnjährige stehen dicht beieinander und scharren mit den Füßen über den fleckigen Sisalteppich. Es riecht nach dieser ganz besonderen Mischung aus Unsicherheit, zu viel billigem Deo und penetrantem Pubertätsschweiß, den man, ganz gleich, wie sehr man sich auch bemüht, nie so wirklich übertünchen kann. Erwartung, Irritation und selbstverständlich angemessen gespielte Gleichgültigkeit tragen ihren Teil dazu bei, dass diese ganze absurde Szenerie etwas Skurriles hat: Da stehen sie also – die neuen Konfirmanden und Konfirmandinnen. Und dreizehn von dreizehn gehen gleich zum ersten Mal in die Kirche. Natürlich nicht wirklich, denn sie sind alle das, was man gerne «U-Boot-Christen» nennt. Also solche, die ausschließlich zu Weihnachten auftauchen, ein Krippenspiel und die besonders andächtig gelesene Weihnachtsgeschichte mitnehmen, nur um dann konsequent wieder abzutauchen und das (Kirchen-)Jahr unter Wasser zu verbringen, bis dann – wie in jedem Jahr völlig überraschend – wieder Weihnachten vor der Tür steht. Eines dieser fußscharrenden Pubertiere bin übrigens ich. Wie alle anderen auch stehe ich in den Startlöchern. Und das gleich doppelt: in den Pubertäts- und Konfirmandenstartlöchern. Und so warten wir – peinlich berührt von uns selber und der Situation – im Vorraum der Kirche, zu der wir jetzt irgendwie gehören sollen und von der wir überhaupt nichts wissen. Terra incognita.

Einige haben sich zum Unterricht angemeldet, weil man das eben einfach so macht und auch die Urgroßeltern und die Schwippschwagercousins zwölften Grades schon in diesen heiligen Hallen ein Taufkleid anziehen mussten.

Andere sind hier, weil es eine Art Vertrag mit den strengen Eltern gibt, der besagt, dass nach vollzogener Konfirmation der Mofaführerschein bezahlt würde. Zumindest in Teilen.

Zwei von uns sind hier, weil sie wahrlich nicht über eine zu große Anzahl an Verehrerinnen in anderen sozialen Kontexten klagen können und die Hoffnung haben, dass Kirche auch wirklich hält, was sie verspricht, und alle mehr oder weniger freundlich willkommen heißt, ganz egal, wie markant die Akne auch sein mag.

Drei der Mädels machen keinen Hehl daraus, dass sie sich konfirmieren lassen möchten, damit sie «später auf jeden Fall in Weiß heiraten können», und sie haben natürlich auch schon den perfekten ‹Mann›, nämlich einen bartflaumtragenden Zehntklässler-Jüngling in Kopf und Herz tätowiert, der allerdings von seinem Glück noch nichts weiß.

Einer ist da, um seiner Mutter zu zeigen, dass sein Drogenproblem gar nicht so wahnsinnig groß sein kann, weil er ja schließlich in die Kirche geht und das mit Gott und sowieso ...

Und dann bin da noch ich. Ich bin nur hier, weil mir von den

Pfadfindern, bei denen ich den Großteil meiner Lebenszeit verbringe und die mit Kirche so rein gar nichts zu tun haben wollen, eingeimpft wurde, dass man alle Thesen, Parolen und Meinungen, die laut skandiert werden, unbedingt besonders kritisch hinterfragen und prüfen muss und auf gar keinen Fall einfach so glauben darf. Und da die Pfadfinder allesamt lautstark gegen die Kirche und im Speziellen gegen Konfirmandenunterricht gewettert haben, muss ich das folgerichtig selber hinterfragen und kennenlernen. Ich bin also quasi aus Trotz hier, was eine sehr merkwürdige Form von Rebellion ist, wenn man bedenkt, dass mein Protest darin besteht, in die Kirche zu gehen, um mir selbst ein Bild zu machen.

Also: Traumstart für eine große Konfirmandenzeit.

Bleibt die Frage, warum wir nun eigentlich alle zusammengepfercht in diesem zugigen Vorraum stehen und warten. Die relativ einfache Antwort: Weil der Pastor uns das so befohlen hat. Und weil niemand von uns weiß – so wie im Übrigen auch heute die meisten Menschen, die nicht täglich damit Berührung haben –, wie man sich eigentlich in einer Kirche zu verhalten hat. Wir alle sind mit einer Mischung aus Unwissenheit, Scham, Antriebslosigkeit und adoleszenzbedingtem Endorphinfeuerwerk im Kopf nicht in der Lage, Entscheidungen zu treffen, also warten wir widerspruchslos, bis das angekündigte Zeichen kommt. Dieses ‹Zeichen›, von dem wir uns alle fragen, ob wir es wohl mitbekommen. Der Pastor hat es uns nämlich prophetisch versprochen, und nun warten wir hier eher skeptisch.

Der Pastor ist uns noch völlig fremd, und mit seinem schelmischen Grinsen wirkt er so, als hätte er vergessen, das Handbuch für Pastorenklischees auswendig zu lernen. Denn er entspricht einfach gar nicht dem Bild, das die meisten von uns von einem Pastor im Kopf haben.

Die peinliche Stille wird plötzlich mit einem Paukenschlag

durchbrochen. In atemberaubender Lautstärke ertönen die ersten Takte eines Schlagzeugintros zu einer Musik, die nun absolut gar nicht in diesen heiligen Raum gehört. Zumindest glauben wir das. Oder glauben, dass wir das glauben. Oder glauben sollten. Oder vielleicht haben wir auch einfach nur nicht damit gerechnet, dass Popmusik in einer Kirche laufen darf? Unsere Irritation ist uns buchstäblich ins Gesicht geschrieben, und so reibt sich unser neuer Pastorenguru die Hände, als er lässig zu uns zurückschlendert und weiß, dass dieser kleine Zaubertrick ziemlich gut funktioniert hat.

Und dann gibt er einen sehr einfach klingenden Satz von sich, der mein Verhältnis zu und Verständnis von Kirche für immer auf den Kopf stellen wird – ohne dass ich das in dem Moment in dieser Tragweite hätte deuten können: «Fühlt euch wie zu Hause. Das hier ist von heute an eure Kirche.»

Boom.

Aber er spitzt das Ganze noch zu: «Ihr dürft hier machen, was ihr wollt. Ihr könnt überallhin, alles angucken und erforschen. Es gibt nichts, was ihr nicht dürft. Erobert euch eure Kirche!» Und mit einem weisen Lächeln auf den Lippen, auf das der Dalai Lama stolz gewesen wäre, öffnet er die beiden großen Glastüren zum Kirchraum, dreht sich um und schlendert in Richtung CD-Player.

Natürlich denken wir, ahnungslos und verunsichert, wie wir nun mal sind, das müsse eine Falle sein, und der wahrscheinlich doch nicht so nette, sondern hinterlistige Pastor wolle jetzt und hier schon mal rausfinden, wer sich im Gotteshaus danebenbenimmt. Aber als er die Musik noch etwas lauter dreht und langsam zu tänzeln beginnt, machen wir uns auf unseren ersten Erkundungsstreifzug durch St. Johannis-Harvestehude in Hamburg. Erst ganz zaghaft. Vorsichtig, weil wir alle dieses unbestimmte Gefühl mit der Muttermilch aufgesogen haben, dass man in Kirchen eine andächtige Haltung einnehmen muss. Aber mit jedem Schritt werden wir entschlossener, schneller, forscher, frecher. Heimischer. Es riecht nach Kirche. Und es klingt nach «Bravo»-Charts. Fühlt sich merkwürdig, aber über-

raschend gut an.

Während unser kahlköpfiger Pastorenmentor sich mittlerweile im Altarraum demonstrativ im Takt von «Song for Whoever» von The Beautiful South wie ein Brummkreisel dreht, stromern wir durch den Raum. Die Kirche ist, wie uns jetzt auffällt, wunderschön. Und viel einladender als gedacht. Und je weiter wir in den großen Kirchraum vordringen, je mehr wir dieses Haus erkunden und es uns zu eigen machen, desto weniger fremdartig fühlt es sich an. Ich verliere sukzessive dieses unbestimmte Bloß-still-sein-müssen-weil-ja-Kirche-Gefühl und finde den Laden zunehmend spannender. Und das überrascht mich. Wäre es nicht eigentlich schön, wenn man sich hier tatsächlich so eingeladen fühlen könnte? Und ist das nicht auch die Kernaussage von Kirche?

Warum schämen wir uns alle so furchtbar, wenn wir in solche Häuser gehen? Für uns selbst? Dafür, dass wir ganz viele Fragen haben, die wir uns aber nicht zu stellen trauen, weil sie vermeintlich dumm sind? Oder dafür, dass das hier eigentlich gut und schön ist und wir viel häufiger hier sein sollten? Eher Scham aus schlechtem Gewissen? Und wofür ist das alles hier gut? Also gar nicht Kirche generell – das ist eine Frage, die mich in ihrer Tragweite erst viel später beschäftigen soll –, sondern all die Dinge, die hier so rumstehen und hängen? Diese ganzen bunten Fenster mit den lustigen Figuren? Der traurig guckende Mann, der an einem Kreuz hängt? Soll der uns deprimieren? Das Taufbecken? Ist da eigentlich Wasser drin? Moment! Noch viel spannender: Wo kommt denn eigentlich das Taufwasser her? Das ist doch heilig. Gibt es da einen heiligen Wasserhahn für?

Oder muss das Wasser aus irgendeinem Fluss kommen, der heilig ist? Und wie wird das dann transportiert? In heiligen Wasserflaschen?

Wo zieht sich denn der tanzende Pastor für den Gottesdienst um? Warum zur Hölle weiß das denn eigentlich alles keiner? Ich hab doch so viele Fragen ...

Mittlerweile ist ganz offensichtlich die nächste Stufe unseres gemeinsamen Projekts erreicht, denn während die ersten von uns mit ihren Straßenschuhen auf die vermeintlich heiligen Holzbänke kraxeln, hat auch unser tanzwütiger Pastoren-Bär einen Gang hochgeschaltet und schwoft mit ausgebreiteten Armen und in ekstatischer Verzückung zu esoterischen Weisheiten von Enya, wobei er langsam, aber sicher in andere spirituelle Sphären abdriftet.

Mein pseudophilosophischer Streifzug wird durch das Rufen des Tanzpastors durchbrochen: «Wenn dieses Lied zu Ende ist, sucht ihr euch alle einen Platz, an dem ihr euch besonders wohl gefühlt habt.»

Ich hetze so schnell mich meine abgelaufenen Converse tragen durch den Kirchraum, versuche so viele Eindrücke wie möglich zu sammeln. Ich frage mich, wo all die Fragen herkommen. Wieso interessiert mich das auf einmal so? Wie hat der verrückte Tanzbär das bitte eingefädelt? Merkwürdig ... Huch. Die Musik ist aus. Und ich stehe noch hier oben. Auf der Kanzel. Ähm. Na so was. Zufall, Fügung, Missgeschick?

Unten im Altarraum steht der weise Tanz-Dalai-Lama und grinst die dreizehn Dreizehnjährigen allwissend an. Denn ich bin ganz offensichtlich nicht der Einzige, bei dem dieser Zaubertrick wirklich Eindruck hinterlassen hat ...

Warum erzähle ich diese über 20 Jahre alte Anekdote? Weil dieses Erlebnis mir im wahrsten Sinne des Wortes die (Glas-)-

Türen zur Kirche geöffnet hat. Mein gesamtes heutiges Verständnis von Kirche, von Zugehörigkeit und der Möglichkeit, Kirche selber gestalten zu können und dazu auch aufgefordert zu sein, resultiert aus dieser Geschichte. Kirche als Ort, an dem nicht zuerst die Bestätigung von Klischees steht, sondern diese bewusst thematisiert und gebrochen werden. Kirche als Raum für Fragen. Kirche als Ort des Feierns. Kirche als Heimat. Kirche, die sich nicht von vornherein durch Verbote, sondern durch Ermutigung präsentiert und dadurch tatsächlich einlädt, sie zu erkunden. Wie schön ist das denn bitte? Und diese Art von Kirche resultierte aus dem Selbst- und Rollenverständnis meines tanzenden Pastors, der dadurch so viele Menschen – jung und alt – geprägt hat. Und das in alle möglichen Richtungen. Denn natürlich war auch dieser Mann kein Heiliger und keine unfehlbare, messianische Figur. Aber genau das hat ihn nahbar, greifbar und menschlich gemacht. Und ich habe von ihm viel für mein eigenes Selbstverständnis als Theologe mitgenommen. Zuallererst war dieser Pastor auskunftsfähig. Das mag banal klingen, aber er war ansprechbar und konnte über theologische Themen in angemessener Sprache reden. Mal kunstvoll, mal ganz knapp und pointiert. Nie (na ja, selten) mit einem Absolutheitsanspruch und immer mit einem besonderen Ohr für Zweifel und existenzielle Fragen – die seines Gesprächspartners und die eigenen. Auch wenn das eine Minimalanforderung an eine pastorale Person sein sollte, ist das häufig schwerer zu leben, als man denkt: Zwischen Gremiensitzungen, Familienleben, eigenen Verstrickungen und Terminen ansprechbar zu sein, ist eine organisatorische Leistung. Viel schwieriger sind aber Inhalt und Beziehungsebene des Ganzen. Denn ehrlich theologisch Auskunft zu geben und das wirklich für die Menschen zu tun, die da gerade fragen, ist unglaublich schwer. Nicht, weil wir es nicht könnten, sondern weil wir nicht gelernt haben, angemessen zu kommunizieren. Der erste Impuls auf solche Anfragen ist also häufig, mit theologischen Begriffen um sich zu werfen, die aber meistens völlig unverständlich für all diejenigen sind, die nicht gute acht Jahre ihres Lebens damit verbracht haben, zu studieren und sich für ein Pfarramt ausbilden zu lassen. Das ist ein Problem, und es steckt keine böse Absicht dahinter – aber es hilft nicht, einander besser zu verstehen. Bei einer solchen ‹asymmetrischen Kommunikation› hauen Theologenmenschen in sich stimmige Antworten raus, die auf Systemlogiken basieren, die aber keiner außer uns nachvollziehen kann.

Wenn ich auf eine persönliche Frage mit einer theologischen Konzeption oder Formel antworte, wird mein Gegenüber diese Antwort wahrscheinlich nicht auf ihr oder sein Problem übertragen können.

Also: Wir müssen radikal elementarisieren. Sonst reden wir einfach nur noch aneinander vorbei.

Und: Kommunikation gelingt als Dialog. Aber häufig besteht genau in solchen Situationen noch immer ein Ungleichgewicht zwischen Kirche als Institution mit Absolutheitsanspruch und ‹den Menschen›, die Fragen an uns haben. Und diese Haltung ist leider der Tod von gelingender Kommunikation.

Mein Pastor konnte hingegen ziemlich gut kommunizieren, und aus dieser Fähigkeit resultierte eine Haltung, die ich für zukunfts- und anschlussfähig halte: Er setzte sich ein, machte sich angreifbar und stand für etwas. Ich glaube, dass es nicht nur wichtig ist, in angemessener Sprache Auskunft auf Fragen geben zu können. Es ist – im besten Sinne von symmetrischer Kommunikation – wichtig, sich selbst zu offenbaren. Man muss sich nicht im übertragenen Sinne nackt machen, aber Menschen sollten nicht das Gefühl haben, das Gegenüber sei durch seine Position moralisch überlegen oder ‹rechtgläubiger›.

Mein Pastor war zwar klug und wortgewandt, hatte aber trotzdem nicht immer das letzte Wort. Man konnte sich an ihm abarbeiten, wenn man wollte, und sich über ihn ärgern, weil er ein eitler Pfau war. Aber dadurch, dass er für etwas stand, dass er angreif- und von mir aus auch verwundbar war, konnte er ein Gegenüber sein.

Und: Er war ein Netzwerker. Soziologen würden heute sagen, man müsse ‹Player im Quartier› sein. Das klingt hochtrabend, stimmt aber natürlich, und mein Pastor war genau das. Ein Netzwerker, der Menschen und Institutionen miteinander ins Gespräch brachte, die eigentlich von Haus aus nichts miteinander zu tun hatten. Und so ermöglichte er unserer Gemeinde ein breites Spektrum von Dingen: von Kulturveranstaltungen über Fundraising, von gemeinsam gestalteten Gottesdiensten von Menschen, die seit Jahren nicht in der Kirche gewesen waren, bis hin zur Stadtteilarbeit, die sich nur durch Kontakte finanzieren ließ. Er ließ im besten Sinne des Wortes die ‹Kirche im Dorf›, weil er sie in dem Stadtteil meiner Kindheit, der tatsächlich Dorfcharakter hat, wieder sichtbar machte.

Und er war da, wenn es darauf ankam, und hatte einen Blick für die Menschen der Gemeinde, ohne dabei übergriffig, omnipräsent oder immer erreichbar zu sein. Er meisterte den Spagat zwischen Anspruch und Zuspruch.

Vielleicht halten Sie meine Erinnerungen an diesen Mann für verklärt. Aber ich schildere diesen Menschen so ausführlich, weil sein Wirken in der Gemeinde für so viele bereichernd war, was auf eine diffuse Art in der Kirche aber als Störung gilt: Denn meine Beziehung zur Kirche ist durch eine Person initiiert worden. Ich ging zum Konfirmandenunterricht, weil ich den Pastor beim Vorgespräch nett fand. Ich begann, mich in der Kirche heimisch zu fühlen, weil er diesen ‹Zaubertrick› machte. Ich übernahm danach die Jugendgruppe, weil er mich dazu anleitete. Selbst nachdem er die Gemeinde verlassen hatte, war er da, als Familienmitglieder starben, und trotz seiner ganz anderen theologischen Beschäftigung in besonderen Situationen für all die Menschen erreichbar, mit denen er in seiner Zeit als Pastor zu tun hatte. Also: Meinen eigenen Glauben habe ich – auch – durch einen Menschen entdeckt.

Das ist für die Kirche schwierig. Denn aus verschiedensten Gründen wird das so nicht so gern gesehen und auch sehr deutlich in der Ausbildung so nicht gesagt.

Auf theologischer Ebene gilt, dass Glaube nichts ist, das verfügbar wäre. Dafür gibt es die unterschiedlichsten Bilder: Glaube als Geschenk, für das man nicht immer empfänglich ist, oder der Glaube als Wirken des Heiligen Geistes in uns. Auch darin liegen kommunikatorische Tretminen; das weiß ich, seitdem ich als junger Theologiestudent bei einem Date nach dem zweiten Glas Weißwein anfing, darüber zu lamentieren, dass das Glaubensding ja ein Geschenk sei und sie das wohl ganz offensichtlich nicht empfangen hätte ...

Jedenfalls haben wir den Glauben nicht in der Hand, und das kann man auf verschiedene Weisen instrumentalisieren. Die schlechteste Variante ist, daraus zu folgern, dass wir uns dann auch nicht anstrengen müssten, um über Glauben gut im Gespräch zu bleiben. Das ist geradezu fatal. Die Erkenntnis, für den Glauben nicht final verantwortlich zu sein, ist wunderbar entlastend, darf aber nie eine Ausrede sein, sich nicht dafür einzusetzen oder sich Mühe zu geben. Glaube ist ein Geschenk, und darüber echt im Gespräch zu sein, begeistert davon zu erzählen, ihn lustvoll und lebenszugewandt ins Spiel zu bringen – all diese Fähigkeiten sind doch auch Geschenke.

Ich beharre da so drauf, weil ich glaube, dass die Erkenntnis, dass Glaube auch etwas mit dem Kommunikationsgeschehen zwischen Menschen zu tun haben kann, hilft, diesen Beruf oder das Rollenbild weniger schwierig zu machen.

In meiner Ausbildung wurde mir mantramäßig von Menschen aus der Verwaltung und der Kirchenleitung vorgebetet: «Es geht nicht um Sie, es geht um den Heiligen Geist.» Ja, klar. Und: Nein! Das stimmt so nicht. Natürlich geht es um den Heiligen Geist und die Unverfügbarkeit, aber Menschen, die sich endlos lange dafür ausbilden lassen, um sich dann in eine Gemeinde zu begeben und über Glauben zu sprechen, sind doch genau solche, um ‹die es geht›. Ich glaube, dass solche Aussagen genau das Gegenteil von dem bewirken, was sie eigentlich möchten. Sie entlasten nicht, sondern stiften an, für nichts zu stehen. Sie ziehen sich aus der Verantwortung, schwächen die Individuen und gaukeln vor, dass man keine wichtige Rolle hätte, deren man sich ganz besonders bewusst sein muss. Doch die hat man als pastorale Person.

Ein weiteres Mantra: Man muss Grenzen ziehen, zumal man ja auch – je nach Konfession – mit oder ohne Familie direkt in seinem Arbeitsumfeld wohnt. Das kann schwierig sein – ich hatte ja schon von der Stillen Post ob der Einkaufswagen erzählt. Aber diese Abgrenzung bezieht sich primär auf eine organisatorische Komponente, die sich dann in einer Haltung äußert.

Die Tatsache, dass es ‹um Sie (oder eben nicht)› geht, bezieht sich auf eine intrinsische Haltung. Auf eine Art, mit den Menschen, mit denen man zu tun hat, im Austausch zu sein. Ich glaube: Es geht um ‹Sie› – also um die Menschen, deren Beruf Verkündigung ist. Nicht nur, aber auch. Und das zu leugnen, wäre fatal.

Und ja – es gibt sie, die weltfremden, arroganten, die schlecht kommunizierenden Kirchenvertreter, die glauben, sie hätten den Fragenden und Suchenden etwas voraus, die sich an alle Regeln halten und Kirche nicht als etwas für Menschen verstehen, sondern für Macht, Struktur und Egos. Und solange ein Joseph Ratzinger öffentlich und medienwirksam dem «Klima der 68er»[126] eine beträchtliche Schuld an dem unsagbaren Kindesmissbrauch durch Vertreter der Kirchen zuschreibt, so lange wird es schwer sein, in der öffentlichen Wahrnehmung ein positives Bild von Geistlichen zu vermitteln. Und nein, das ist nicht das einzige Beispiel, und es betrifft beide Kirchen. Das Bild von ‹Universaldilettanten› und greisen weißen Männern werden wir nur schwer verändern können. Das funktioniert nur durch Begegnungen mit symmetrischer Kommunikation. Es funktioniert durch ehrlichen Austausch, durch Begleitung, durch Sprachfähigkeit, Zeit und Muße. Es funktioniert dadurch, dass man bei den Menschen in ihrem Umfeld ist. Dadurch, dass man wahrnimmt, wie die Lebensumstände sind. Und dadurch, dass man selbst für etwas steht – aufsteht und einsteht. Aber ich kenne so viele tolle, zugewandte, auskunftsfähige Kolleginnen und Kollegen beider Kirchen, die trotz der unterschiedlichen Herausforderungen auf allen Ebenen ihre Rolle so gestalten, dass ich erleichtert in die Zukunft schaue.

Angesichts der Sparzwänge, mit denen sich Kirchen konfrontiert sehen, werden all diese Kernkompetenzen jedoch nicht leichter abzurufen sein, besonders wenn Stellen gestrichen werden und Pfarrer*innen noch viel mehr von dem erledigen müssen, was sie nun wirklich nicht gelernt haben: Verwaltung.

Die Kirchen werden ihr Imageproblem nicht so schnell aus der Welt schaffen können, aber es gibt in beiden Geschwisterkirchen zarte Versuche, Pfarrer*innen auch medial als ansprechbare Menschen zu inszenieren. Da werden auf Social-Media-Kanälen Menschen gezeigt, die pastorale Ämter bekleiden und Vielfalt und Offenheit präsentieren. Menschen, die sich einsetzen, angreifbar machen. Das steckt noch in den Kinderschuhen und geht auch manchmal daneben – denn unter dem Hashtag ‹waspastorinnensomachen› ein Bild von einem Haushaltsgegenstand zu posten, trägt für mich nichts aus. Zumindest nicht als Amtsperson, die dadurch suggerieren will, dass wir ja auch alle nur Menschen sind und uns deshalb auch die Zähne putzen. Das hoffe ich doch ... Aber wenn Kirchenmenschen sich im Netz angreif- und verwundbar machen und von ihren Ängsten, Zweifeln und Schicksalsschlägen erzählen, berührt mich das sehr. Weil sie gesprächsbereit sind, wenn sie davon berichten, dass sie, nachdem sie ein Kind verloren haben, existenziell mit ihrem eigenen Glauben gerungen haben, um ihn dann in einem unerwarteten Moment plötzlich wiederzufinden. Dann sind sie mit ihren eigenen Glaubensgeschichten ganz nah bei Menschen, die sich damit identifizieren können.

Erkenntnis des Tages:
Glaube ist unverfügbar. Punkt. Aber es hilft, wenn man jemanden hat, mit dem oder der man halbwegs ehrlich darüber ins Gespräch kommen kann. Und dafür hilft es wiederum, wenn diese Menschen nicht mehr und mehr Verwaltung erledigen müssen, um mehr Zeit für die wichtigen Dinge in ihren Gemeinden zu haben: die Menschen. Und es hilft auch, wenn die Menschen in diesen Ämtern sich klar darüber sind, welche Rolle sie haben und was sie selbst dafür als wichtig erachten.

Wen würden Sie selbst gerne als Gegenüber haben? Vielleicht hilft es ja, darüber mal miteinander und sich selbst ins Gespräch zu kommen.

PS: Falls Sie jetzt enttäuscht sein sollten, dass ich auf ein omnipräsentes Thema nicht eingegangen bin, dann bitte ich um

Entschuldigung. Sie werden sich denken können, dass ich den Zölibat nicht nachvollziehen und natürlich auch nicht nachempfinden kann. Und es will sich mir einfach nicht erschließen, warum Frauen in der katholischen Kirche von gewissen Ämtern ausgeschlossen werden. Und ich habe das Gefühl, damit nicht allein zu sein. Amen.

MACHT DIE KIRCHE ENDLICH ZU!

M oment, was? Ich meine doch: Macht die Kirche endlich auf! Oder zu? Oder beides? Oder irgendwas?
Hauptsache, irgendwer macht jetzt endlich mal irgendwas ...!
Ach, es ist ja alles so schwierig mit der Zukunft und der Kirche ...»

Das ist ein Querschnitt aus der Diskussion um die Kirchen – in
diesem Fall geht es aber: um die Gebäude. Aber natürlich auch
um Kirche an sich. Es ist kompliziert.

Kirche ist ein Ort – und das in jedem Sinn: ein Ort im Herzen
und in der Seele, ein Ort in den Gedanken und Taten, ein Ort
der Versammlung, ein Ort für die Gemeinde und Gemeinschaft.
Also: Kirche ist ein spiritueller und physischer Ort. Und das
macht es so verflixt kompliziert.

Kirche verändert sich, weniger Menschen besuchen sie, und
demzufolge gehen die Einnahmen zurück; daraus ergibt sich ein
strukturelles Versorgungsproblem. Es gibt unterschiedliche Positionen, was diese Verquickung für Kirche und Kirchengebäude
bedeutet.

Variante 1:

‹Dinge kosten Geld und Ressourcen, und die haben wir als Kirchen kaum mehr. Also: abspecken. Kann ja auch hilfreich sein. Wir müssen also prüfen, was wir haben, und entscheiden, was wir uns davon noch leisten können und wollen. Wir machen eine Kosten-Nutzung-Aufstellung und denken klassisch betriebswirtschaftlich. Wenigstens einmal in unserem Kirchenleben. Und dann verkaufen wir Kirchen, die wir uns nicht leisten können, und schließen Gemeindehäuser, die baufällig sind und nur noch von Bibel-Bingo-Gruppen genutzt werden. Augen zu und durch. Und dann beklagen sich die Pfarrer*innen auch nicht mehr, dass sie drei Gemeinden auf einmal versorgen müssen. Und was wir an Heizkosten sparen!›

Variante 2:

‹Wir müssen alles einfach genauso lassen, wie es ist. Kirchen sind Symbole für Glauben und Gemeinschaft, und wenn wir die verkaufen, verhökern wir vollkommen unter Wert unser Prime-Real-Estate an den strategisch wichtigsten Stellen in Städten und Dörfern. Kirchgebäude sind doch quasi Leuchtreklamen für unseren Glauben! Außerdem stehen die Kirchen alle unter Denkmalschutz, und unsere Pfarrer*innen sollen sich mal nicht so anstellen – für das viele Geld, das die bei uns als Quasibeamte bekommen, schaffen sie auch drei Kirchen pro Sonntag. Denn die drei Menschen, die da in den Gottesdienst kommen, hängen an dem Gebäude. Drei Kirchen, drei Gottesdienste, drei Predigten. Amen.›

Ich bin großer Fan der Band Blumentopf, die unter anderem einen Satz geschrieben hat, der mich bis heute begleitet:

«Man sagt, dass die Straße, aus der man kommt, den Charakter prägt, nur was nützt das, wenn man in 'ner Sackgasse lebt?»

Die Straße, aus der ich komme, heißt – kein Witz – ‹Mittelweg›, und genau den halte ich bei diesem Thema auch für sinnvoll. Ich bin nämlich für beides: Ich bin ganz entschieden dafür, die Kirche endlich zuzumachen.

Und ich bin genauso entschieden dafür, die Kirche endlich aufzumachen.

Klingt konfus? Mit Sicherheit.

Also: Macht die Kirche endlich zu!

Ich meine das in doppelter Hinsicht: inhaltlich und an manchen Stellen eben auch physisch. Ich glaube, dass wir ‹die Kirche› schließen müssen – zumindest müssen wir als Menschen in Kirchen in unseren Köpfen damit abschließen, dass wir in Zukunft den Status quo halten werden, an den wir uns gewöhnt haben. Wir müssen uns mutig von manchen Traditionen verabschieden; das ist gleichermaßen gut und unglaublich schmerzhaft. Denn Kirchen sind besondere Orte. Mit Kirchräumen verbinden Menschen die unterschiedlichsten und berührendsten Momente in ihren Leben. Die Taufe des Kindes, die eigene Hochzeit, die Beisetzung des Vaters, die erlebten Gottesdienste, Konzerte, Gemeinschaft, Besinnlichkeit, Kerzenschein, Zur-Ruhe-Kommen, Rotwein verschütten und hoffen, dass es keiner sieht. Ein Ort, der ein kleines Stück Heimat ist. Und Heimat aufzugeben ist schmerzhaft, bitter, entwurzelnd.

Ich lebe in Hamburg, einer Stadt, in der vornehmlich evangelische Christen*innen leben. Und vor allem am Beispiel der katholischen Kirche hier im protestantischen Norden kann man sehen, wie real die Schließungsmaßnahmen sind. Zu Beginn des Jahres 2019 gab es einen regionalen und medialen Aufschrei, als das Erzbistum Hamburg etwas ungeschickt öffentlich machte, dass es den Großteil seiner Schulen im Bistum schließen werde. Während ich dieses Kapitel schreibe, erscheint ein Interview mit dem Sprecher des Erzbistums, der den Stand der Dinge ziemlich deutlich macht.[127] Er erzählt, dass die katholische Kirche rund 250 Immobilien in Hamburg ihr Eigen nennt, darunter auch 40 Kirchen. Dazu kommen Gemeindezentren, Pfarrhäuser, Kitas, Schulen, soziale Einrichtungen und einige wenige Verwaltungsgebäude. Und obwohl sich die Schulden des Erzbistums von 82,6 auf 79,3 Millionen verringert haben, werden jetzt durch eine Kommission alle Gebäude und Liegenschaften haargenau geprüft, um sich dann von denen zu trennen, die im weitesten Sinne nicht ‹rentabel› genug sind. Dass das keine fixe Kategorie sein kann, wissen natürlich auch die Menschen in dieser Kommission, denn viele Faktoren spielen hinein: In welcher Struktur liegt eine Gemeinde – in städtischen Regionen sind Alternativen noch eher zu erreichen als in ländlichen –, welche Gebäude braucht eine Gemeinde für Seelsorge und welche nicht. Und die Menschen in den Kommissionen schauen auch nach Möglichkeiten, Gebäude zu verkaufen oder ökonomischer und mit Synergieffekten neuzubauen; denn tatsächlich sind viele Gemeindehäuser und Kirchen in ziemlich desolaten Zuständen. Um bei dem konkreten Beispiel zu bleiben: Der Sprecher des Erzbistums hat auch Alternativen im Kopf. Gottesdienst kann man im Zweifelsfall auch im Gemeindezentrum feiern. «Und mit der evangelischen Kirche könnten wir über eine ökumenische Nutzung von Gotteshäusern reden. In Hamburg wäre das Modell neu, in Schleswig-Holstein gibt es schon Vorbilder: Die Marienkirche in Ahrensbök wird seit Jahren von der katholischen Gemeinde mitgenutzt, in Kiel-Mettenhof teilen sich katholische und evangelische Gemeinde Kirche und Gemeindehaus.»[128]

Das klingt vielleicht für Kirchgänger*innen zunächst absurd, aber ich vermute, dass so etwas in Zukunft eher häufiger der Fall sein wird. Aber natürlich gilt es in diesen Fällen genau abzuwägen, was man verkauft und was nicht. Neulich schrieb ein junger und innovativer Pastor in seinem Blog, man dürfe sich auf gar keinen Fall von Kirchgebäuden trennen, denn die wären ja mit ihren Türmen so etwas wie Leuchtreklamen in einer Stadt. Jein. Ich verstehe natürlich, was er meint, aber: Schlechte Werbung ist zwar Werbung, aber eben ... na ja ... schlecht.

Also: Macht die Kirche endlich zu! Verabschiedet euch von manchem Gebäude, das nicht mehr bewirtschaftet werden kann, Geld verschlingt und keine Atmosphäre mehr erzeugen kann. Nicht jedes Gebäude ist erhaltenswert, nur weil es mit Kirche und einer eigenen Erinnerung zu tun hat. Ich bin kein Vertreter der These, lebendiger Glaube brauche kein Gebäude. Aber lebendige Gemeinde braucht auch Ressourcen, und die sind begrenzt.

Wir müssen uns davon verabschieden, in diesen Strukturen einfach weiterzumachen; wir müssen uns auch von Mustern und merkwürdigen Selbst- und Fremdansprüchen lösen. Nicht jede Gemeinde wird zukünftig alles anbieten können. Also heißt die Parole für die Zukunft: Legt eure Stärken zusammen!

In einem der evangelischen Kirchenkreise in Hamburg passiert gerade genau das. Da werden Gemeinden gezwungen, miteinander zu reden. Na so was! Man spricht miteinander, erkennt, was man als Gemeinde eigentlich schon immer richtig ätzend fand, und durch diese Kommunikation stellt man fest, dass eine andere Gemeinde genau das besonders schätzt. Und zack – übernehmen die das einfach. Das klingt banal, ist aber für Kirchengemeinden ein unglaublich wichtiger und schwieriger Schritt.

Solche Prozesse sind schwer. Dabei sind sie in städtischen Kontexten noch verhältnismäßig ‹einfacher›, eben weil es bei der Schließung eines Standorts Alternativen und Verkehrsanbindungen gibt. Das ist in ländlichen Regionen häufig nicht der Fall. Und zu den demographischen Veränderungen im Bereich der

Mitglieder kommt noch die enorm große Zahl an Pfarrer*innen, die bis 2030 in den Ruhestand gehen werden. Die Frage nach Schließungen von Kirchen, Einsparungen und Versorgung von Gemeinden wird dadurch nicht weniger schwierig.

Es wird also ungemütlich; so hat beispielsweise die Synode der Nordkirche, zu der ich auch gehöre, kürzlich ein Gesetz verabschiedet, das versucht, sich diesem Thema zu stellen.[129] Die Prämisse: Es soll einen Verteilungsschlüssel für Pfarrer*innen und Regionen geben. In diesem Gesetz wird die Realität der Kürzungen und der abnehmenden Ressourcen in Bezug auf die Versorgung und die Unmöglichkeit eines Erhalts des Status quo ganz deutlich. Das Problem liegt – sehr vereinfacht – darin, dass wir als Kirchen die Selbstverpflichtung haben, dass Menschen möglichst überall die Möglichkeit haben sollen, an Gottesdiensten und gemeindlichen Angeboten teilnehmen zu können – Stichwort ‹flächendeckende Pfarrstellenversorgung›. Das heißt im Umkehrschluss, dass Menschen, die hauptamtlich Pfarrer*innen sind, verpflichtet werden, sich dem zu fügen. Ein Dilemma, das natürlich auch durch die schon dargestellte parochiale Gemeindestruktur kommt.

Das Gesetz ist schwierig und wird heiß diskutiert – denn wer hat noch Lust, diesen Beruf auszuüben, wenn er*sie keine freie Wahl hat, wo er*sie leben und arbeiten kann. Dabei ist es nur ein Versuch, sich dem Problem traditionell zu nähern und eine Struktur aufrechtzuerhalten, die bekannt ist und auch weiter gelten soll, allerdings auf einem niedrigeren Niveau. Es geht in diesen ersten Versuchen nicht um die Frage nach einer Kirche der Zukunft oder um innovative Konzepte für Angebote, pastorale Berufsbilder etc. Es soll vielmehr der systematische Rückgang geordnet werden. Dieser Logik zufolge wird die Kirche anders ‹zugemacht›, als ich es meine.

Aber: Macht manche Kirchen und Gemeindehäuser zu!

Schließt einige tradierte Denkweisen in den Köpfen! Verabschiedet euch von der Idee, wir könnten Angebote in dieser Frequenz durchhalten, von denen wir selbst einige furchtbar und nervig finden.

Und ansonsten: Macht die Kirche endlich auf!

Die Zukunft von Kirche liegt in einem Paradigmenwechsel der überheblichen Ansicht aus den ‹guten alten Tagen›, Menschen müssten zu uns kommen. Das müssen sie aber gar nicht, und sie tun es auch nicht mehr – und daran müssen wir uns gewöhnen. In der internen Kirchendiskussion sprechen wir gerne von einem Wechsel von einer ‹Komm- zu einer Hingehstruktur›.

Die Kirchen stehen auf exponierten Plätzen, Relikte aus alter Zeit, und sonntags öffnen sich unter Ächzen und Quietschen die schweren Türen zum Heiligtum, und in gebückter Demutshaltung betritt man den kalten Kirchraum, vorbei an einer streng frisierten grauhaarigen Schwellenhüterin, die böse guckt. Man wird ganz merkwürdig klein, und überraschend unsicher wird man auch.

Ich erlebe es erschreckend oft genau so; dabei sollten uns diese wunderbaren Orte doch warm willkommen heißen. Eigentlich ist das gar nicht schwer. Wenn Sie Gäste einladen, möchten Sie doch auch, dass sie sich bei Ihnen wohl fühlen, beseelt und gestärkt wieder gehen und begeistert wiederkommen.

Macht die Kirche endlich auf und bietet den Menschen einen Ort, an dem sie gerne sein wollen! Das mag einfach klingen, ist es aber nicht. Neulich las ich in einem sozialen Netzwerk einen niedlich-euphorischen Post einer Hamburger Kirchengemeinde, die ob ihrer verrückten Idee gar nicht an sich halten konnte: ‹Wir machen ein aufregendes Experiment: Wir öffnen die Kirche jetzt auch an drei Tagen unter der Woche für jeweils drei Stunden. Herzlich willkommen!›

Ihr wilden, wilden Leute!

Wenn Ihre Gemeinde dafür kein Personal hat, verweise ich auf die Ehrenamtlichen, in deren Hand das Gelingen unseres Tuns ohnehin liegt und auf die wir als Kirchen viel zu selbstverständlich bauen und sie dafür häufig viel zu wenig im Blick haben. Überlegen Sie gemeinsam, was diese Ehrenamtlichen brauchen, um die Kirche zu öffnen, statten Sie sie aus mit Informationsmaterial und kleinen, kontemplativen Textsammlungen, die sie bei Bedarf verteilen können. Lassen Sie sie nicht strenge Schwellenhüter, sondern freundliche Gastgeber*innen werden, die eine Aufgabe haben, die sie fordert und ihnen Spaß macht. Zünden Sie ein paar Kerzen an und spielen Sie hin und wieder mal schöne Musik. Begrüßen Sie die Menschen freundlich und einladend und seien Sie sich bewusst, dass Menschen solche Orte brauchen.

Eines der größten Themen in meinem Freundeskreis und in den Medien ist in den letzten Jahren die ‹Achtsamkeit›. Menschen haben häufig das Gefühl, dass sie sich aufreiben und ihrem eigenen Anspruch und den Forderungen von außen nicht genügen können, sodass sie ihre eigenen Bedürfnisse nicht mehr erkennen können. Deswegen sind Meditations- und Einkehrapps gerade so erfolgreich, denn die erinnern uns daran, dass wir gelegentlich mal in uns selbst reinhören müssen. Wir, die Kirchen, verfügen überraschenderweise über genau solche Orte, an denen man einkehren und zur Ruhe kommen kann. Lasst uns das doch den Menschen deutlich machen und sie willkommen heißen!

In der Kirchengemeinde, in der ich arbeite, läuft natürlich auch nicht alles rund. Aber: Wir sind eine offene Kirche. Nicht nur, dass wir einen ganzen Pool an wundervollen ehrenamtlichen Helfer*innen haben, die die Kirche offen halten, Auskunft geben und die Menschen meistens freundlich begrüßen – wir sind eine offene Kirche im Viertel. Wir sind interessiert an Stadtteilarbeit, weil wir das als Gemeindeaufbau verstehen. Angrenzend entsteht ein ganz neuer Stadtteil, für den wir mitverantwortlich sind, was uns die Möglichkeit gibt, ganz genau zu schauen, was die Menschen, die dort hinziehen oder bauen, eigentlich suchen. Ich nenne das gerne ‹Kirche 3.0›, denn in diesem Kontext gibt es die Begründung, dass etwas ‹schon immer so war› einfach nicht. Denn es gab ja den Stadtteil zuvor noch nicht.

Ein großer Teil der Arbeit meines Kollegen besteht also darin, sich in seiner Funktion als Repräsentant der Kirche in Stadtteilarbeit einzubringen, Netzwerke zu knüpfen, Kontakte herzustellen, sichtbar zu sein. Er ist in Diskussionen um Gerechtigkeit involviert, um die Frage, wie in dem neuen Stadtteil Begegnungsmöglichkeiten gestaltet werden – strukturell und inhaltlich –, und er zeigt den Menschen, dass Kirche an Menschen interessiert ist. Auch das mag einfach klingen, ist aber alles andere als eine Selbstverständlichkeit. Und durch den offenen Umgang, das zupackende und einladende Wesen meines Kollegen, sind wir tagtäglich mit unseren Nachbarn und den Institutionen und Menschen aus dem Viertel im Gespräch. Daraus ergeben sich Möglichkeiten, die wir sonst nicht hätten: von Kooperationen mit lokalen Kulturbetrieben über gastronomische Zusammenarbeit bei unseren Veranstaltungen bis hin zu Andachten in Einrichtungen, die eigentlich längst den Kontakt zu uns aufgegeben hatten.

Hier geschieht ein Paradigmenwechsel; denn unter anderem dadurch, dass mein emsiger Kollege auf seinem mittlerweile berühmten Fahrrad durch das Quartier zuckelt und uns allen mit seiner Netzwerkarbeit manchmal auch gehörig auf den Zeiger geht, hat die Kirche eine ganz andere Sogwirkung bekommen. Denn die Menschen kommen durchaus zu uns – wenn man vorher bei ihnen war. Und ‹bei den Menschen sein› sollte eine unserer Kernkompetenzen und Hauptaufgaben sein.

«Lasset die Kinder zu mir kommen und wehret ihnen nicht.»[130]
Na ja, also eher: Lasset die Menschen, die im Dorf oder Viertel aktiv sind, zu mir kommen und wehret ihnen nicht. Soweit ich mich erinnere, haben Kirchen Sitzmöglichkeiten und Platz. Sie schützen – meistens – vor Regen, es gibt eine (meist gruselige) Mikrophonanlage und Licht. Das sind doch mehr oder weniger gute Voraussetzungen dafür, dass Ihre Kirche auch für andere Dinge genutzt werden kann. Sie müssen nicht gleich bei allem ja und amen rufen, aber lassen Sie doch die Menschen, die Kultur machen, die sich versammeln wollen, die Kinder betreuen, Musik machen, Ausstellungsflächen brauchen, zu sich kommen und «wehret ihnen nicht». Bringen Sie Glanz und Leben in die Bude! Dass Sie den Menschen einen ‹heiligen› Ort anbieten, an dem deren ‹profanes› Leben, deren Leidenschaft und Kultur einen Raum hat, macht deutlich, dass Glaube und Leben immer miteinander verbunden sind. Und wenn Sie dann solche Veranstaltungen noch klug, herzlich und nicht zu missionarisch eröffnen oder rahmen, hat das einen Einfluss auf die Wahrnehmung der Menschen und der Kirchen.

Klar sind Kirchen keine Mehrzweckhallen, und bei Anfragen für völkische Tanzkurse der AfD dürfen Sie auch mehr als gerne nein sagen, aber früher standen Pferde in vielen dieser heiligen Hallen, wenn es draußen zu kalt war, und Menschen fanden darin Zuflucht und trieben Handel.

Apropos Menschen und Zuflucht: Kirchen sind auch Orte, an denen Menschen geholfen wird. Wir sind für diejenigen da, die nichts haben, auch wenn wir deren Probleme häufig nicht lösen können. Aber: Dafür brauchen wir Hilfe. Wir brauchen Menschen, die sich engagieren, die einmal die Woche mit jenen, die niemanden haben, ins Gespräch kommen. Dafür braucht es gar keine großen finanziellen Ressourcen: Kaffee und Kekse reichen. Oder organisieren Sie einmal im Monat, einmal in der Woche ein Abendessen für solche, die nichts haben. In der Kirche. Ein warmer Ort, ein warmes Essen im Bauch und ein Gespräch, dass Herz und Gemüt erwärmen, sind unendlich wertvoll. Öffnen Sie Ihre Kirche als einen Ort für Gemeinschaft, und lassen Sie die, die nichts haben, mit denen, die etwas haben, ins Gespräch kommen. Oder Sie machen es wie die Kollegen aus Hamburg-St. Pauli und lassen Menschen, die auf der Flucht sind, bei sich unterkommen – und ein ganzer Stadtteil hilft mit. Denn das gibt es auch.

Es gibt ja nicht nur Kirchgebäude, sondern auch Vorplätze, und die lassen sich wunderbar nutzen. Ändern Sie kleine Dinge mit großer Wirkung. Verlagern Sie nach dem Gottesdienst das Kirchencafé mal nach draußen. Und signalisieren Sie den Menschen, die nicht im Gottesdienst waren, dass sie trotzdem gegen eine symbolische Spende Kaffee und Kekse bekommen. Oder noch besser: Stellen Sie einen Grill auf Ihren Kirchplatz und veranstalten Sie ein (veganes) Barbecue. Eine Wurst – ein Euro. Wenn Sie das regelmäßig machen, verstehen die Menschen die Frequenz, und Sie werden sich wundern, wie gesellig es auf einmal in Ihrer Kirche werden kann. Und wenn von denjenigen, die wegen der Wurst da sind, trotzdem niemand zum Gottesdienst erscheint, sind Sie wenigstens in Kontakt. Und das ist schon viel wert.

Und wenn Sie es geschafft haben, aus Ihren Mauern rauszukommen, dann gehen Sie auf die anderen Plätze in der Stadt und im Dorf, und machen Sie sich sichtbar. Stellen Sie eine Couch auf den Marktplatz und kommen Sie ins Gespräch, so wie es eine kluge Kircheninitiative aus Köln gerade getan hat und auf einmal wieder bei den Menschen ist, die darauf gewartet hatten, ohne es selbst zu wissen. Werden Sie laut, mutig und zugewandt. Trauen Sie sich, neue Formate zu denken und Dinge rauszuschmeißen, die Sie daran gehindert haben, Menschen zu erreichen. Probieren Sie aus. Das dürfen und müssen wir in dieser Zeit.

Und: Es ist bemerkenswert, was Menschen auf die Beine stellen, damit ‹ihre Kirchen› erhalten bleiben. Da werden Kooperationen mit Kommunen eingegangen, von Mäzenen Spenden in Millionenhöhe eingetrieben, da schießen Fördervereine wie Pilze aus dem Boden. Das ist mühsam, aber es bindet Menschen noch intensiver an ihre jeweiligen Kirchen. Kirchen sind eben nicht egal, sondern wichtige Orte, und es ist eine Menge möglich, wenn man die ausgetretenen Pfade verlässt, um den Wert von Dingen neu zu entdecken und neu schätzen zu lernen.

Erkenntnis des Tages:
Macht die Kirche zu, damit wir die Kirche aufmachen können! Ich vermute, dass es in diesem Fall nur mit dem Mittelweg geht. Wir müssen Gebäude, Muster, Strukturen abstoßen, die wir nur halten, weil sie dazugehören. Aber wir dürfen es nicht übertreiben und das Ganze ausschließlich aus einer uns befreienden Perspektive sehen. Loslassen, um endlich wieder Kraft zu haben, neu und bestärkt leichter wieder anzufangen.

WIR SIND NICHT DIE ZUKUNFT

W ir sind nicht die Zukunft!», sagt der junge Mensch, der auf dieser merkwürdigen Grenze zwischen ‹für jugendlich zu alt und für erwachsen zu jung› ist. Auf einmal wird es erstaunlich ruhig im vollen Mehrzwecksaal mit dem wild gemusterten Teppich, der uns allen in leuchtenden Farben vor Augen hält, dass wir hier auf einer Synode sind.[131] Genauer: Wir sind auf der EKD-Synode in Würzburg.[132] Viel größer wird es innerhalb der Grenzen der evangelischen Kirche nicht, was solche Zusammenkünfte angeht. Und alle im Publikum sind nach dem Statement des wirklich klugen jungen Menschen, der auf der Bühne mit anderen mehr oder weniger jungen Menschen sitzt, kurz etwas angefasst. Das war wohl gar nicht seine Absicht, aber er hat auf so viel mehr Ebenen recht, als ihm wahrscheinlich bewusst ist. «Wir sind nicht die Zukunft!» Pause. «Wir sind die Gegenwart!»

Wow.

In der Evangelischen Kirche in Deutschland gilt eine Art repräsentativer Demokratie, und die Orte, an denen über die großen Fragen diskutiert wird, sind Synoden. Wir befinden uns auf dem Eröffnungsabend der größten davon. Das Thema ist nicht wenig ambitioniert: «Glaube junger Menschen». Tatsächlich wurden alle Teilnehmenden gebeten, in diesem Jahr einen Tag früher anzureisen, damit genau das hier stattfinden kann. Die Bühne ist vollbesetzt mit jungen Menschen, die endlich die Möglichkeit bekommen, zumindest kurz über Glauben, Hoffnungen und Veränderungswünsche für ‹ihre› Kirche ins Gespräch zu kommen. Das Ganze auf einem Podium vor versammelter Mannschaft aus Kirchenleitenden und sonstigen Menschen, die aktuell die Kirche gestalten. Es ist also durchaus einschüchternd, in diesem Rahmen Kritik an Dingen zu üben, für die vor allem die Menschen mitverantwortlich sind, die in diesem Moment im Publikum sitzen und zuhören. Meine Rolle ist eine andere – ich moderiere diese Podiumsdiskussion und schwanke selbst ein bisschen zwischen meinen Rollen als Theologe, Moderator, Jugendgruppenleiter, der hier auf ‹seine Kleinen› aufpassen will (weder waren sie klein noch ‹meine› – sie brauchten meinen Schutz also nicht, aber das ist ein Automatismus nach über 20 Jahren Jugendarbeit ...), und Mensch, der auch beruflich von außen auf Kirche schaut und sich über so vieles wundert.

Also: Eine nicht ganz anspannungsfreie Ausgangssituation für eine ganz gute Sache.

Diese mehrtägige Synode ist gut und klug vorbereitet. Ich hatte mich im Vorfeld mit einer der Organisatorinnen getroffen, die zusammen mit dem Vorbereitungskreis ein wirklich gutes Thesenpapier erarbeitet hatte, in dem wichtige Punkte thematisiert wurden.[133] Die Thesen reichen von der Erkenntnis, dass junge Menschen sich vermehrt nicht mehr zu den traditionellen Formaten zugehörig fühlen, über ein klares Bekenntnis zu biblischen Texten als Angebote, nicht als exklusives Hoheitswissen, bis hin zu dem Thema Musik als Ausdruck von Glauben. Andere wichtige Themen sind eine Erweiterung von Kommunikationsformen, ein Aufruf zu mehr innovativen Modellen, einer Weitung des Kirchenverständnisses und eine Neudefinition von Zugehörigkeit.

Dabei ist der Schwerpunkt der Beschäftigung mit diesen Themen auf eine besonders anspruchsvolle Zielgruppe gerichtet: junge Menschen zwischen 18 und 26 Jahren. Und diese Altersgruppe ist aus vielen Gründen wichtig. Zum einen fehlt sie uns als Kirchen häufig, weil wir kein Angebot für sie haben. Zum anderen – rein wirtschaftlich – ist es eine Zielgruppe, die man binden muss, weil sie perspektivisch Kirchensteuer zahlt (oder eben nicht). Und drittens – und das wird sich im Laufe der Podiumsdiskussion noch herausstellen: Mit denen können wir nicht so richtig gut.

Der Gedanke, der dieser Runde zugrunde liegt, ist ein guter: Wir wissen, dass wir nicht besonders viel zu bieten haben und auch keine genaue Vorstellung von dem haben, was sich Menschen in diesem Alter eigentlich von ‹ihrer› Kirche für ihren Glauben wünschen. Und weil das so ist, tun wir etwas Gewagtes: Wir reden nicht über sie, sondern mit ihnen.

Das ist wirklich ein ungewöhnlicher Schritt. So ungewöhnlich, dass es gar nicht so leicht war, junge Menschen zu finden, die sich auf dieses Experiment einlassen. Und dadurch wird ein erstes, viel allgemeineres Problem deutlich: Die zehn wunderbaren jungen Menschen, die auf das Podium kamen, waren zum einen gar nicht besonders jung und zum anderen alle aus kirchlichen Kontexten. Sie waren also nicht ganz repräsentativ für das, was eigentlich spannend gewesen wäre: ein Gespräch mit Menschen ohne Binnenblick. Aber gut, nun war es so.

Die Menschen auf der Bühne sollten vor allem miteinander ins Gespräch kommen. Für die Diskussion war inklusive der musikalischen Beiträge eine Stunde Zeit eingeplant; danach sollten diese zehn sich auf Gruppen verteilen und das Gespräch nun mit dem Publikum fortsetzen.

Ich kann an dieser Stelle nicht die gesamte Diskussion wiedergeben – nur so viel: Sie war spannend und für mich persönlich wichtig, denn ich konnte den jungen Menschen nämlich genau die Frage stellen, die ich auch Ihnen allen stelle: Glaube ja, Kirche nein?

Konsens auf dem Podium: ‹Jein. Muss auf gar keinen Fall zwangsweise sein, wäre natürlich schön, wenn ja, weil es eben durchaus auch zusammenfallen kann.› So ungefähr.

Das Gespräch war bemerkenswert, und verschiedene Punkte wurden mir durch Inhalt und Form dieser Veranstaltung noch mal deutlich:

– Das waren kluge, junge Menschen, die alle sehr engagiert sind; die evangelische Kirche kann sich glücklich schätzen, solche Menschen zu haben.

– Kirchen stellen mitunter die falschen Fragen und verursachen so auf allen Seiten energetische Reibungsverluste. Das ist schade. Erinnern Sie sich an den jungen Mann, der so energisch gefragt hatte, warum man ihn denn sonntags morgens in die Kirche zerren wolle – er saß in ebendieser Runde. Vielleicht stellen die Kirchen die falschen Fragen, wenn sie wissen wollen, was sie tun können, um (junge) Menschen für sie zu begeistern. Und was fragen ‹die jungen Leute›? Zum Beispiel: Warum ist Indikator für das eigene Zugehörigkeitsgefühl zum Christentum, ob ich gerne auf einer Jugendfreizeit Andacht feiere? Warum ist die abendliche Andacht ein wichtigerer Hinweis auf christliches Leben, als das gesamte Leben miteinander, das in der Gemeinschaft den ganzen Tag geführt wird? Das ist doch unlogisch. Nicht, dass solche Andachten nicht wunderbar und berührend sein können, aber die Denkbewegung darin ist tatsächlich nicht schlüssig.

– Glaubensleben ist vielfältig, und dafür gibt es wenig Raum, weil alle immer viel reden und wenig feiern. Aber: Es gibt (junge) Menschen, die suchen. Und das sind nicht wenige. Im Gegenteil: In den Zeiten struktureller Unsicherheit suchen viele junge Menschen Orte, an denen sie nicht das Gefühl haben, permanent bewertet zu werden und permanent etwas leisten oder performen zu müssen. Und solche Orte können – theoretisch – Kirchen sein.

– Ein weiteres Dilemma: In der Kirche ist man – zumindest theoretisch – auf der Suche nach Pluralität. Und trotzdem gibt es immer eine verkrampfte Angst, das eigene Proprium zu verlieren – also das, was besonders wichtig ist und worüber man sich definiert. Warum eigentlich? Vielleicht, weil es ein Ungleichgewicht in den Ebenen der Institution gibt? Das ist eine destruktive Spirale: In all den Gremien und Veranstaltungen der Landeskirchen sitzen vornehmlich mittelalte bis alte Menschen. Die sind ja eh gerne da und sehen mitunter Handlungsbedarf, fühlen ihn aber nicht zwangsweise, denn sie sind ja gerne da. Diese Menschen sollen nun Angebote für jüngere Menschen machen, haben aber ein ganz anderes Verständnis von Glauben und Inszenierung, Kommunikation und Formaten. Und wenn sie sich dann etwas für Jüngere ausdenken und das dann auch noch in vermeintlicher Jugendsprache tun, kann das richtig schiefgehen.

Der kluge junge Mann auf dem Podium hat es genau richtig benannt:
«Wir sind nicht die Zukunft! Wir sind die Gegenwart!» Das stimmt auf vielen Ebenen. Vor allem die Rolle und der Stellenwert junger Menschen werden im kirchlichen Kontext oft verkannt oder falsch behandelt. Wir können das am Beispiel ‹Jugendgottesdienst› durchspielen; für mich einer der blödesten

Begriffe überhaupt. Ich finde die darin resultierende exponierte Stellung problematisch und damit beispielhaft für eine Reihe von Problemen innerhalb der Kirche. Zum einen suggeriert so eine Überschrift, dass diesen Sonntag um zehn ‹die Jugendlichen› mal randürfen. Einmal im Jahr reizen wir unsere christliche Freiheit bis ins Letzte aus und gestatten den Jugendlichen mal, die Liturgie zu machen. Wahnsinn – wir sind so wild und großherzig.

Ich erinnere mich an einen Jugendgottesdienst, an dem ich selbst als Jugendlicher beteiligt war. Zu meiner – wie ich fand – rattenscharfen Begrüßung hatte mein Pastor nach dem Gottesdienst zwei Anmerkungen: «Erstens: Das war sehr schön und wortgewaltig. Zweitens: Solange du bei solchen Gottesdiensten der Gemeinde sagst, dass wir heute ausnahmsweise so Gottesdienst feiern und sie da jetzt durchmüssen, wird das, was jetzt alle als ‹besondere Ausnahme› wahrnehmen, niemals selbstverständlich. Dann gibt es bis in alle Ewigkeit den ‹richtigen› Gottesdienst und den ‹Jugendgottesdienst›. Und das ist doch furchtbar.»

Und recht hatte er – damals wie heute. Und das gilt für alle Angebote im kirchlichen Leben.

Das zweite Missverständnis: Jugendgottesdienste sind klassische Gottesdienste, die jetzt mal von Jugendlichen geleitet werden. Ich weiß, dass wir Pfarrer*innen die Konfirmanden*innen oder andere junge Menschen an ‹unsere› Liturgie heranführen wollen; das tue ich ja selbst auch immer wieder. Aber damit sind das ja keine ‹Jugendgottesdienste›, sondern klassische Gottesdienste, nur von jüngeren Menschen vorgelesen oder in Auszügen mitverfasst. Und dann kommt noch ein Popsong dazu, und man hat seine Pflicht erfüllt. Aber das kann es doch nicht sein!

Und: Wenn das schlimme Wort im Gemeindebrief steht,

kommen viele nicht – weil ihnen diese «Ausnahme» dann doch zu wild und nicht ernsthaft genug ist.

Zudem passiert in solchen ‹Jugendgottesdiensten› nichts mit Sogwirkung oder Strahlkraft. Wenn diese Gottesdienste nicht so gemacht sind, dass die jungen Menschen, die ihn gestalten, gerne ihre Freunde einladen, dann ist das doch eine verschenkte Gelegenheit.

«Wir sind nicht die Zukunft! Wir sind die Gegenwart!» – der junge Mann auf dem Podium rückte mir mit seiner Aussage in mehrerlei Hinsicht den Kopf zurecht, denn natürlich ist es Quatsch, davon auszugehen, junge Menschen wären die ‹Kirche von morgen› und nur ‹unsere› Generation hätte Anspruch darauf, Kirche heute zu gestalten. Frei nach dem Motto: Irgendwann in ferner Zukunft, junger Padawan, erbst du das alles und kannst es in deinem Sinne weiterführen. Das wäre grundfalsch – denn junge Menschen sind schon da. Sind gleichberechtigter Teil der Kirche und müssen selbstverständlich mitreden. Ihnen gebührt das identische Selbstverständnis innerhalb der Kirche, das die Menschen für sich beanspruchen, die jetzt Entscheidungen treffen. Und solange dieses Ungleichgewicht im Hinblick auf Altersgruppen nicht ausgeglichen wird, wird sich auch dieses Problem nicht lösen. Solange wird es auch in diesem Zusammenhang ‹asymmetrische Kommunikation› geben. Denn erst, wenn Kirche eine Haltung einnimmt, die ‹Kirche durch› oder ‹Kirche mit› und nicht ‹Kirche für› heißt, wird es auch dieses Ungleichgewicht nicht mehr geben.

Der junge Mann brachte viel in mir in Bewegung. Um noch andere Perspektiven dazu zu hören, traf ich Menschen, die alles gleichermaßen sind: jung, Teil der Kirche, Zukunft und Gegenwart.

Zurück im Ratzeburger Domkloster, treffe ich vier Vikarinnen. Wir sitzen bei Wein zusammen und unterhalten uns über die Zukunft und die Gegenwart von Kirche – und natürlich über ihre besondere Perspektive als ‹Nachwuchs›. Ich muss ein wenig ertappt schmunzeln, als sie von ihren Beweggründen für den Berufswunsch und das Studium erzählen. Von dem Wunsch, Atmosphären zu schaffen, Kirchen die Grenzen zu nehmen, bei Menschen zu sein, Gemeinschaft zu erleben, Gottesdienst neu zu denken.

Und: Sie betreiben Theologie mit Ernsthaftigkeit und (noch) Leichtigkeit. Und sind manchmal auch ganz schön frustriert, weil sie eigentlich permanent das Gefühl haben, weder – noch zu sein: weder die Zukunft noch die Gegenwart.

Die Vikarinnen berichten, dass ihnen die Kirche zwar immer sagt, sie würden gebraucht, sich dabei aber häufig komplett anders verhält. Die vielbeschworene Partizipation gibt es eigentlich nicht. Und: Die vier wissen, dass ihre Ausbildung die Kirche viel Geld kostet und sind dafür natürlich auch nicht undankbar. Trotzdem wird dadurch nicht das Ungleichgewicht aufgehoben, das sie ganz offensichtlich angesichts ihrer eigenen Position empfinden. Denn man suggeriert ihnen, dass sie im Angesicht der vielen Pfarrer*innen, die in den nächsten Jahren in den Ruhestand gehen werden, unbedingt gefordert sind, und trotzdem haben sie so gut wie kein Mitspracherecht. Weder in Bezug auf ihre jetzige Situation noch auf die Frage, wie sich eigentlich die Zukunft der Kirche gestalten soll, die sie dann irgendwann mal leiten sollen.

In diesen Kontext fällt auch die Bemerkung, dass bei all den Umstrukturierungen und neuen Dienstgesetzen, die ihre Kirche gerade geplant und verabschiedet hat, kein*e einzige*r Vikar*in dazu befragt wurde. Dabei sind das doch die Menschen, um die es eigentlich geht.

Die Vikarinnen erzählen mir noch viele solcher Geschichten. Sie sprechen von Synoden, auf denen sie als Zuhörende zwar geduldet waren, aber niemand aus ihrem demographischen Spektrum etwas sagen durfte, geschweige denn Stimmrecht hatte. Dafür konnten sie aus der letzten Reihe, in der sie saßen, die kahlköpfigen älteren Herren und weißhaarigen Damen durchzählen, die einen Großteil der Synodalen ausmachten.

Und recht haben sie mit dieser Erkenntnis – und das auf vielen Ebenen. Denn Kirche hat ein mehrdimensionales Nachwuchsproblem. Das gilt besonders für die Gremienarbeit, wo ebenfalls die älteren Menschen überwiegen.

Was also tun? Mittlerweile haben die Menschen, die in kirchlichen Leitungsgremien sitzen, dieses Problem zumindest in Ansätzen erkannt. Während ich dieses Buch schreibe, hat die EKD-Synode – genau ein Jahr nachdem ich mit den jungen Menschen auf dem Podium saß – eine Quote für junge Menschen in ihren Reihen beschlossen. Damit hat sie tatsächlich auf die Erkenntnisse reagiert, die unter anderem auch wir in der Diskussion vor dem Auditorium hatten. 16 Prozent Jungsynodale mit vollem Antrags- und Stimmrecht werden ab der nächsten Amtsperiode in der Synode der EKD sitzen. Noch genauer: Mindestens 20 von 128 Synodalen müssen zu Beginn ihrer Amtszeit zwischen 18 und 26 Jahre alt sein – genau die ‹schwierige› Zielgruppe. Bislang gab es nur ‹Jugenddelegierte›, die jedoch keine Anträge einbringen und nicht an Abstimmungen teilnehmen konnten. Sie hatten lediglich Rederecht. Das ist genau wie ein ‹Jugendgottesdienst› – nämlich nichts Gleichwertiges.

Dieser Schritt ist ein gutes Signal und ein Anfang.

Erkenntnis des Tages:
‹Zukunft durch Gegenwart› wäre doch ein schönes Selbstverständnis. Genauso wie ‹Kirche mit und durch ...›. Die asymme-

trische Kommunikation, die immer noch eine Form von ‹Das ist
bestimmt schön, aber eigentlich nicht richtig Kirche› oder ‹Ihr
seid ja, wenn ihr euch anstrengt, die Zukunft, aber wir sind eben
die Gegenwart› beinhaltet, muss durchbrochen werden. Wenn
wir das in unserer Gegenwart nicht hinbekommen, ist niemand
mehr die Zukunft.

KIRCHE DER ZUKUNFT: KIRCHE IM DIALOG

Beide Geschwisterkirchen wissen auch, dass sich etwas ändern muss, damit Kirche in Zukunft relevant bleibt oder – je nach Perspektive – wieder relevant(er) wird. Denn Kirchen sind zwar langsam, aber blind sind sie nicht (zumindest nicht immer). Und mehr noch: Sie wissen es nicht nur, sondern tun schon etwas. Nicht immer mutig, nicht immer besonders sichtbar, aber in ganz unterschiedlichen Formaten, mit variierenden Schwerpunkten und jeweils spezifischem Blick für bestimmte Milieus. Wie bei allem in Kirchen gibt es auch in Bezug auf diese Experimente geteilte Meinungen und Grabenkämpfe. Da fühlen sich Pfarrer*innen, die schon lange in Gemeinden sind, übergangen und denken, dass ihnen in der Basisarbeit jetzt auch noch Ressourcen gestrichen werden, nur damit irgendwelche Möchtegernhippies oder egozentrische Subjekttheologen*innen ihre extravaganten Ideen ausleben können, während die anderen die ‹richtige› Kirchenarbeit machen. Da wird gewettert und intrigiert, wird sich ängstlich über die Schulter geguckt, wenn man wieder mal einen bissigen Kommentar in einem der kircheninternen Outlets raushaut. Angst, Neid und Missgunst sind eben menschlich, und Kirche ist menschgemacht.

Ich möchte Ihnen ein Projekt vorstellen, das stellvertretend für die diversen neuen Ideen und Aspekte steht, von denen manche Erfolg haben werden und manche eben nicht. Es ist ein Projekt der Kirche, zu der ich gehöre – der Nordkirche[134] –, und heißt ‹Kirche im Dialog›. «Dialog bedeutet hierbei, von den unterschiedlichen Perspektiven aller zu profitieren; sich auf Basis eines respektvollen Umgangs von ihnen irritieren und bereichern zu lassen, einen unbekannten Blick einzunehmen oder sie zu Gunsten einer offenen Gesellschaft anzuerkennen und zu erhalten. Wir verstehen uns als ein Werk in Aktion, das Anlaufpunkt, Beratung und Forschungsstelle ist, ebenso mutig aber auch neue Initiativen entwickelt.»[135]

Das Prinzip von ‹Kirche im Dialog› ist, möglichst unvoreingenommen und offen wahrzunehmen, was eigentlich tatsächlich in dieser Welt und mit uns als Kirche in einer sich verändernden Gesellschaft passiert. Dabei stellen die Menschen des noch sehr kleinen Instituts viele der Fragen, die ich mir und Ihnen in diesem Buch auch gestellt habe. Aber natürlich mit dem wesentlichen Vorteil, dass sie das von der Kirche aus machen. Sie stellen all diese kritischen Fragen mit einem überraschend offenen Blick auf uns als Kirchen – also eine kritische Keimzelle innerhalb der Kirche, die Dinge, die ‹immer schon so waren› hinterfragen, neu verstehen, neu ausprobieren oder auch über den Haufen schmeißen darf. Stark!

Zum Startschuss des Ganzen hieß es von institutioneller Seite: «Es geht um Menschen, die nicht getauft oder nicht mehr Mitglied der Kirche sind oder eine andere Lebenshaltung haben. Gerade solche Menschen haben oft durchaus mit Kirche ‹etwas am Hut›, singen im Kirchenchor mit, engagieren sich in Kirchbauvereinen oder in der Flüchtlingshilfe. Sie begegnen uns auch als Angehörige und Freunde bei Taufen, Trauerfeiern, Konfirmationen und Trauungen.»[136]

Menschen mit säkularer Lebenshaltung sind nämlich eine zahlenmäßig bedeutsame Gruppe geworden, mit der Kirche im Dialog sein muss, so wie mit anderen Religionsgemeinschaften oder gesellschaftlichen Gruppen auch.

Die Arbeitsbereiche von ‹Kirche im Dialog› sind dabei breitgefächert und beziehen sich primär auf zwei unterschiedliche Bereiche:

1. *Liturgische Ausdrucksformen*
   Hier geht es vor allem um die Frage, wie wir als christliche Kirchen unsere Feierkultur wieder verständlicher machen können und wie Menschen eigentlich Religion und Kirche außerhalb der Ortsgemeinden begegnen können. Dazu stellt ‹Kirche im Dialog› erst mal kluge Parameter auf, die sie bei ihren Überlegungen und Erprobungen berücksichtigt. Nämlich dass sich Interessentengruppen verändern; dass es neue, gewagte und verständliche Formen von Gottesdiensten und Liturgien geben muss. Orte und Atmosphären zum Feiern, zum Ruhigwerden und solche, an denen man Gemeinschaft erfahren kann: mit Gott und anderen Menschen. Aber das Ganze muss so gestaltet sein, dass es eben nicht exklusiv ist.
   Zusätzlich muss es auch außerkirchliche Feier- und Begegnungsorte geben. Dafür wurde zum Beispiel das Projekt ‹Pop Up Church› entwickelt, bei dem mehrere Vikar*innen und Pfarrer*innen Glaubensfragen und -inszenierungen direkt in belebte städtische Gebiete bringen: ob nun in die Innenstadt zu Weihnachten mit einer interaktiven Krippe oder als öffentliche Solidarisierung für eine Aktion am Hamburger Hauptbahnhof zur Aufklärung über häusliche Gewalt gegen Frauen.

2. *Zivilgesellschaftliches Zusammenleben*
Das beinhaltet vor allem die Suchbewegung, wie es heute
möglich sein kann, sich als Kirche in (zivil-)gesellschaft-
liche Anliegen einbringen zu können und wieder mehr
Relevanz zu erzeugen. Dafür sind vor allem Kooperationen, Koalitionen, Interaktionen und der klare, wertschät-
zende und offene Dialog mit anderen Initiativen essenziel.
Wie kommt man also mit anderen Netzwerken ins Gespräch, die nicht die immer eigenen innerkirchlichen sind?
Und wie kann man Synergien aufzeigen und nutzen?

Seit 1. September 2018 gibt es dieses Institut der Nordkirche,
und zumindest binnenkirchlich stoßen die beiden Menschen,
die es gemeinsam bilden, gerade viel und auf vielen Ebenen
Dinge an.

Ich treffe die Leiterin dieses Instituts, Dr. Emilia Handke, um
mit ihr über neue Perspektiven für das alte Schlachtross Kirche
zu sprechen und mal nachzubohren, wie die Reaktion auf die
Realität von Veränderungsprozessen denn so ist; also, wie es
ist, wenn man wirklich Dinge in die Tat umsetzt und nicht nur
darüber schreibt.

Emilia Handke ist jung, blitzgescheit, sehr aufgeräumt, engagiert, kritisch und kreativ und vor allem ein absoluter Profi.
Sie hat nicht nur Evangelische Theologie und Philosophie studiert, sondern auch noch an einer Forschungsstelle für Religiöse
Kommunikations- und Lernprozesse promoviert. Darin hat sie
sich auch noch mit kirchlichen Ritualen für Menschen befasst,
die nicht religiös sozialisiert worden sind – also genau mit dem
Thema, das heute unglaublich wichtig ist. Und als würde das
noch nicht an Qualifikation reichen, hat sie anschließend in
einem groß angelegten Forschungsprojekt auch noch zu den

Veränderungen der kirchlichen und nichtkirchlichen Bestattungskultur gearbeitet. Und: Sie kommt aus dem Osten. Das klingt jetzt erst einmal nach einer merkwürdigen Form der Qualifikation, aber das Verhältnis zu Kirche in der ehemaligen DDR war nun mal ganz anders und viel weniger selbstverständlich als im Westen. Deshalb ermöglicht ihr dieser Kontext eine besondere Perspektive auf die Frage, wie man mit Menschen in den Dialog kommt, die genuin nichts mit Kirche und kirchlichen Traditionen zu tun haben. Also: Was für ein Glück, einen so qualifizierten Menschen an so einer wichtigen experimentellen Funktionsstelle zu haben. Begleitet wird sie übrigens von einem nicht minder qualifizierten Soziologen, der erst einmal gar keinen binnenkirchlichen Blick hat. Auch das kann nur helfen bei einem solchen Projekt.

Wir sitzen also an einem verregneten Oktobernachmittag zusammen und führen ein bemerkenswertes Gespräch über Kirche. Ich kann es gar nicht anders ausdrücken, aber während unseres Gesprächs überschlagen sich permanent unterschiedliche Facetten in mir und wollen sich gegenseitig den Rang ablaufen. Eine Seite möchte permanent nicken, als wäre ich auf einem Heavy-Metal-Konzert – weil sich so viele unserer Einschätzungen und Wahrnehmungen von Kirche und den dazugehörigen Problemen decken.

Eine andere Seite in mir möchte die ganze Zeit nur verwundert staunen ob der vielen klugen Dinge, die Emilia Handke von sich gibt, wenn sie von «Kirche als Hort der Erinnerung von Lebensgeschichten, Kultur und Heimat» spricht. Oder Kirche als ein «tiefes Bilderreservoir» identifiziert, dessen Aufgabe die «religiöse Dimensionspflege» sei. Stark!

Die dritte Seite in mir ist aber eigentlich die lauteste – denn ich bin gleichermaßen erleichtert und angespannt. Erleichtert darüber, dass da jemand von der Kirche sitzt, der fast identische Fragen stellt, wie sie mir schon lange durch Kopf und Herz wuseln. Erleichtert darüber, dass das ein Zeichen dafür ist, dass es ein Problembewusstsein bei Kirche gibt und dafür eben auch Experimente eingegangen werden. Und angespannt bin ich natürlich, weil sich jetzt noch einmal deutlich zeigt, dass es nun mal ist, wie es ist. Angespannt auch, weil die Arbeit und die Symbolwirkung eines beispielhaften Projekts wie ‹Kirche im Dialog› ermutigend und wichtig ist und trotzdem mit zwei Menschen geradezu lächerlich dünn besetzt – auch wenn die beiden super und Profis und Superprofis sind.

Aus diesem langen und intensiven Gespräch scheinen mir drei Aspekte besonders hilfreich für den Blick auf die Zukunft.

1. ‹Dialog› ist der programmatische Kernbegriff für Kommunikation und Haltung der Kirche der Zukunft (und der Gegenwart – das mit den Zeitstufen hatten wir ja schon). Wir müssen einfach ganz brutal ehrlich fragen, wie anschlussfähig wir als Kirchen eigentlich sind. Und wir müssen an unserer Kommunikationsfähigkeit arbeiten, denn das Selbstbild einer ‹einladenden Kirche› bringt wieder das Problem asymmetrischer Kommunikation mit sich – Sie wissen schon, das alte Spiel mit ‹Das Gegenteil von gut ist gut gemeint›. Diese Form der Kommunikation stammt aus einer anderen Zeit.
Eine der großen Aufgaben ist also Kommunikation: Was bedeutet es eigentlich wirklich, ernsthaft über Glauben zu reden – im Dialog? Nicht von oben herab, sondern offen, hingabebereit und ganz egal, zu welcher Konfession mein Gegenüber gehört. Wie schaffen wir es, auf Augenhöhe und mit ehrlichem Interesse mit Menschen über Glauben, Gott und die Welt zu sprechen? Ohne Absolutheitsan-

spruch, sondern mit ernsthaften, aber nicht starren und übergriffigen Ansichten. All das kann nur durch Kontakt und Beziehungsarbeit passieren. Kirche ist eben auch Beziehung und Kommunikation. Und wirklicher Dialog ist eine unglaubliche Anstrengung, die aber lohnend und zwingend notwendig ist.

2. An diese Feststellungen schließt sich logischerweise die Frage an, wie Kirche denn nun wieder in Kontakt mit Menschen kommen kann? Zuallererst mal dadurch, dass wir in unserer Sprache nicht permanent eine Unterscheidung machen zwischen ‹profan› und ‹heilig›. Sie erinnern sich noch an mein Lieblingsdiktum ‹Sprich, wie du sprichst!›. Dazu kommt, dass wir Fragen – wie im Alltag – radikal elementarisieren müssen. Das ist doch mal eine ganz andere Perspektive des Mantras ‹Glaubensfragen sind Lebensfragen›.

Dann: Wir müssen anfangen, Dinge zu sagen, die anschlussfähig sind. Und jetzt nicht gleich wieder Panik bekommen! Das heißt nicht, dass wir zwangsweise Inhalte aufgeben müssen – die Kernaussage des Christentums, nämlich die radikale Liebe, ist schon immer anstößig genug. Aber es geht darum, Formen, Sprache und auch Positionen zu formulieren, die bei Menschen im wahrsten Sinne des Wortes ‹Anklang› finden; also Resonanz.[137]

Mir leuchtet auch sehr ein, wenn Emilia Handke davon spricht, dass wir im Kontext dieser zwischenmenschlichen und nichthierarchischen Beziehungsarbeit lernen müssen, dass wir alle Kirche ganz persönlich für uns selbst neu erfinden – eine eigene Interpretation des Christentums brauchen. Eben weil wir in einem Zeitalter von Pluralisierung, Individualisierung und Subjektorientierung leben.

Und auch das ist erst mal nichts, was Angst machen muss. Wir als Menschen, die Kirche hauptamtlich gestalten und Menschen darin zusammenbringen, müssen Seismographen werden. Sie spricht dabei von dem Begriff ‹Deeper›. Das sind die runden Dinger, die immer an Angeln dran baumeln und ausloten, wie eigentlich der Untergrund beschaffen ist. Ob da Fischschwärme warten oder nur altes Eisen. Gutes Bild, finde ich.

3. An all diese Überlegung schließt sich natürlich die Krux oder die Gretchenfrage an. Denn es gibt eben nicht nur Menschen, die alles in Kirche irgendwie blöd finden und hoffen, dass jetzt endlich mal was verändert wird. Es gibt auch völlig gleichberechtigt die Menschen, die alles ganz toll finden. Und zwischen diesen ganz unterschiedlichen und eben auch emotionalen Interessengruppen gilt es die Waage zu halten. Also: Wie hält man die Spannung zwischen denen, die da sind, die man nicht verlieren möchte, und denen, die man gerne hätte? Das funktioniert nur, indem Pfarrer*innen neu lernen, Dinge aus der Hand zu geben, die sie eigentlich weder gut können noch besonders gern machen, die sie aber nur festhalten, weil Pfarrer*innen gerne dazu neigen, Macht- oder Bedeutungsverlust zu empfinden. Letzteres ist übrigens nur meine Interpretation. Aber: Kirche wird zwangsläufig angebotsorientiert und dadurch in irgendeiner Form ökonomischer werden. Es wird mehr Zielgruppenformate geben – und die differenzieren sich immer weiter aus. Ein Beispiel ist für Emilia Handke der Gottesdienst: Ein- bis zweimal im Monat bleibt das Format sonntags um zehn bestehen, und die anderen beiden Wochenenden gibt es andere Zeiten und andere Liturgien, weil Menschen unterschiedlich sind. Sie plädiert

für das, was Profis eine ‹ekklesiale Vielfalt› nennen, also eine bunt durchmischte und formvielfältige Kirche.

Und: «Wir werden Spagatkünstler sein.» Trotzdem werden wir einsehen und verstehen müssen, dass es nicht entmachtet, sondern ermächtigt, Dinge abzugeben und loszulassen. Dafür wäre allerdings eine Haltung wichtig, die anderen Menschen eben auch zuschreibt: «Du bist Kirche. Du bist jemand, der/die anbietet, was ich nicht kann. Und das ist doch richtig toll!»

Erkenntnis des Tages:
Mich hat dieses Gespräch auf mindestens drei Ebenen positiv berührt.

Ich bin froh, dass bei Kirche diese Transformationsprozesse, die unbedingt notwendig sind, wahrgenommen und mit sehr qualifizierten Menschen besetzt werden. Dann: Vieles von dem, was mir mein kluges Gegenüber an Ideen und Theorien vorgestellt hat, sprach mich – ausschließlich als Mitglied und Teil einer Kirche – an. Und drittens freue ich mich natürlich, dass wir in so vielen Punkten übereinstimmen.

Und: Kirche weiß darum. Das ist schon mal gut. Jetzt bleibt zu hoffen, dass dieses Wissen sich noch in weiteren solcher Arbeitsstellen, Experimentierräumen, Versuchsanordnungen und kritischen Kreativzellen manifestiert. Und dann, dass all diese Bemühungen nicht das Pendant zu den ‹Jugendgottesdiensten› werden und damit in die althergebrachte Unterscheidung von ‹richtig› und ‹ausnahmsweise wilde Spinnerei, die wir uns trotzdem mal gönnen› fallen. Denn das wäre fatal.

PS: I LOVE YOU

Sie wundern sich vielleicht, nachdem ich mich so ausführlich und lauthals über vieles beschwert habe – aber: Ich liebe meine Kirche! Nicht alles daran – das sollte klar geworden sein –, aber vieles. Denn eine ganze Menge funktioniert in der Kirche wirklich gut, ist gut und tut gut. Deshalb soll es jetzt um die Dinge gehen, von denen ich glaube, dass sie sich ändern müssen, damit Menschen die Frage nach ‹Glaube ja, Kirche nein?› wieder entschieden mit «Glaube? Ja! Und der hat durchaus auch einen Ort in der Kirche!» beantworten.

Lassen Sie mich Ihnen ein paar Beispiele geben, was ich – ganz persönlich – an Kirche mag.

1. Ich bin gläubiger Christ. Na gut, dass ich eine Form von Offenheit, Disposition, Sehnsucht oder Empfänglichkeit für Glauben habe und auch schon früher hatte, mag erst einmal nichts mit Kirche zu tun haben. Vielleicht hätte ich zu einer anderen Religion gefunden, wäre ich in einem anderen Teil der Welt aufgewachsen. Aber mein Glaube hat unbedingt etwas mit der Kirche zu tun, weil ich, seit ich 12 bin, so sozialisiert wurde. Meine Eltern waren nicht in der Kirche, sondern wie viele andere auch U-Boot-Christen,

aber ich wuchs in einem Land und in einem Umfeld auf, das primär jüdisch-christlich geprägt ist. Und in den letzten 25 Jahren habe ich einige der wichtigsten Momente meines Lebens in kirchlichen Kontexten verbracht, einige der wichtigsten Menschen meines Lebens dort kennengelernt und durch viele kluge und sehr zugewandte Lehrer*innen gelernt, dieses unbestimmte, manchmal irritierende und trotzdem zuversichtliche Ergriffensein, das vielleicht mein Glaube ist, zu artikulieren, zu fühlen und in ein System zu bringen, in dem mir vieles ganz lebensnah und bereichernd scheint. Nicht immer, nicht alles, aber vieles. Ich mag Kirche. Sehr sogar. Und häufig auch nur als etwas, über das ich mich aufregen kann. Aber Abgrenzung hilft ja auch, um herauszufinden, was man auf gar keinen Fall sein will.

2. Ich bin sehr, sehr gerne evangelisch-lutherisch. Na klar, ich habe ja auch Evangelische Theologie studiert und arbeite in der Kirche – es wäre strategisch unklug, etwas anderes zu behaupten. Aber mir geben viele Aspekte darin großen Lebenswert. Nur ein paar Beispiele:

Ich brauche keinen Mittler, um in Kontakt mit ‹meinem› Gott zu sein.

Oder: Wir sind alle immer mehrdimensional – nämlich ‹simul iustus et peccator›. Wir sind also alle unvollkommen und darin trotzdem vollkommen und geliebt. Wie schön ist das denn? Zu wissen, dass bei all dem Streben und Status, bei all der Hoffnung, mehr zu erreichen und mehr zu sein, es immer eine andere Dimension in unserem Leben gibt, die all das eben nicht braucht. Die uns nicht dazu antreibt, mehr zu arbeiten, damit wir Dinge kaufen, die wir nicht brauchen, um Menschen zu beeindrucken, die wir eigentlich gar nicht mögen.

Und: Ich mag, dass der Zweifel so wichtig ist, weil er nicht als Form von Schwäche oder Unglaube verstanden wird, sondern als fundamentaler und integraler Bestandteil von Leben und Glauben.

Außerdem: Ich mag auch, dass wir nicht alles wissen und damit in einen Zustand unendlicher Hybris verfallen. Denn das meiste in dieser Welt können wir nicht erklären – auch wenn das für manche reaktionär und geradezu anmaßend klingt.

Übrigens glaube ich auch, dass Glaube und Wissenschaft zwei Seiten ein und derselben Medaille sind.

Und noch so viel mehr ...

3. Ich finde, dass Kirche unglaublich wichtige Arbeit macht, wenn es um Seelsorge geht. Ich kann Ihnen natürlich keine Beispiele ausplaudern, weil ich – wie wir alle – Verschwiegenheitspflicht haben. Aber wie viele Stunden ich schon bei Menschen sitzen durfte, die ihrer Seele Luft machen konnten, nur weil da jemand von der Kirche war, der Zeit und ein offenes Ohr hatte, kann ich gar nicht mehr abschätzen. Seelsorge ist so ein großes, weites, vielfältiges und wichtiges Feld, und viele Menschen aus der Kirche – hauptamtliche und manchmal auch ehrenamtliche – sind Spezialisten*innen dafür und retten dadurch Leben. Nicht immer körperlich, aber sie kümmern sich um die Seelen, die viel zu oft keinen Raum haben. Und ich kann nicht genug betonen, wie wertvoll das ist. Genauso wichtig ist die Arbeit der Menschen, die in Kliniken Patienten*innen und Angehörige mit schweren Diagnosen begleiten. Menschen, die verängstigt sind, weil Krankenhäuser eben komplexe Apparate sind, deren Taktung kaum Raum lässt, um mit den Ereignissen innerlich und äußerlich Schritt zu halten. Dafür können die Menschen nichts, die dort arbeiten – das

ist eben der Betrieb. Die Seelsorger*innen haben gerade in solchen Kontexten einen immens wichtigen Job.

Oder die Notfallseelsorger*innen, die Menschen, die nachts aus dem Bett geklingelt werden, wenn etwas Schlimmes passiert ist, damit sie sich – Hand in Hand mit den Rettungsdiensten – um die Hinterbliebenen kümmern. Die Menschen, die da sind, wenn sich ein Angehöriger das Leben genommen hat, wenn ein Kind plötzlich verstorben ist oder sonst etwas unvorstellbar Unaussprechliches passiert ist. Seelsorge ist etwas, das Menschen aus den Kirchen – häufig – wirklich gut können.

4. Ich bin großer Fan von diakonischer Arbeit, also von allem, was man in der Kirche ‹Dienst am Menschen im kirchlichen Rahmen› nennt. Das ist eine der wesentlichen Aufgaben von Kirchen. Und dabei ist es erst mal strukturell egal für mich, in welcher Organisationsform und unter welchem Träger das passiert: ob das separate diakonische Einrichtungen sind, Kindertagesstätten, Bildungsinstitutionen, Pflegedienste, das Diakonische Werk, die Caritas, Besuchsdienste, Krankenhäuser, Beratungsstellen, Unterstützungsfonds ... Die Tatsache, dass sich in all diesen unterschiedlichen Bereichen Menschen dazu berufen fühlen, anderen Menschen zu helfen, finde ich so bemerkenswert, dass mir die passenden Worte fehlen. Das hat alles kirchliche Tradition, weil es eben eine der Wesenseigenschaften von Kirche ist, und dort arbeiten Haupt- und Ehrenamtliche mit großem Einsatz, viel Liebe und Durchhaltevermögen. Und nur für den Fall, dass Sie jetzt sagen, dass das auch Wirtschaftsbetriebe sind, in denen Geld verdient wird: ja und nein! Denn viele Menschen engagieren sich ehrenamtlich, und die Hauptamtlichen tun es häufig

für schmales Geld. Zudem finde ich ermutigend, dass es in einer durch und durch marktorientierten und kapitalistischen Welt all diese Menschen gibt, die sich im weiten Feld der Diakonie engagieren. Und das mag pathetisch klingen, aber ich bin dafür sehr dankbar. Und ich vermute, Sie auch, wenn Ihnen irgendwann am eigenen Leib klar wird, dass Sie die echt brauchen.

5. Meine Kirche ist auch Kirche für die Armen. Die Kirchen können sich in diesem Land nicht hauptverantwortlich darum kümmern, dass niemand hungert, obdachlos ist oder in (Alters-)Armut verfällt. Das ist Aufgabe des Staates. Trotzdem sind die Kirchen an genau diesen Punkten im Leben derer, die in Not sind, präsent. Nicht immer, und es ist auch leider nicht immer einfach – das sage ich aus eigener Erfahrung. Denn auch Kirchengemeinden haben keine unerschöpflichen Vorräte an Lebens- oder Geldmitteln, die sie unbegrenzt zur Verfügung stellen können. Und es ist als Gemeindemitarbeiter*in auch nicht immer leicht, mit Konflikten, Scham, Beschämung, Aggression, Verzweiflung, Existenzangst oder auch Substanzabhängigkeit umzugehen, wenn Menschen Hilfe oder Unterstützung brauchen. Man muss austarieren, was man selbst gerade geben kann – materiell, seelisch und organisatorisch. Ich bin in diesem Zusammenhang selbst mal einem Menschen begegnet, der Geld verlangte und dabei vollkommen betrunken war. Ein Hüne von zwei Metern und 120 Kilo, der dann auch noch im Vollrausch eine Frau aus meiner Gemeinde schlug. Ich ging natürlich dazwischen und verwies ihn des Platzes. Auch solche Situationen gibt es, aber das ist nicht die Regel. Die Regel ist, dass Kirchen versuchen zu helfen. Nach bestem Wissen und Gewissen. Und ein

Becher Kaffee, ein Toilettenbesuch, Kekse und ein freundlicher Blick helfen häufig schon viel mehr, als man sich vorstellen kann, wenn man nicht selbst in dieser Position ist.

6. Das Ehrenamt! So unglaublich viele Menschen engagieren sich freiwillig in kirchlichen Angeboten. Meine Gemeinde wäre völlig aufgeschmissen ohne Ehrenamtliche, ob als Kirchhüter*innen, die dafür sorgen, dass die Türen offen sind und unsere Kirche ein Ort ist, den man erkunden kann, oder als Mitveranstalter*innen von großen und kleinen Gemeindeevents. In meinem direkten Umfeld kümmern sich Ehrenamtliche in Kirchen um Seelsorge, nehmen Geflüchtete in ihren Kirchen auf, veranstalten Abendessen für Wohnungslose, geben Sprachkurse für Frauen auf der Flucht und bieten gleichzeitig Betreuung für deren Kinder an. Da kümmern sich Leute um andere, besuchen diejenigen, die gerade nicht mehr kommen können, und – immer wichtig – sorgen für einen niemals versiegenden Vorrat an Kaffee. Ohne Ehrenamt könnte Kirche nicht existieren.

7. Communitas – Gemeinschaft. Denn das kann Kirche auf vielen Ebenen wirklich gut, und es ist in all den unterschiedlichen Kontexten überraschend schön. Als mein Vater starb und wir uns fragten, wie wir seine Beerdigung gestalten wollen, war relativ schnell klar, dass wir das tatsächlich in der Kirche tun möchten. Nicht in einer Friedhofskapelle, wie es bei uns in Hamburg häufig der Fall ist, sondern in der Kirche, in der er Gemeindemitglied war – weil er ein Teil dieser Gemeinschaft war und die anderen sich verabschieden und noch mal einen Gottesdienst fei-

ern wollten. Und die Kirche war voll, eben weil Gemeinschaft so ein wichtiger Teil ist. Uns als seine Familie hat das unendlich berührt, und bis heute kommen Menschen aus dieser Gemeinde auf mich zu und erzählen mir, wie sehr sie meinen Vater vermissen. Wie schön ist das denn?
Vor einiger Zeit kam ein Mann zu mir, den ich kenne und der mit Kirche nicht so richtig viel anfangen kann. Seine Frau lag im Sterben, und er bat mich, ob ich sie nicht auf diesem Weg in irgendeiner Form begleiten könne. Na klar. Einige Wochen später, als seine Frau nur noch ein paar Tage leben sollte, nahm er mich zur Seite und erzählte mir gleichermaßen irritiert und gerührt, dass eine Bekannte von ihm, eine sehr gläubige Katholikin, ihm erzählt hatte, sie hätte ihre ganze Gemeinde dazu angehalten, für seine Frau zu beten. Und das taten die selbstverständlich. Es fühlte sich für ihn irgendwie merkwürdig, vor allem aber wunderschön an. So eine fürsorgliche und dabei doch unbekannte Gemeinschaft hätte er noch nie gespürt.
Und: Gehen Sie mal am ‹Abend der Begegnung› über den Kirchentag und versuchen Sie sich der Sogwirkung der 150 000 Kerzen zu entziehen. Klar ist das ein Event, aber wenn Sie am Ende des Abends den Segen empfangen und alle gemeinsam auf Frieden hoffen, ist das ein wirklich verbindendes Gefühl.

8. Was manche Kirchen großartig machen, ist der Umgang mit Kultur. Persönlicher Glaube oder die eigene Beziehung zu Gott – ob nun himmelhochjauchzend oder zu Tode betrübt – hat sich immer schon in Kultur artikuliert. Das macht das Thema Glaube so nachvollzieh- und nachfühlbar. Gehen Sie mal durch eine Kirche und schauen Sie sich um, welche Ausdrücke des Glaubens es gibt. Kultur und

Glauben sind in diesem Zusammenhang aufeinander bezogen; nicht weniger spannend finde ich es, Kirchen als Kulturorte zu nutzen. Mit Konzerten und Lesungen, Ausstellungen, Installationen und langen Kulturnächten. Denn Glaube und Leben suchen Artikulationsform, über die sie miteinander im Gespräch sind. Ich finde, dass genau das in vielen Kirchen schon wirklich toll gemacht wird.

9. Vielfalt: Das mag überraschen, aber die Kirche ist vielfältig. Es gibt breitgefächerte Angebote. Dass davon nicht immer besonders viele Menschen wissen, ist natürlich mehr als schade. Und dass sich in der Vielfalt auch Ambivalenzen tummeln, sollte deutlich geworden sein. Trotzdem: Es gibt wirklich viel. Ich muss das nicht alles gut finden oder selbst daran teilnehmen wollen, denn vieles davon trifft nicht meinen Geschmack, aber das muss es auch nicht. Es ist trotzdem bemerkenswert, dass es diese Fülle gibt. Und um jetzt einmal damit Frieden zu schließen: Wenn Sie irgendwo eine Bibel-Bingo-Gruppe betreuen, das richtig toll finden und mich davon überzeugen wollen, dann laden Sie mich gerne ein. Vielleicht werde ich ja Fan und suche mir für das nächste Buch ein anderes Negativbeispiel ...

10. Als Letztes auf dieser Liste, die ich noch lange fortführen könnte: Theologie. Ich mag Theologie in Kirchen. Denn es geht um etwas. Eigentlich um alles! Es geht um den Glauben; um die radikale Liebe. Es geht darum, dass wir alle gütig angesehen werden. Darum, dass wir darauf hoffen, dass der Tod nicht das letzte Wort hat. Es geht darum, dass wir scheitern dürfen und nicht gescheitert bleiben müssen und darum, dass wir in einer langen Tradition von Menschen stehen, die eben genau die gleichen mensch-

lichen Grundaffekte geteilt haben. Es geht darum, dass wir an jemanden glauben oder auf ihn hoffen, der aus Liebe ein übermenschliches Opfer gebracht hat, das uns heute immer noch bewegt, berührt und betrifft. Und es geht in Kirchen darum zu wissen, dass wir nicht allein sind: nicht allein, weil wir Gott als ein Gegenüber haben, auch wenn wir sie viel zu häufig vergessen. Nicht allein, weil wir die Gemeinschaft haben, die uns in manchen Teilen versteht und in den übrigen einfach trotzdem für uns da ist. Und auch nicht allein, weil wir die Kirche(n) haben, an denen wir uns in allen nur denkbaren emotionalen Aggregatzuständen abarbeiten können. Mit der wir ungnädig, unzufrieden und dann wieder irgendwie doch zugehörig sein können. Die sich ändern muss, weil sie an vielen Stellen gerade keine Form und keine Sprache hat, um Menschen all diese wunderbaren Schätze, die sie ja eigentlich hat, zu zeigen und dafür zu begeistern.

Erkenntnis des Tages:
Ich mag Kirche – häufig. Manchmal sehr und hin und wieder Aspekte daran überhaupt nicht. Aber es lohnt sich, sie am Leben zu halten.

ZEHN VERMUTUNGEN, DIE ZUKUNFT BETREFFEND

Wer weiß schon, was wirklich passieren wird? Mit orakelnden Prognosen und Zukunftsszenarien, die von so vielen variablen Faktoren abhängig sind, sollte man sich generell zurückhalten. Trotzdem: Hier sind zehn völlig subjektive, hypothetische und auf keinen Fall normative Vermutungen für die Zukunft von Kirchen.

1. *Wir werden tatsächlich schrumpfen*
   Na gut, es wäre jetzt auch eine überraschende Wendung, würde ich behaupten, dass wir zukünftig wachsen. Wachstum gibt es zwar, aber nur bei den charismatischen Bewegungen und vor allem auf anderen Kontinenten. Wir werden schrumpfen. Und das in vielerlei Hinsicht. Nicht nur, dass wir tatsächlich viele Mitglieder verlieren; wir werden uns in allen Bereichen zurechtschrumpfen müssen. Das gilt für unsere gesamte Struktur und ebenso für Beschäftigte in der Kirche, für Stellen, die abgebaut werden, für Gebäude, Pfarrstellen, Funktionsstellen und ganze Gemeinden. Aber eben auch für unser eigenes Selbstverständnis, denn wir werden nicht mehr eine selbstverständliche Mehrheit sein, sondern Minderheit. Allerdings

werden wir, wenn wir das verstanden und angenommen haben, auch als Minderheit selbstbewusst und offen über Glauben sprechen und diejenigen, die nicht dabei sind, vielleicht zum Staunen, Nachdenken und zu Gesprächen bringen. Denn wir glauben an und wissen etwas über Gott und werden darüber erzählen, wie zu Beginn der Geschichte des Christentums.

2. *Kirche im Dorf*
«Nun lassen Sie aber mal die Kirche im Dorf!» Den Ausspruch kennen Sie wahrscheinlich alle, und er meint etwas anderes als das, was ich mir für die Zukunft von Kirche vorstelle. Eigentlich bedeutet er, man solle sich nicht so aufregen – aber das sollten wir. Und eigentlich wäre es auch schön, hätte jedes Dorf eine tippitoppi Kirche mit funktionierenden Gemeindestrukturen und Ressourcen aller Art. Das ist aber nicht so. Ich möchte dazu anregen, diese Redewendung als Aufforderung für Sichtbarkeit zu verstehen. Lassen Sie mal nicht die Kirche im Dorf, sondern seien Sie die Kirche im Dorf, ein sichtbarer, offener, begehbarer Ankerpunkt für Menschen – in Ihrem Dorf oder Ihrem Viertel oder wo auch immer. Offene Kirche, die offen mit Menschen im Gespräch ist – über Glaubens-, also Lebensthemen. Seien Sie die Kirche im Dorf, in der Menschen zusammenkommen – ob sie jetzt formell dazugehören oder nicht. Seien Sie die Kirche im Dorf, in der Menschen zur Ruhe kommen, Konzerte gespielt werden, gesungen und diskutiert wird. In der Lesungen stattfinden, Menschen vertieft in einem Dialog sind – miteinander und mit Gott – und dreizehn Dreizehnjährige über die Bänke kraxeln dürfen, um sich die Kirche zu erobern und mitzugestalten. Seien Sie dieser Ort!

3. *Kirche im Dialog, Dialog in der Kirche*

Die Zukunft von Kirche liegt im Dialog. In ernsthaftem, aber nicht zu ernstem und dadurch lustfeindlichem Austausch auf Augenhöhe. Kirche der Zukunft verabschiedet sich von einer rigiden Vorstellung, exklusiv die Wahrheit gepachtet zu haben, die für alle anderen ebenfalls die einzige sein muss. Das heißt nicht, dass wir unsere Wahrheit aufgeben, sondern dass wir sie durchaus für uns als ebensolche verstehen dürfen und andere ihre haben. Wir lassen den allumfassenden und dabei abschreckenden Absolutheitsanspruch los und hören endlich zu, was Menschen eigentlich zu sagen haben. Denn das ist Kirche seit jeher: offene, staunende Kommunikation über Gott und die Welt und unsere kleine Rolle darin.

Kirche bei, von und mit Menschen.

Und diese Haltung gilt nicht nur für den Dialog zwischen einer Institution und ihren Mitgliedern oder denen, die es nicht sind, sondern genauso für den Dialog zwischen den Kirchen und Konfessionen. Denn die Ökumene wird wichtiger werden – weil wir alle schrumpfen. Und wie es einer meiner Lehrer neulich sagte: Vielleicht ist Gott auch müde geworden von den ganzen Konfessionsstreitereien, die wir seit so vielen Jahrhunderten miteinander ausfechten.

4. «2 *become* 1» *(frei nach den Spice Girls)*

Machen Sie sich mal frei! Zumindest von dieser ewigwährenden Dichotomie von innen/außen in Bezug auf Kirchen. Diese nie endende Trennerei von ‹die da draußen› und ‹wir hier drinnen› wird uns in Zukunft genauso wenig helfen wie in der Vergangenheit oder der Gegenwart – zumal sich die Formen von Mitgliedschaft ohnehin ändern werden. Gehen Sie raus! Schauen Sie, was Menschen umtreibt.

Kommen Sie mit denen auch ins Gespräch. Wir befanden uns nie im luftleeren Raum und sind es auch heute nicht. Und wir waren auch nie besser als ‹die da draußen› – auch wenn wir uns gerne im Laufe der Kirchengeschichte so gefühlt oder zumindest so aufgeführt haben. Achtung, Jesusgeschichte: Der war immer nur bei ‹denen da draußen›, die dann übrigens dadurch ‹die hier drinnen› wurden. Wenn wir ausschließlich unter uns bleiben, nur noch unsere Traditionen pflegen, die keiner der Nichteingeweihten überhaupt verstehen kann, Bach mit Jesus gleichsetzen und nicht ‹Deeper› und Seismographen werden, sind wir nicht besonders exklusiv, sondern einfach nur einsam. Also lassen Sie uns bitte verstehen, dass wir Kirche in der Welt und als solche immer darin verortet sind, darin agieren, darin Verantwortung haben – eben weil wir alle Menschen in der Welt sind. Deswegen halten wir es wie die klugen Philosophinnen aus den Zweitausendern und richten uns nach der tiefen Weisheit «2 become 1».

5. *Das Ende von Kirchensteuer*
Ich vermute, dass es diese Steuer noch ein paar Jahre lang geben wird. Und dann nicht mehr. Die Kirchen werden sich einstweilen mit den Ländern einigen und diese dann aus deren Vertragspflichten über Reparaturzahlungen bis in alle Ewigkeiten entlassen. Allerdings dann nicht mehr zu den Konditionen, die heute noch im Raum stehen, sondern auf Basis eines viel kleineren Schlüssels; die Kirchen werden diese Einmalzahlungen dringender brauchen, weil bis dahin weniger Kirchensteuer generiert wird – denn viel mehr Menschen werden ausgetreten sein. Das Ganze dauert aber noch ein paar Jahre. Was dann folgt, kann ich nicht genau sagen, ich vermute aber, dass in einem Transforma-

tionsprozess die Mitbestimmung der Zwecke wichtiger werden wird. Menschen wollen mitbestimmen, wofür sie Geld ausgeben. Das könnte im Rahmen der Kirchensteuer-restzeit noch eine Möglichkeit sein. Danach würde es darauf hinauslaufen, dass Menschen nur noch bezahlen, wenn sie dafür eine direkte Gegenleistung erhalten. Unterstützung erfolgt dann durch Projektbeiträge, Spenden und zweckgebundene Monatsbeiträge. Frei nach dem Motto: «Wollt ihr, dass es die Kirche und die Kirchengemeinde in Tatütatastadt noch gibt? Dann schlagen wir euch folgende Angebote vor.» Das ist ein schwieriger Prozess, weil es im Fall eines zweckgebundenen Systems keine Möglichkeit für einen Solidarausgleich gibt – Kirchen mit größerer Reichweite oder Öffentlichkeitsarbeit könnten also klar im Vorteil sein.

Eine andere Möglichkeit wäre die Kultursteuer – ein Beispiel aus Italien. Denn da zieht der Staat, genau wie in Deutschland, die Kirchensteuer ein. Allerdings geht diese nicht vom Einkommen ab, sondern vom Steueraufkommen. Und: Die Bürger*innen entscheiden ganz individuell, wer Empfänger der Zahlung ist. Auch das könnte eine Möglichkeit sein.

Daran gekoppelt wird sich die Frage nach Zugehörigkeit generell stellen. Ich vermute, dass sich diese gesamte Frage radikal ändern wird. Denn viele bisher gültige Parameter verschieben sich, brechen weg, entstehen neu. Das parochiale System mit Ortsgemeinden, zu denen man qua Taufe und durch Kirchensteuer gehört, wird es so nicht mehr geben. Auch weil sich Kirchen und Gemeinden spezialisieren werden. Denn nicht alle können auch alles leisten (in doppelter Hinsicht) und auch, weil Kirche im digitalen Raum wichtiger werden wird und es dafür keine

Mitgliederstrukturen braucht. Und wenn doch, dann werden diese eh anderen Parametern folgen, als es bisherige Zuschreibungen getan haben.

6. *Himmlisches irdisches Bodenpersonal*
Dünnes Eis, aber: Da muss sich dringend etwas ändern ... Natürlich und zum Glück gibt es unglaublich tolle Pfarrer*innen. Ich vermute trotzdem, dass es Kirchen guttun könnte, noch mal nach dem Nachwuchs zu schauen. Welche Menschen studieren eigentlich Theologie und wollen dann später ins Pfarramt? Sind das immer die, die auch kirchlich sozialisiert sind und dann in all den Traditionen und Formen auch schon ästhetisch vorgeprägt sind? Oder findet man im Kontext von zunehmendem Nachwuchsmangel neue ‹Rekrutierungsmaßnahmen› und wird – wie in der ‹echten› Welt – zusätzlich Headhunter für ‹Talente›? Könnte spannend sein und vor allem einen unverbrauchten und nicht vorbelasteten Blick auf Kirche mitbringen. Den können wir alle gut gebrauchen.
Dann: sechs bis sieben Jahre Hochschulstudium und zweieinhalb Jahre Vollzeit-Vikariat, um Pfarrer*in und zudem noch verschickt zu werden? Auf eine Stelle, die auch noch drei Jahre lang eine Probestelle ist?
Ich vermute, in Zukunft wird es unterschiedliche Ausbildungsmodule geben, die zur Folge haben, dass es unterschiedliche Stellen gibt, die realistischer abbilden, was die tatsächlichen Neigungen und Stärken des Pfarrers in spe sind. Spoiler: Beides passiert schon heute, wenn auch noch zaghaft – Headhunting und neue Zugänge zum Pfarrberuf.
Und: Wir müssen endlich wieder zwei Dinge klarkriegen. Zum einen, dass Beziehung zur Kirche immer auch von Personen abhängt. Und nein – das soll die Pfarrer*innen

nicht zu Hybris und Egomanie antreiben, sondern das Bewusstsein für diese besondere Rolle stärken. Zumal wir alle die Geschichte mit dem Licht unter dem Scheffel kennen.[138] Also, liebes himmlisches Bodenpersonal: Fangen Sie bitte an, wie Menschen zu sprechen, lassen Sie diesen furchtbaren pseudoklerikalen Singsang, seien Sie zugewandt, sprachfähig und haben Sie ein Ohr für die Menschen, mit denen Sie zu tun haben. Übrigens alles nicht nur, wenn Sie Pfarrer*in sind, aber dann besonders.

Und zweitens: Pfarrer*innen sind Geistliche! Das ist tatsächlich eines der wenigen Dinge, die wir – theoretisch – besser können (sollten) als die Konkurrenz. Wir sind dazu auch noch bei der Kirche ordiniert, und das ist eigentlich ziemlich sensationell!

Wir haben eine Beauftragung zur Entfaltung und Gestaltung von Ritualen. Wir haben die Möglichkeit und Fähigkeit, in Krisen, Notfällen und schwierigen Lebenslagen Gebete zu sprechen, Segen zu spenden, und wir sind sprachfähig in sprachlosen Zeiten. Das alles mit der Hilfe des Wortes Gottes. Das ist etwas, was wir können und auch müssen. Alles andere ist persönliche Neigung, Vorliebe, eigener Schwerpunkt. Aber das ist die Hauptsache. Und die darf nicht vernachlässigt werden.

7. *Weniger ist mehr. Und besser*

Wo wir schon bei Schwerpunkten und vergessenen Hauptaufgaben sind: Weniger ist mehr. Nicht falsch verstehen: Mehr ist mehr, wenn es um Pluralität, Vielfalt, Vielstimmigkeit geht. Abgesehen davon werden wir als Kirchen und Pfarrer*innen manches sein lassen müssen. Wir werden uns von vielem trennen, das nicht (mehr) funktioniert und dafür die Dinge, die bleiben, mit mehr Zeit, Muße und

Qualität erledigen. Dazu müssen auch Pfarrer*innen einiges loswerden: den ganzen Verwaltungsmumpitz, für den sie im Übrigen auch nicht ausgebildet sind, Angebote, die nicht mehr zeitgemäß sind und trotzdem viele Ressourcen binden oder von Kirchengemeinderäten gegen alle Widerstände durchgeboxt wurden (ohne dass diese dann selbst teilnehmen würden). Und das gilt auch für sehr spezielle Neigungen von Pfarrer*innen: Denn niemand braucht einen weiteren Vortrag über ‹Fliegenfischen im Angesicht Gottes›, der Zeit, Geld und Arbeitskraft kostet, denn sonst wäre ja beim vierten Mal endlich ein*e einzige*r Teilnehmer*in erschienen.

Vieles wird sich reduzieren. Manches von dieser Reduzierung ist wirklich bitter, anderes nur für diejenigen, die trotz allem darauf beharren. Aber dadurch entsteht auch die Möglichkeit, viele Angebote wieder mit mehr Kraft, Überzeugung und Ausstrahlung zu veranstalten.

8. *Let's make Gottesdienst great again*

Genau! Denn Gottesdienste können toll sein und sind unser Kerngeschäft. Ich vermute, dass die Angebote differenzierter werden. Gottesdienste werden sonntags morgens um 10 ebenso wie beispielsweise mittwochs um 18 Uhr angeboten werden, mit Musik von Bach, Beatles und Beatsteaks, und sie werden Tradition und Moderne miteinander verbinden. Sie werden profilierter und klarer sein, weil Kirche verstanden hat, was Menschen suchen. Die Qualität der Gottesdienste wird steigen, weil sie einen besonderen Stellenwert haben. Zudem haben wir verstanden, dass es erst mal nichts über die generelle Relevanz von Kirche aussagt, ob sonntags morgens um 10 nur drei Menschen darin sitzen. Und: In Gottesdiensten wird eine Sprache gesprochen, die Menschen verstehen können.

9. *Ein Hort der Erinnerung, ein Ort der Gegenwart*

Kirche wird vermitteln, dass sie ein Hort der Erinnerung und gleichzeitig ein Ort der Gegenwart ist. Dafür müssen wir uns das selbst erst einmal bewusst machen – wir verfügen über eine reiche Tradition, die von anthropologischen Problemen und Erfahrungen berichtet, die wir auch heute haben. Und wir bieten einen Ort für Menschen im Hier und Jetzt, für die Glaube und Gottesbeziehung relevant ist. Das eine wird nicht durch das andere ersetzt. Aber beides verliert ohne das jeweils andere an Dimensionen.

10. *Klug. Mutig. Schön.*

Was uns auch immer erwartet, Umbrüche, Diskussionen, kritische und kreative Neuausrichtungen und Wiederentdeckungen – diese drei Begriffe mit Überzeugung zu leben, wird Kirche helfen, sich zu öffnen und wieder ins Gespräch zu kommen.

Wir können ja klein anfangen: Was müsste passieren, damit Sie sagen «Meine Kirche ist übrigens klug, mutig und schön»?

Das könnte ein Anfang sein.

EPILOG

Ricardo ist mit seinem Spanisch am Ende – das hatte er sich irgendwie anders vorgestellt. Und seine Braut auch. Mittlerweile zieht der letzte noch anwesende Freund der beiden seine gekränkten Kollegen wieder in die Kirche. Ganz langsam schleicht das Trio bemüht unauffällig den Mittelgang entlang, sodass sich natürlich jeder umschaut. Günther, der gerade zu einer erneuten Schimpftirade ansetzen will, wird in letzter Sekunde von einem durchdringenden Blick seiner Frau zum Schweigen gebracht.

Sabine hat aufgehört zu weinen. Zumindest äußerlich. Ricardo versucht zu verheimlichen, dass sein Taschentuch dank Hitze-, Angst- und Panikschweiß mittlerweile einem Feudel gleicht.

Das sieht alles gar nicht gut aus, und ich ahne, wie sich Gaffer auf der Autobahn fühlen müssen, die ihren Blick einfach nicht abwenden können. In einer Mischung aus Faszination und Irritation sitze ich da, traue meinen Augen nicht und unterdrücke den Wunsch, sehr laut aufzuschreien.

Da passiert etwas Merkwürdiges: Die bejahrte Aushilfspastorin besinnt sich auf einmal darauf, dass sie diesen Job eigentlich schon ziemlich lange macht und Gottesdienste mit Trauungen etwas wirklich Schönes sein können. Langsam erlangt sie wieder die Kontrolle: über ihren Körper, ihre Sprache, die Atmosphäre und das ganze Geschehen. Chapeau!

Was folgt, ist ein Wechselbad der Gefühle – auf allen Seiten.

Sabine und Ricardo befinden sich in dem wunderbaren Hochzeitstunnel, den ausschließlich Menschen kennen, die selbst kirchlich *ge*heiratet oder Menschen kirchlich *ver*heiratet haben. Nach den ersten Sätzen der Pfarrer*innen driftet das Brautpaar in eine merkwürdige Sphäre aus Liebe, Aufregung, Anspannung – und spürt häufig schon die Wirkung des ersten Glases Sekt. Sabine und Ricardo sind keine Ausnahme, nur dass noch Schweiß und Tränen dazukommen.

Die beiden lauschen andächtig der Veteranin, die zielsicher Bilder benutzt, bei denen ich mich fühle wie die drei Jungs aus dem Plattenladen in Nick Hornbys ‹High Fidelity› – völlige Snobs, die aus Prinzip all die Wünsche ihrer Kunden verurteilen. Die finden sie nämlich ganz widerlich banal.

Ich versuche, mich zusammenzureißen und mich auf den Gottesdienst einzulassen. Gar nicht so einfach. Trotzdem passiert etwas Bemerkenswertes: Über das groteske Ballett der drei Silberzwiebelmänner, der gekränkten Jungs, die sich fehl am Platz fühlen, und entnervten Kirchengemeinderatsgattinnen ergießt sich ein merkwürdig friedliches Gefühl. Alle sind irgendwie angekommen, und Schritt für Schritt weicht die Anspannung. Und sogar ich, der Snob, finde es langsam irgendwie ganz schön hier. Auf einmal sind mir Sabine und Ricardo merkwürdig sympathisch und auch, dass die rüstige Rentnerpastorin eine Platitude nach der anderen von sich gibt, finde ich gar nicht mehr so schlimm. Komisch. Ricardo und Sabine weinen. Schon wieder. Dieses Mal aber, weil sie wirklich berührt sind. Sie knien sich hin, um den Segen zu empfangen. Die Pastorin legt beiden die Hände auf, und Sabine schluchzt vor Glück so laut, dass wir alle lachen müssen. Komisches, friedenstiftendes Lachen, das uns auf eine seltsame Art zu einer temporär verschworenen Gemeinschaft macht.

Sabine weint noch immer vor Glück. Ricardo reicht ihr sein klitschnasses Feudeltaschentuch. Sie wischt sich die Tränen weg und schnäuzt sich, wie es wahrscheinlich nur eine Braut kann, die ein Flamencokleid trägt. Dann gibt sie den Lappen ihrem jetzt auch kirchlich angetrauten Ehemann zurück und sagt: «Ach, Ricardo! Das ist der schönste Tag meines ganzen Lebens.»

Wir alle lächeln einander an – komische Gemeinschaft, die wir vor Gott nun mal sind.

DANK

Dass ich dieses Buch machen konnte und durfte, liegt nur zu einem gewissen Teil an mir selbst. Den größten Anteil daran tragen die vielen Menschen, die mich begleiten, mir solche Möglichkeiten bieten, den Rücken freihalten und mich an ihren Geschichten teilhaben lassen, die ich dann wiederum sehr vollmundig weitererzählen darf.

Und an der Spitze dieser Armada aus mir sehr zugetanen Menschen steht – Gott sei Dank – meine wunderbare, kluge, geduldige, manchmal unendlich genervte, liebevolle und fürsorgliche Frau Maxi. Es ist mir ein Rätsel, wie du unser Leben durch mein absurdes Arbeitspensum navigierst und dass du trotzdem noch so voller Liebe bist. Danke, danke, danke!

Meine Perspektive von und auf Glauben ist – wie ich nicht müde werde, im Buch zu erzählen – unbedingt geprägt von Menschen, die mich angeleitet und mitgenommen haben. Ich hatte und habe das Glück, viele theologische Lehrer*innen immer wieder in meinem Leben und meinem Freundeskreis zu haben, ohne die ich mit großer Sicherheit nie Teil dieser Kirche geworden wäre. Einigen davon möchte ich in chronologischer Reihenfolge danken.

Dr. Thies Gundlach: Thies, deine Art, in und von Glauben zu sprechen, ihn zu artikulieren, inszenieren und mit (Alltags-) Leben und Kultur zu füllen, steckt so tief in meiner DNA, dass ich deinen Einfluss gar nicht gebührend benennen und dir dafür auch nicht gebührend danken kann. Aber das weißt du ja eh ...

Dr. Ulrike Murmann: Ulrike, du kannst Atmosphären schaffen, in denen sich Menschen gesehen, berührt und erkannt fühlen. Das aber, ohne dabei belanglos und gefühlig zu sein – im Gegenteil: mit einer Klarheit in Sprache und Theologie, die mich häufig verblüfft. Außerdem wirst du nicht müde, dich meiner ganzen extravaganten Vorstellungen anzunehmen und sehr langmütig zu gucken, dass ich (in) dieser Kirche nicht verlorengehe. Dafür kann ich dir gar nicht genug danken.

Frie Bräsen: Frie, durch dich habe ich gelernt, dass unsere Kirche menschengemacht ist. Und dass sie deswegen auch an so vielen Stellen klappert, knarzt und quietscht. Und eben auch, dass wir als Menschen aus und in der Kirche uns deshalb immer wieder fragen: Glaube ja, Kirche nein? Und dafür, dass du mir so häufig in diese Anfechtung Einblick gewährt und trotzdem nicht deinen Glauben verloren hast, bin ich dir unendlich dankbar.

Prof. Dr. Hans-Martin Gutmann: Lieber Hans-Martin, ich könnte ein ganzes Buch darüber schreiben, in welchen Dimensionen du alles mein Lehrer bist. Ich wäre ohne dich niemals Theologe geworden, denn ich hätte mein Studium mit Sicherheit nicht beendet. Das meiste von dem, was ich theologisch tue, habe ich einfach von dir geklaut. Dass du das weißt und mich trotzdem noch so unermüdlich unterstützt, macht nur deutlich, was du für ein unglaublicher Mensch bist. Danke, mein Freund, Lehrer, Doktorvater.

Frank Engelbrecht: Frank, was ich in den letzten drei Jahren alles von dir lernen durfte über Glaube, Kirche und Mensch in Kontexten sein, ist ein großes Geschenk. Dass du mich als Freund und Anleiter vor allem immer als Kollegen auf Augenhöhe gesehen hast, hat mir geschmeichelt und macht mich wirklich dankbar. Ich danke dir für dein Vertrauen, das gegenseitige Bälle hin- und herspielen und (meistens) für deinen wunderbaren Wahnsinn.

Natürlich gibt es mittlerweile noch viele andere Theologenmenschen, denen ich danke, weil sie dieses Buch in irgendeiner Form beeinflusst haben. Allen voran meinen beiden Herzensfreunden Simon Eckhardt und Swantje Luthe. Aber auch die Menschen, die ich in den unzähligen Wochen im Predigerseminar der Nordkirche in Ratzeburg treffen durfte: Vikarinnen und Vikare und Leitende. Danke!

@Dr. Friedrich Brandi: Wir warten auf Quiche und Wein und Theologie im Hasenhäuschen! Immer und immer wieder!

Dass ich über so viele absurde und berührende Erfahrungen berichten kann, liegt auch an den Gemeinden, in denen ich tätig sein durfte und darf.

Daher danke und grüße ich wirklich von Herzen alle Menschen ‹meiner› Hauptkirche St. Katharinen in Hamburg. Allen voran natürlich alle Mitarbeitenden in all den unterschiedlichen Positionen. Ihr fehlt mir jetzt schon!

Ich danke mit Nachdruck den Menschen, die mir für dieses Buch Rede und Antwort standen: Dr. Emilia Handke, Andreas Wackernagel, Wiebke Seeler, Inga Schwerdtfeger, Elina Bernitt, Janna Horstmann.

Thomas Leidig hält mich seit Jahren in den wichtigsten Momenten meines Lebens fest: als einer meiner Lieblingsmenschen emotional und seelisch und als einer meiner Lieblingsfotografen und Kameramenschen auf Fotos, Filmen, CDs & Co. Und jetzt auch auf diesem Buchcover ... 1000 Dank!

Céline Meiner, meiner langmütigen Literaturagentin von der Agentur Brauer, bin ich sehr dankbar. Du durchschaust meine gespielte Gelassenheit und vorgeschobene Professionalität und findest dadurch genau die richtigen Worte, die mich im besten Sinne wieder einfangen. Danke!

Ein wirklich besonderer Dank geht an meine Lektorin vom Rowohlt Verlag: Susanne Frank. Liebe Susanne, das war ein intensiver Tango, für den ich dir sehr müde danke sage. Erschöpft, aber glücklich. Du hast eine mir schmeichelnde und mich manchmal verblüffende Vision von dem Autor, der ich in deinen Augen sein kann. Das ist hin und wieder – im besten Sinne – erschütternd.

Und wie immer danke ich meiner großen Familie, die aus ganz vielen Namen besteht.

LITERATUR

- Angel, Hans-Ferdinand, Was ist Religiosität, auf: https://www.theo-web.de/zeitschrift/ausgabe-2002–01/angel02–1–2.pdf
- Barth, Karl, Der Römerbrief 1922 (Zweite Fassung). In: Barth, Karl, Gesamtausgabe. Band 47, Zürich 2010, S. 294.
- Beck, Ulrich, Risikogesellschaft. Auf dem Weg in eine andere Moderne, Frankfurt am Main 1986.
- Beck, Ulrich, Jenseits von Klasse und Nation, in: Soziale Welten, 2008.
- Brönstrup, Carsten, Das Kreuz mit den Milliarden, auf: https://www.tagesspiegel.de/wirtschaft/wie-viel-geld-besitzen-die-kirchen-das-kreuz-mit-den-milliarden/8960364.html
- Chrismon, Sonntagsgottesdienst für immer weniger Gläubige attraktiv, https://chrismon.evangelisch.de/nachrichten/45244/sonntagsgottesdienst-fuer-immer-weniger-glaeubige-attraktiv?fbclid=IwAR2acDJd9OBs9jNVthTFAtRPW_E42QRk9Acp-jzcXTTs8ta9f1eSNOhPX-jM
- Döbler, Stefan, Roß, Silke, Landeskirchliches Werk «Kirche im Dialog» auf: https://www.nordkirche.de/nachrichten/nachrichten-detail/nachricht/landeskirchliches-werk-kirche-im-dialog-startet-am-1-september/

- Donicht-Fluck, Brigitte, Alter und Altenbildung in den USA. Kulturelle Konzepte im Wandel, in: Becker, Susanne / Veelken, Ludger / Wallraven, Klaus (Hrsg.), Handbuch Altenbildung, Theorien und Konzepte für Gegenwart und Zukunft, Opladen 2000.

  269
- Dorn, Anton Magnus, Eberts, Gerhard (Hrsg.), Redaktionshandbuch Katholische Kirche, München 1996.
- Elias, Norbert, Über den Prozess der Zivilisation, 2 Bde., Frankfurt am Main 1976.
- Evangelische Kirche in Deutschland (EKD), Gezählt 2018, Zahlen und Fakten zum kirchlichen Leben, Hannover 2018.
- Evangelische Kirche in Deutschland (EKD), Die evangelische Kirche und das Geld. Wo es herkommt. Wo es hingeht, Hannover 2019.
- Evangelische Kirche in Deutschland, Der Gottesdienst. Eine Orientierungshilfe zu Verständnis und Praxis des Gottesdienstes in der evangelischen Kirche. Im Auftrag des Rates der EKD, Gütersloh 2009.
- Evangelische Kirche in Deutschland (EKD), Ökumene im 21. Jahrhundert, Bedingungen, theologische Grundlegungen, Perspektiven, Hannover 2015.
- Gatterer, Michael (Hrsg.), Das Religionsbuch der Kirche, Catechismus Romanus. Zwei Bände – V Bändchen, Ergänzungen, Innsbruck / Leipzig 1938 [2. Auflage], S. 23–36.
- Gemoll, Wilhelm, Griechisch-Deutsches Schul- und Handwörterbuch, 9. Auflage, München / Wien 1965.
- Gennep, Arnold van, Übergangsriten. Frankfurt am Main 2005.
- Gräb, Wilhelm, Spiritualität – Die Religion der Individuen. In: Gräb, Wilhelm, Charbonnier, Lars (Hrsg.), Individualisierung, Spiritualität, Religion. Transformationsprozesse auf dem religiösen Feld in interdisziplinärer Perspektive, Berlin 2008.
- Grethlein, Christian, Impulsreferat zum Schwerpunktthema

‹Kommunikation des Evangeliums in der digitalen Gesellschaft›, Dresden 2014.

- Grimm, Jacob und Wilhelm, Deutsches Wörterbuch, Berlin 1854, Digitale Ausgabe: Zweitausendeins, Frankfurt am Main 2004.

- Gutmann, Hans-Martin, Der Herr der Heerscharen, die Prinzessin der Herzen und der König der Löwen, Gütersloh 2000.
- Herrmann, Jörg, Die Zukunft der Religion, auf: https://www.theo mag.de/121/jh34.htm
- Hesse, Hermann, Mein Glaube, Frankfurt am Main 1987.
- Hirsch-Hüffell, Thomas, Wir feiern jetzt selber – so wie wir es immer schon wollten, auf: https://unglaeubigesstaunen.word press.com/2019/10/05/wir-feiern-jetzt-selber-so-wie-wir-es-schon-immer-wollten/
- Huizing, Klaas, Zu dritt. Karl Barth, Nelly Barth, Charlotte von Kirschbaum, Tübingen 2018.
- Josuttis, Manfred, Der Weg in das Leben. Eine Einführung in den Gottesdienst auf verhaltenswissenschaftlicher Grundlage, München 1991.
- Katechismus der Katholischen Kirche, Onlineversion, herausgegeben vom Vatikan 1997: http://www.vatican.va/archive/DEU 0035/_INDEX.HTM
- Kerkeling, Hape, Ich bin dann mal weg, München 2007.
- Küng, Hans, Rechtfertigung. Die Lehre Karl Barths und eine katholische Besinnung, Einsiedeln 1957.
- Laloux, Frederic, Reinventing Organizations visuell: Ein illustrierter Leitfaden sinnstiftender Formen der Zusammenarbeit, München 2016.
- Lumen gentium: Dogmatische Konstitution über die Kirche von 1964. Zitiert nach: http://www.vatican.va/archive/hist_councils/ ii_vatican_council/documents/vat-ii_const_19641121_lumen-gentium_ge.html
- Martin, Kilian, Die eine, vielfältige Kirche, auf: https://www.

katholisch.de/artikel/7245-die-eine-vielfaeltige-kirche, Bonn 2015.

– Mörschel, Tobias, Schlabach Jörg (Hrsg.), Religion und säkularer Staat, Perspektiven eines modernen Religionsgemeinschafts-rechts, in: Policy – Politische Akademie, Nr. 20, Berlin 2007.

– Muchlynski, Frank, Fragen zur Taufe, auf: https://fragen.evange lisch.de/frage/8169/kind-taufen-wenn-die-eltern-ausgetreten-sind

– Neumann, Felix, Die goldene Badewanne gibt es nicht, auf: https://www.katholisch.de/artikel/13198-die-goldene-bade wanne-gibt-es-nicht

– Niven, John, Gott bewahre, München 2012.

– Papst Franziskus, https://www.katholisch.de/artikel/15807-papst-christen-muessen-an-sonntagsmesse-teilnehmen

– Pohl-Patalong, Uta, Religionspädagogik – Ansätze für die Praxis, Göttingen 2013.

– Pohl-Patalong, Uta, Hauschildt, Eberhard, Kirche verstehen, Gü-tersloh 2016.

– Pollack, Detlef, Politische Aussagen schaden der Kirche, auf: https://www.kirche-und-leben.de/artikel/soziologe-pollack-politische-aussagen-schaden-kirche/

– PONS Globalwörterbuch, Lateinisch – Deutsch, 2. neubearbei-tete Auflage, Stuttgart 1986, Nachdruck 1991.

– Rahner, Johanna, War es wirklich eine Revolution? In: Die ZEIT vom 11. 10. 2012.

– Ratzinger, Joseph, Theologische Prinzipienlehre. Bausteine einer Fundamentaltheologie, München 1982.

– Ratzinger, Joseph, zitiert auf: https://www.katholisch.de/artikel/21325-benedikt-xvi-68er-sind-verantwortlich-fuer-missbrauchs skandal

– Rosa, Hartmut, Resonanz: Eine Soziologie der Weltbeziehung, Berlin 2019.

- Sekretariat der Deutschen Bischofskonferenz, Katholische Kirche in Deutschland. Zahlen und Fakten 2017/18. Arbeitshilfen 306.
- Seibel, Karsten, Bloß kein Porno! Wo die Kirche ihr Geld anlegt, auf: https://www.welt.de/wirtschaft/article147405067/Bloss-kein-Porno-Wo-die-Kirche-ihr-Geld-anlegt.html
- Taylor, Charles, Ein säkulares Zeitalter, Frankfurt am Main 2012.
- Thiele, Christoph, Religion ist keine Privatsache, Hannover 2016.
- Tietz, Christiane, Karl Barth. Ein Leben im Widerspruch, 2., durchgesehene Auflage, München 2019.
- Turner, Victor, Vom Ritual zum Theater. Der Ernst des menschlichen Spiels, Frankfurt am Main 1995.
- Turner, Victor, Das Ritual: Struktur und Anti-Struktur. Frankfurt am Main 2005.
- Wagner-Rau, Ulrike / Handke, Emilia, Provozierte Kasualpraxis, Rituale in Bewegung, Stuttgart 2019.
- Wenz, Gunther, Kirche. Perspektiven reformatorischer Ekklesiologie in ökumenischer Absicht. In: Studium Systematische Theologie. Band 3, Göttingen 2005, S. 49.

ANMERKUNGEN

1   Vgl. dazu vor allem: Gennep, Arnold van, Übergangsriten, Frankfurt am Main 2005.

Turner, Victor, Vom Ritual zum Theater. Der Ernst des menschlichen Spiels, Frankfurt am Main 1995.

Turner, Victor, Das Ritual: Struktur und Anti-Struktur. Frankfurt am Main 2005.

Zum Thema Schwellenüberschreitung mit einem besonderen Blick auf Gottesdienst und Kirchraum vgl. vor allem: Josuttis, Manfred, Der Weg in das Leben. Eine Einführung in den Gottesdienst auf verhaltenswissenschaftlicher Grundlage, München 1991.

2   Vgl. PONS Globalwörterbuch, Lateinisch–Deutsch, 2. neubearbeitete Auflage, Stuttgart 1986, Nachdruck 1991.

3   Der Ausdruck kommt übrigens tatsächlich aus der Kirche: Als die katholischen Messen noch ausschließlich auf Lateinisch gehalten wurden und die Menschen das nicht verstehen konnten, hörten sie bei den Worten zur Einsetzung des Abendmahls, die eigentlich ‹hoc est corpus›, also ‹Das ist mein Leib›, heißen, ‹Hokuspokus› und dachten, dass sich mit diesen Worten das Brot in Fleisch verwandelt.

4   In meinen Ausführungen richte ich mich primär nach: «Kirche im Umbruch – Zwischen demografischem Wandel und nachlassen-

der Kirchenverbundenheit Eine langfristige Projektion der Kirchenmitglieder und des Kirchensteueraufkommens der Universität Freiburg in Verbindung mit der EKD». Vgl.: https://www.ekd.de/kirche-im-umbruch-projektion-2060-45516.htm

5 Vgl.: Kirche im Umbruch – Zwischen demografischem Wandel und nachlassender Kirchenverbundenheit Eine langfristige Projektion der Kirchenmitglieder und des Kirchensteueraufkommens der Universität Freiburg in Verbindung mit der EKD, S. 10.

6 https://www.tagesschau.de/inland/kirchenaustritte-113.html

7 Thunberg, Greta, Rede beim Weltwirtschaftsforum in Davos, 25.1.2019.

8 https://www.spiegel.de/politik/ausland/inf-vertrag-ausgelaufen-europas-atomwaffen-gespenst-ist-zurueck-a-1280063.html

9 http://www.fg-kassel.de/fg-forum-mit-julian-sengelmann/

10 Ebd.

11 Ich beziehe mich hier auf die Studien von Prof. Dr. Christoph Markschies in seinem Vortrag «Ecclesia semper reformanda – was heißt das eigentlich (für den Kirchenentwicklungsprozess der Evangelisch-Lutherischen Kirche in Bayern)?» Vgl.: https://landessynode.bayern-evangelisch.de/downloads/Markschies_Ecclesia_semper_reformanda.pdf

12 Dokument VE J1/75 in: Gruner, Wolf (Bearb.): Die Verfolgung und Ermordung der europäischen Juden durch das nationalsozialistische Deutschland 1933–1945 (Quellensammlung). Band 1: Deutsches Reich 1933–1937, München 2008, S. 239–241.

13 Vgl. Scholder, Klaus, Die Kirchen und das Dritte Reich, Bd. 1: Vorgeschichte und Zeit der Illusionen. 1918–1934, 1977; 2000; Bd. 2: Das Jahr der Ernüchterung 1934. Barmen und Rom, 1985; 2000.

14 Vgl. Heimbucher, Martin / Weth, Rudolf, Die Beschlussfassung zur Theologischen Erklärung von Barmen. In: Heimbucher, Martin /

Weth, Rudolf (Hrsg.), Die Barmer Theologische Erklärung, Neukirchen-Vluyn 2009, S. 30–36.

15 Karl Barth, Die Botschaft von der freien Gnade Gottes (Theologische Studien 23), Zollikon/Zürich 1947, S. 10.

16 Ebd.

17 Vgl. hierzu vor allem Tietz, Christiane, Karl Barth. Ein Leben im Widerspruch, 2., durchgesehene Auflage, München 2019.

18 Vgl. auch: Huizing, Klaas, Zu dritt. Karl Barth, Nelly Barth, Charlotte von Kirschbaum, Tübingen 2018.

19 Vgl. hierzu auch: https://www.abendblatt.de/region/schleswig-holstein/article227155263/Segnung-homosexuellerPaare-heisst-bei-Nordkirche-Trauung.html
Und ja: Da muss ich meine Nordkirche auch mal loben!

20 Barth, Karl, Der Römerbrief 1922 (Zweite Fassung). In: Barth, Karl, Gesamtausgabe. Band 47, Zürich 2010, S. 294.

21 Küng, Hans, Rechtfertigung. Die Lehre Karl Barths und eine katholische Besinnung, Einsiedeln 1957.

22 Vgl. Lumen gentium: Dogmatische Konstitution über die Kirche von 1964: http://www.vatican.va/archive/hist_councils/ii_vatican_council/documents/vat-ii_const_19641121_lumen-gentium_ge.html

23 Vgl. 1 Kor 12,12–31.

24 Martin, Kilian, Die eine, vielfältige Kirche, auf: https://www.katholisch.de/artikel/7245-die-eine-vielfaeltige-kirche, Bonn 2015.

25 «Vergib mir, Vater, denn ich habe gesündigt.»

26 Gatterer, Michael (Hsgr.), Das Religionsbuch der Kirche, Catechismus Romanus. Zwei Bände – V Bändchen, Ergänzungen, Innsbruck / Leipzig 1938 [2. Auflage], S. 23–36.

27 Mt 16,18–19.

28 Da ging es um das Dogma von der leiblichen Aufnahme der Gottesmutter Maria in den Himmel unter Papst Pius XII.

29 Dazu empfehle ich einen sehr guten Artikel von Rahner, Johanna,

War es wirklich eine Revolution? In: Die ZEIT vom 11.10.2012. Auf: https://www.zeit.de/2012/42/Zweites-Vatikanisches-Konzil-Pro-Contra

30 Ratzinger, Joseph, Theologische Prinzipienlehre. Bausteine einer Fundamentaltheologie, München 1982, S. 398.

31 Vgl. dazu «Lumen gentium», die Dogmatische Konstitution über die Kirche vom Zweiten Vatikanischen Konzil.

32 Und nein: Ich habe dazu keine wissenschaftlich korrekte Feldforschung betrieben. Ich habe meine Ergebnisse nicht aufgezeichnet, transkribiert, geclustert und ausgewertet. Ich habe sogar mit den Menschen getrunken, denn es sind ja Gespräche auf Partys. Also, all meine Wissenschaftsfreunde: Das hier ist keine wissenschaftliche Arbeit.

33 Niven, John, Gott bewahre, München 2012.

34 Ebd., S. 33 ff.

35 An dieser Stelle geht es nicht um die unterschiedlichen Definitionen und systematischen Zuschreibungen von Religionen. Es geht mir auch nicht um eine Geschichte des substanzialistischen, funktionalistischen oder kulturwissenschaftlichen Ansatzes eines Religionsbegriffs. Das wäre ein anderes Buch.

36 Mit dieser Frage beschäftigen sich übrigens Religionswissenschaftler*innen – nur falls Sie mal wissen wollten, wen man dazu befragen kann.

37 Angel, Hans-Ferdinand, Was ist Religiosität, in: https://www.theo-web.de/zeitschrift/ausgabe-2002-01/angel02-1-2.pdf

38 Vgl. Grimm, Jacob und Wilhelm, Deutsches Wörterbuch, Berlin 1854, Digitale Ausgabe: Zweitausendeins, Frankfurt am Main 2004.

39 Vom lateinischen Wort ‹confessio›, was Geständnis, Bekenntnis, Glaubensbekenntnis, Beichte heißt. Vgl. PONS Globalwörterbuch, Lateinisch–Deutsch, 2. neubearbeitete Auflage, Stuttgart 1986, Nachdruck 1991.

40 Vom Griechischen ‹ἐκκλησία›, was so viel wie «die Herausgerufene, Heilsgemeinde, Volksversammlung, Versammlungsplatz› heißt. Vgl. Gemoll, Wilhelm, Griechisch-Deutsches Schul- und Handwörterbuch, 9. Auflage, München/Wien 1965. In antik-jüdischen Schriften lehnt sich der Begriff an das hebräische קָהָל an, das «die auserwählte Schar der von Gott eschatologisch Gesammelten insgesamt» und andererseits «die an einem Ort gottesdienstlich vereinte Gemeindeversammlung» heißt. Vgl. dazu vor allem Wenz, Gunther, Kirche. Perspektiven reformatorischer Ekklesiologie in ökumenischer Absicht. In: Studium Systematische Theologie. Band 3, Göttingen 2005, S. 49.

41 ‹Glaubenszeugnis› ist ein sehr indifferenter Terminus, der von den unterschiedlichen Konfessionen auch mit sehr stark variierender Gewichtung und Inhalt gefüllt wird.

42 Stand 2017.

43 Vgl. Gemoll, Wilhelm, Griechisch-Deutsches Schul- und Handwörterbuch, a. a. O.

44 Vgl. https://www.baptisten.de/fileadmin/bgs/media/dokumente/ 2013-02_Offener_Brief_des_BEFG-Prasidiums_-_Zum_Umgang_ mit_dem_Thema_Homosexualitat.pdf
Ebenfalls: https://www.tagesspiegel.de/gesellschaft/queerspie gel/leitfaden-zur-homosexualitaet-evangelische-freikirche-empfiehlt-homosexuellen-therapie/23960212.html

45 Solche Glaubenswahrheiten und Fragen nach der Ansicht der jeweiligen Kirche werden traditionell in ‹Katechesen› oder ‹Katechismen› verhandelt und erläutert. Für Interessierte: http:// www.vatican.va/archive/DEU0035/_INDEX.HTM
Und auf evangelischer Seite: https://www.evangelischer-glaube. de/grosser-katechismus/

46 Vgl. dazu Luther, Martin, Der große Katechismus, Kapitel 4.

47 Vgl. dazu Luther, Martin, Aufmunterung zur Liebe des Wortes Gottes wider das Aristotelisch-Scholastische Christenthumb, Leipzig

1700, S. 39. Vgl. auch: ders., WA 27, S. 376: «extra Christum nulla est sanitas, nulla iustitia, nulla salus.»

48 Evangelische Kirche in Deutschland (EKD), Ökumene im 21. Jahrhundert, Bedingungen, theologische Grundlegungen, Perspektiven, Hannover 2015, S. 38.

49 Ebd., S. 39.

50 Vgl. dazu vor allem und im Folgenden: Pohl-Patalong, Uta, Hauschildt, Eberhard, Kirche verstehen, Gütersloh 2016.

51 Vgl. Dorn, Anton Magnus, Eberts, Gerhard (Hrsg.), Redaktionshandbuch Katholische Kirche, München 1996.

52 Pohl-Patalong, Uta, Hauschildt, Eberhard, Kirche verstehen, Gütersloh 2016, S. 24.

53 Man muss an dieser Stelle immer auf das Paradoxe in dieser Entwicklung hinweisen, «… weil er (i. e. der Prozess der Individualisierung) nämlich als Kehrseite der Entwicklung zu immer größeren sozialen Einheiten verstanden werden muss. Individualisierung der Menschen und Zentralisierung der gesellschaftlichen Macht sind zwei Seiten der gleichen Medaille» (vgl. Gutmann, Hans-Martin, Der Herr der Heerscharen, die Prinzessin der Herzen und der König der Löwen, Gütersloh 2000, S. 21f.). Diese Denkbewegung, die man als ‹Figuration› zusammenfasst, geht davon aus, dass soziale Prozesse, die ‹Gesellschaft› vom Individuum her denken, ebenso wie solche, die vom Individuum absehen und vom ‹Ganzen› ausgehen, nicht in wirklichkeitsgerechten Theorien zusammengefasst werden können. Um eine realistische Beobachtung zu machen, müssen Menschen und dynamische gesellschaftliche Verflechtungen miteinander in Beziehung gebracht werden. «Die ‹Umstände›, die sich ändern, sind nichts, was gleichsam von ‹außen› an den Menschen herankommt; die ‹Umstände›, die sich ändern, sind die Beziehungen zwischen den Menschen selbst.»

54 Beck, Ulrich, Risikogesellschaft. Auf dem Weg in eine andere Moderne, Frankfurt am Main 1986.

55 Gutmann, Hans-Martin, Der Herr der Heerscharen, die Prinzessin der Herzen und der König der Löwen, S. 24.

56 Beck, Ulrich, Jenseits von Klasse und Nation, in: Soziale Welten, 2008, S. 303.

57 Taylor, Charles, Ein säkulares Zeitalter, Frankfurt am Main 2012, S. 299.

58 Die deutsche Übersetzung der englischen Ausdrücke ‹expressive individualism› und ‹economical individualism› ist ‹expressiver und ökonomischer Individualismus›.

59 Donicht-Fluck, Brigitte, Alter und Altenbildung in den USA. Kulturelle Konzepte im Wandel, in: Becker, Susanne / Veelken, Ludger / Wallraven, Klaus (Hrsg.), Handbuch Altenbildung, Theorien und Konzepte für Gegenwart und Zukunft, Opladen 2000, 155.

60 Pohl-Patalong, Uta, Hauschildt, Eberhad, Kirche verstehen, S. 17 f.

61 Ein klarer Hinweis auf formaler Ebene ist in den aktuellen Kirchenmitgliedschaftsuntersungen zu finden. Vgl. dazu bspw.: https://www.kirchenaustritt.de/statistik

62 Vgl. für eine detaillierte Auseinandersetzung: Grümme, Bernhard (Hrsg.), Öffentliche Religionspädagogik. Religiöse Bildung in pluralen Lebenswelten, Stuttgart 2015, S. 53.

63 Pohl-Patalong, Uta, Religionspädagogik – Ansätze für die Praxis, Göttingen 2013, S. 12.

64 Pohl-Patalong, Uta, Hauschildt, Eberhard, Kirche verstehen, S. 33.

65 Die Frage nach Mitgliedschaften in der EKD, die sog. KMU, ist insofern etwas differenzierter zu betrachten, da in ihr der Aspekt, wie Menschen heute Mitgliedschaft, Zugehörigkeit und Assoziation verstehen, nicht neu gedacht wird, sondern es in dieser Untersuchung immer nur ein Ja/Nein zum Thema Zugehörigkeit gibt. Dazu kommt die etwas indifferente Betrachtung, wie sich der vermeintliche Rückgang der Kirchenmitgliedschaften genau aufschlüsselt, denn interessant ist ja durchaus auch die Beobachtung, dass die Mitgliederzahlen nicht rückläufig sind, weil Menschen

primär proaktiv aus der Kirche austreten, sondern weil viele Mitglieder altersbedingt versterben und wenige nachkommen. Umso mehr gilt es, Konzepte und Methoden zu finden, Menschen in ihrer Lebenskonzeption zu erreichen und ihnen Glauben (und Kirchenmitgliedschaft) näherzubringen.

66 Kerkeling, Hape, Ich bin dann mal weg, München 2007.

67 Evangelische Kirche in Deutschland (EKD), Gezählt 2018, Zahlen und Fakten zum kirchlichen Leben, Hannover 2018, S. 19 f.

68 Sekretariat der Deutschen Bischofskonferenz, Katholische Kirche in Deutschland. Zahlen und Fakten 2017/18. Arbeitshilfen 306, S. 67 f.

69 In einer Information der EKD-Seite https://www.evangelisch.de/ taufbegleiter heißt es dazu:
«Die Entscheidung, ob eine Taufe trotz fehlender Kirchenmitgliedschaft beider Elternteile möglich ist, wird vor Ort in der zuständigen Kirchengemeinde getroffen. Sprechen Sie also ruhig Ihren Pfarrer oder Ihre Pfarrerin in Ihrer Ortsgemeinde an. Die Regelungen sind darüber hinaus von Landeskirche zu Landeskirche unterschiedlich.»

70 Diese oder eine ähnliche Formulierung findet sich in den sog. Tauffragen, die während der Taufe meistens gestellt werden.

71 Bitte lesen Sie unbedingt dazu das fast unverschämt kluge Buch von Wagner-Rau, Ulrike / Handke, Emilia, Provozierte Kasualpraxis, Rituale in Bewegung, Stuttgart 2019. Darin wird das gesamte Feld der Alternativangebote zu kirchlichen ‹Schwellenritualen› beleuchtet und analysiert. Und fast noch viel wichtiger: das erste Mal richtig wahrgenommen.

72 Das sind die sog. KMUs, die Kirchenmitgliedschaftsuntersuchungen, die jeweils eigene Fragenschwerpunkte haben: «Wie stabil ist die Kirche?» (1972), «Was wird aus der Kirche?» (1982), «Fremde Heimat Kirche» (1992), «Kirche in der Vielfalt der Lebensbezüge» (2002) und «Vernetzte Vielfalt» (2012).

73 Vgl. Pohl-Patalong, Uta, Hauschildt, Eberhard, Kirche verstehen, Gütersloh 2016, S. 179 f. Hier wird diese Gruppe zwischen 15 % und 28 % benannt.

74 Ebd., S. 180.

75 Ebd., S. 182.

76 Ebd., S. 183.

77 Ebd., S. 185 f.

78 Ebd.

79 Vgl. bspw. hier: https://www.france24.com/en/20190418-denmark-drop-baptisms-help-boost-church-numbers

80 Mk 1,9–11.

81 So erklärt es der sehr kluge Frank Muchlynski von evangelisch.de, https://fragen.evangelisch.de/frage/8169/kind-taufen-wenn-die-eltern-ausgetreten-sind
Übrigens: Dort kann man wirklich alle Fragen stellen, die man hat, und die Menschen dort sind extrem bemüht, auch alle zu beantworten.

82 Dass ich hier nur einen winzigen Teil von dem rudimentären Einblick wiedergebe, den ich bekommen habe, versteht sich hoffentlich von selbst. Für einen klugen und spannenden Einblick in das Thema Zukunft von Kirchenorganisation empfehle ich das Buch von Frederic Laloux, «Reinventing Organizations visuell: Ein illustrierter Leitfaden sinnstiftender Formen der Zusammenarbeit», das am Beispiel der katholischen Kirche neue Ideen für eine strukturelle Organisationsumgestaltung bietet.

83 Andreas Wackernagel arbeitet für die Institutionsberatung der Nordkirche – ja, Kirchen wissen um das Problem und beschäftigen sich intensiv damit. Das hat man vielleicht als außenstehender Mensch nicht immer so auf dem Schirm. OBI, OBAZ und das Beispiel ‹Wie im Himmel› habe ich durch ihn kennengelernt.

84 Schon erwähnter Niklas Luhmann, einer der entscheidendsten Denker im Feld der Soziologie, nimmt die Unterscheidung noch

differenzierter vor, wenn er von ‹autopoietisch geschlossenen› oder ‹operativ geschlossenen› Systemen spricht.

85 Vgl. dazu bspw.: https://www.sueddeutsche.de/panorama/auswir kungen-des-skandals-um-tebartz-van-elst-kirchenaustritte-dras tisch-gestiegen-1.1812459

86 Seibel, Karsten, Bloß kein Porno! Wo die Kirche ihr Geld anlegt, auf: https://www.welt.de/wirtschaft/article147405067/Bloss-kein-Porno-Wo-die-Kirche-ihr-Geld-anlegt.html

87 Brönstrup, Carsten, Das Kreuz mit den Milliarden, auf: https://www.tagesspiegel.de/wirtschaft/wie-viel-geld-besitzen-die-kirchen-das-kreuz-mit-den-milliarden/8960364.html

88 An diese Stelle gehört keine ausgiebige Beschreibung der Vermögenswerte oder eine Spekulation über die «geheimen Schätze der Kirchen». Ich empfehle aber die nicht ganz positionslose Arte-Dokumentation «Die Kirche und das Geld – mit Carsten Frerk» auf: https://www.youtube.com/watch?v=fN2nEL9jRko8

89 Brönstrup, Carsten, a. a. O.

90 Vgl.: EKD, Die evangelische Kirche und das Geld. Wo es herkommt. Wo es hingeht, Hannover 2019.

91 Ebd.

92 Wer eine halbwegs verständliche Einführung in dieses Thema möchte, dem kann ich das ‹Policy Paper› der Friedrich-Ebert-Stiftung empfehlen. Na klar ist das auch geprägt, aber zumindest ist es interdisziplinär und klar informierend aufgebaut. Vgl.: Mörschel, Tobias, Schlabach, Jörg (Hrsg.), Religion und säkularer Staat, Perspektiven eines modernen Religionsgemeinschaftsrechts, in: Policy – Politische Akademie, Nr. 20, Berlin 2007.

93 Vgl. EKD, Die evangelische Kirche und das Geld, a. a. O.

94 Ebd.

95 Vgl. dafür bspw. § 227 der Abgabenordnung der EKD.

96 Vgl. EKD, Die evangelische Kirche und das Geld, a. a. O.

97 Ebd.

98 Das habe ich von Frank Engelbrecht geklaut. Danke!

99 Vgl. 2. Mose 20,4.

100 https://www.katholisch.de/artikel/7143-der-papst-und-die-kon
dome

101 Ich möchte zumindest darauf hinweisen, dass es in beiden großen
Geschwisterkirchen natürlich auch Menschen in wichtigen Positionen gibt, die nicht müde werden, genau dafür einzustehen. Zum
Beispiel ‹meine› Bischöfin Kirsten Fehrs. Vgl. dazu bspw.: https://
www.evangelisch.de/inhalte/153330/13-11-2018/bischoefin-fehrs-
fordert-dass-sich-die-evangelische-kirche-ihrer-schuld-bei-
missbrauch-stellen-muss – ebenso: https://www.evangelisch.de/
inhalte/153196/08-11-2018/bischoefin-kirsten-fehrs-sieht-beim-
thema-missbrauch-auch-evangelische-kirche-in-der-pflicht

102 Vgl. Joh 1: «Im Anfang war das Wort, und das Wort war bei Gott,
und Gott war das Wort.»

103 Vgl. Luther, Martin, Sendbrief vom Dolmetschen und Fürbitte der
Heiligen, Coburg 1530.

104 Vgl. NY Times vom 24.8.2016: https://www.nytmes.com/2016/
08/28/arts/television/greenleaf-oprah-winfrey-transparent-the-
path.html

105 «Greenleaf», Erstausstrahlung am 21.06.2016 auf OWN.

106 «Touched by an Angel», Erstausstrahlung am 21.09.2004 auf CBS.

107 «The Exorcist», Erstausstrahlung am 23.09.2016 auf FOX.

108 Interessant ist es, dass Poniewozik und Lyons von Religion als
Funktion im Kontext von Narrationen erzählen. Sie interpretieren
also den funktionalen Religionsbegriff, wie ihn Luckmann, Durk-
heim, Smart u.a. geprägt haben, für ihren Kontext.

109 Grethlein, Christian, Impulsreferat zum Schwerpunktthema
‹Kommunikation des Evangeliums in der digitalen Gesellschaft›,
Dresden 2014. Generell ist auch hier wichtig anzumerken, dass
ich mitnichten der erste Mensch bin, der sich mit der Frage nach
Verkündigung und Kommunikation des Evangeliums in digitalen

Kontexten beschäftigt. In dem zitierten Text tut Prof. Dr. Christian Grethlein genau das auf der EKD-Synode 2014.

110. Für Ihre nächste nächtliche Diskussionsrunde zu diesem Thema: Das stimmt so nicht ganz. Religion ist keine Privatsache. Einen kurzen und gut verständlichen Artikel finden Sie hier: https://www.ekd.de/Religion-ist-keine-Privatsache-11134.htm

111 «‹Strukturwandel der Öffentlichkeit› ist der Titel der 1962 erschienenen politikwissenschaftlichen Habilitationsschrift von Jürgen Habermas, die den Untertitel ‹Untersuchungen zu einer Kategorie der bürgerlichen Gesellschaft› trägt. Mit dem Titel Strukturwandel der Öffentlichkeit bezeichnet Habermas wie die an ihn anschließende sozialwissenschaftliche Diskussion einen umfassenden gesellschaftlichen Prozess, an dem Massenmedien und Politik sowie Bürokratie und Wirtschaft beteiligt waren und der die Entstehung der modernen Massengesellschaft prägte.» Wikipedia.

112 Man spricht in diesem Kontext von ‹Prosumer› – einem Lehnwort aus ‹Producer› und ‹Consumer›. Darin wird deutlich, dass sich Rollen wechselseitig in Personen vereinen, die vorher getrennt waren.

113 Vgl. 1. Mose 1,29–31: «Und Gott sprach: Sehet da, ich habe euch gegeben alle Pflanzen, die Samen bringen, auf der ganzen Erde, und alle Bäume mit Früchten, die Samen bringen, zu eurer Speise. Aber allen Tieren auf Erden und allen Vögeln unter dem Himmel und allem Gewürm, das auf Erden lebt, habe ich alles grüne Kraut zur Nahrung gegeben. Und es geschah so. Und Gott sah an alles, was er gemacht hatte, und siehe, es war sehr gut.»

114 Pollack, Detlef, Politische Aussagen schaden der Kirche, auf: https://www.kirche-und-leben.de/artikel/soziologe-pollack-politische-aussagen-schaden-kirche/

115 Zu den merkwürdigen Nichtfeiertagen kann ich – wie schon in meinem letzten Buch – «Alice im Wunderland» empfehlen. Aber bitte ausschließlich die LSD-getränkte Disneyversion aus der Mitte des vergangenen Jahrhunderts.

116 https://chrismon.evangelisch.de/nachrichten/45244/sonntags
gottesdienst-fuer-immer-weniger-glaeubige-attraktiv?fbclid=Iw
AR2acDJd9OBs9NVthTFAtRPW_E42QRk9Acp-jzcXTTs8ta9f1e
SNOhPX-jM

117 Vgl. dazu vor allem Vizepräsident des Kirchenamtes Dr. Thies
Gundlach.

118 Evangelische Kirche in Deutschland, Der Gottesdienst. Eine Orientierungshilfe zu Verständnis und Praxis des Gottesdienstes in
der evangelischen Kirche. Im Auftrag des Rates der EKD, Gütersloh
2009.

119 KKK 2180, in: Katechismus der Katholischen Kirche, Onlineversion,
herausgegeben vom Vatikan 1997: http://www.vatican.va/archive/
DEU0035/_INDEX.HTM

120 Ebd.

121 Zitiert nach: https://www.katholisch.de/artikel/15807-papst-chris
ten-muessen-an-sonntagsmesse-teilnehmen

122 Hirsch-Hüffell, Thomas, Wir feiern jetzt selber – so wie wir es
immer schon wollten, auf: https://unglaeubigesstaunen.word
press.com/2019/10/05/wir-feiern-jetzt-selber-so-wie-wir-es-
schon-immer-wollten/

123 Ebd.

124 Ebd.

125 Vielleicht von Kurt Tucholsky, vielleicht von Bertolt Brecht, vielleicht von Gottfried Benn und vielleicht doch einfach ein Original
meines Vaters. Auf Letzteres hoffe ich einfach.

126 https://www.katholisch.de/artikel/21325-benedikt-xvi-68er-sind-
verantwortlich-fuer-missbrauchsskandal

127 https://www.zeit.de/hamburg/2019-11/elbvertiefung1911-2019

128 Ebd.

129 Das sog. Personalplanungsförderungsgesetz – knackig ‹PeplaföG›
abgekürzt.

130 Lk 18,16.

131 Teppiche und Synoden – eine merkwürdige Liebesbeziehung.

132 5. Tagung der 12. Synode vom 11. bis 14. November 2018 in Würzburg.

133 Zum Nachlesen: https://www.ekd.de/Glaube-junger-Menschen-schwerpunktthema-synode-2018-37963.htm

134 Das Gebiet der Nordkirche umfasst im Wesentlichen die Länder Schleswig-Holstein, Hamburg und Mecklenburg-Vorpommern.

135 https://kircheimdialog.de/

136 Vgl. Döbler, Stefan, Roß, Silke, Landeskirchliches Werk «Kirche im Dialog» startet am 1. September, auf: https://www.nordkirche.de/nachrichten/nachrichten-detail/nachricht/landeskirchliches-werk-kirche-im-dialog-startet-am-1-september/

137 Zum Thema Resonanz eine kleine Empfehlung: Wie viele andere auch bin ich gerade großer Fan des Soziologen Hartmut Rosa, der den Resonanzbegriff als Schlüsselbegriff zu Beziehungskonstellationen nutzt. Super Buch: Rosa, Hartmut, Resonanz: Eine Soziologie der Weltbeziehung, Berlin 2019.

138 Sie wissen schon: Mt 5,14–15, Mk 4,21–25, Lk 8,16–18.